LE MAGASIN
DES ENFANTS

DELARUE, ÉDITEUR, RUE DES GRANDS-AUGUSTINS, 2

LE MAGASIN

DES ENFANTS

Mlle Bonne et ses Élèves.

LE MAGASIN
DES ENFANTS

PAR

Mme LEPRINCE DE BEAUMONT

NOUVELLE ÉDITION

REVUE PAR Mme J.-J. LAMBERT

120 DESSINS PAR TELORY

PARIS

DELARUE, LIBRAIRE-ÉDITEUR

RUE DES GRANDS-AUGUSTINS, 3.

1858

LE MAGASIN DES ENFANTS

DIALOGUE I.

SUZANNE, EUGÉNIE, JULIA.

SUZANNE, *entrant chez Julia.*

Bonjour, ma bonne amie; je suis charmée de pouvoir passer l'après-dînée avec vous : on m'a dit que l'on vous avait donné la plus jolie poupée du monde : nous allons nous amuser !

JULIA.

Volontiers, ma chère; je suis bien aise d'avoir

quelque chose qui vous plaise : mais on frappe, c'est sans doute Eugénie; elle m'a fait dire qu'elle viendrait ce soir.

EUGÉNIE.

Bonjour, mesdemoiselles, je... Mais, que vois-je? Julia jouer avec une poupée ! ah !... (*elle rit*) fi donc! ma chère; je vous croyais raisonnable; vous avez douze ans, et vous jouez encore !

SUZANNE.

Mais, chère amie, est-ce qu'il y a du mal à jouer quand on a douze ans? Il me semble que je vous ai vu plusieurs poupées, il n'y a pas longtemps.

EUGÉNIE.

Depuis plus de six mois j'ai jeté toutes ces choses dans le feu ; j'ai prié mon père de me donner l'argent qu'il employait à ces bagatelles, pour acheter des livres et payer des maîtres d'agrément.

SUZANNE.

Je ne suis point de votre goût. Si j'étais la maîtresse, au lieu de donner deux louis par mois à mon maître de géographie, j'achèterais les plus jolies choses du monde; cela m'amuserait, et puis je n'aime pas à lire; aussi quand je serai grande, et que je pourrai faire ce que je voudrai, je vous assure que je ne lirai jamais.

EUGÉNIE.

Vous serez donc une ignorante toute votre vie, et vous ne deviendrez jamais aimable. Écoutez, je vais vous dire ce qui m'a dégoûtée des poupées. Pendant que nous étions à la campagne cet été, il venait plusieurs dames chez nous. Il y en avait deux qui étaient laides; mais si laides, qu'elles faisaient peur. Mon père disait cependant qu'elles étaient aimables ; cela me surprenait, car je croyais qu'il fallait être belle pour paraître aimable : mais je fus bien étonnée; vous connaissez madame Vernon, qui est si belle;

mon père ne pouvait la souffrir; il disait que c'était une statue, un automate, qu'elle n'avait pas d'âme: je ne savais ce que cela signifiait. Un jour, ces deux dames qui sont si laides, étaient avec moi; je leur ai demandé quelle différence il y avait entre elles et madame Vernon. Vraiment, ma chère, m'ont-elles répondu, vous devez le voir, elle est belle, et nous sommes laides. Oh! c'est que mon père, ai-je dit, affirme que vous êtes aimables, et qu'elle ne l'est pas; qu'elle est une belle statue, un automate. Je croyais qu'une statue était de pierre ou de bois; d'ailleurs, je pensais qu'on ne pouvait pas vivre sans âme, cependant il dit que madame Vernon n'en a point. Ces deux dames ont ri; et après cela, elles m'ont dit qu'une femme était aimable quand elle avait de l'esprit, et qu'on appelait les sottes, des statues ou des automates, parce qu'un automate était une machine qui marchait, jouait de la flûte, et faisait plusieurs autres choses, quoiqu'il ne fût qu'une statue, fabriquée d'un morceau de bois, n'ayant point d'âme, et ne pensant pas, enfin que ces sottes parlaient, marchaient et faisaient tout sans penser, comme l'automate. Ah! mesdames, leur ai-je dit, enseignez-moi comment il faut faire pour apprendre à penser, je serais bien fâchée d'être un automate. Où avez-vous pris cet esprit, qui vous rend aimables? Nous l'avons pris dans les livres, m'ont-elles répondu, en nous appliquant à nos leçons, quand nous étions jeunes. Depuis ce temps, j'ai tout quitté pour travailler à acquérir de l'esprit, et j'en ai déjà beaucoup, car tout le monde le dit; mais j'en veux avoir encore davantage et, pour cela, je lis toute la journée.

SUZANNE.

Je vous prie, dites-moi, ma chère, à quoi cela est-il bon d'avoir tant d'esprit?

EUGÉNIE.

A mille choses. L'année passée je m'ennuyais au milieu des amis de mon père ; on me traitait comme une petite fille : à présent tout le monde me parle, et je parle, aussi ; on dit à tout moment que j'ai de l'esprit comme un ange. L'autre jour j'allai chez le comte *** qui possède beaucoup de tableaux ; il y avait plusieurs dames qui demandaient ce qu'ils signifiaient ; je me mis à rire ; et le comte, qui sait que j'ai lu le livre des *Métamorphoses*, me demanda si je connaissais les sujets de ces tableaux ; je les expliquai tous ; on m'admira, et c'est un grand plaisir d'être louée, admirée. Et puis j'ai le plaisir de me moquer des ignorantes, et de rire des bêtises qu'elles disent à tout moment : cela m'amuse bien plus qu'une poupée.

SUZANNE.

Hé bien! j'aime mieux être ignorante que méchante. Si l'esprit ne sert qu'à se moquer des autres, je ne me soucie pas d'en avoir. Qu'en pensez-vous, Julia? On dit que vous étudiez beaucoup ; est-ce aussi pour vous moquer de celles qui, comme moi, n'ont point d'esprit?

JULIA.

Non, ma chère ; j'étudie parce que cela m'amuse et m'instruit, et j'espère que cela me rendra bonne quand je serai grande.

EUGÉNIE.

Puisque l'étude vous divertit, pourquoi gardez-vous encore des poupées?

JULIA.

Pour amuser mes bonnes amies ; je suis si contente quand je puis leur faire plaisir !

SUZANNE.

Je vous suis bien obligée, ma chère ; gardez votre poupée pour moi, et quand je n'aimerai plus à jouer, je viendrai étudier avec vous pour apprendre à être bonne, car vous l'êtes beaucoup.

JULIA.

Si vous voulez, mesdemoiselles, nous passerons dans la chambre de mademoiselle Bonne, ma gouvernante : elle nous montrera un nouvau point de tapisserie.

DIALOGUE II.

EUGÉNIE, JULIA.

EUGÉNIE.

Je suis bien fâchée, ma bonne amie, et je viens vous conter le sujet de mon chagrin.

JULIA.

Qu'avez-vous, ma chère ? On dirait que vous avez pleuré.

EUGÉNIE.

J'ai pleuré toute la matinée, et j'en ai encore grande envie. Je vous disais, l'autre jour, que je lisais beaucoup pour avoir de l'esprit et me faire louer : eh bien! je ne veux plus lire ; je veux jeter mes livres et mes cartes de géographie dans le feu.

JULIA.

Donnez-les moi plutôt, ma chère ; mais dites-moi donc, pourquoi ne les aimez-vous plus ?

EUGÉNIE.

Ce matin M. de B*** et son frère sont venus déjeûner chez nous. Ils étaient dans la salle, en attendant mon père qui lisait des lettres. Aussitôt que j'ai su que M. de B*** était en bas, je me suis empressée de descendre, parce qu'il me dit toujours que je suis aimable, spirituelle, savante, et mille autres jolies choses. Quand je me suis trouvée près de la porte,

1.

j'ai entendu qu'il parlait de moi. Ah! je ne puis m'empêcher de pleurer encore, quand je pense à ce qu'il disait : « C'est un mauvais esprit, une petite personne qui sera la peste de la société. » Prétendre que je serai la peste! c'est la plus vilaine chose du monde. Il disait encore que j'ai de l'orgueil comme un démon ; que je suis railleuse, moqueuse ; qu'il vaudrait mieux que je fusse bien ignorante que de continuer à m'instruire, parce que cela achèverait de me gâter, en augmentant ma vanité. Ensuite il a parlé de vous. Elle est bien aimable, a-t-il ajouté ; elle parle peu, mais tout ce qu'elle dit est à propos : je donnerais toutes choses au monde pour avoir une enfant de son caractère. Alors je me suis sauvée dans ma chambre pour pleurer. On m'a appelée pour déjeuner, mais j'ai dit que j'avais la migraine, afin de ne pas voir ce vilain homme, qui parle d'une façon et qui pense de l'autre. Après dîner, j'ai demandé à ma mère la permission de venir vous voir, parce que je veux vous demander comment vous faites, pour avoir de l'esprit sans être une peste, une orgueilleuse.

JULIA.

En vérité, ma chère, je ne sais que vous dire; je crois pourtant, si je suis bonne, que j'en ai l'obligation à ma gouvernante. Elle me répète toujours qu'il y a deux sortes d'esprit : l'un qui ne sert qu'à nous faire haïr et mépriser de tout le monde, l'autre qui rend aimable, douce, vertueuse, et quand j'ai le mauvais esprit, elle me corrige.

EUGÉNIE.

Apparemment que j'ai le mauvais esprit.

JULIA.

Je vous dirai ce que je pense; vous n'avez pas le bon esprit mais ce n'est pas votre faute; personne ne vous a jamais appris qu'il y en avait deux, et je suis sûre que vous vous corrigerez, quand on vous aura dit comment il faut faire pour cela.

EUGÉNIE.

Vous êtes bien bonne de m'excuser; je suis décidée à me corriger, mais j'ai peur de ne pouvoir y réussir. Si vous vouliez prier votre gouvernante de m'apprendre comment je dois faire, je vous aurais bien de l'obligation.

JULIA.

Je suis certaine qu'elle le fera avec beaucoup de plaisir. Elle a déjà engagé quelques-unes de mes amies à venir passer l'après-dînée avec moi, trois fois par semaine, pour nous instruire en nous amusant. Je lui dirai que vous souhaitez être de cette partie. Ne pensez-vous pas ainsi?

EUGÉNIE.

De tout mon cœur; vous n'aurez qu'à m'avertir quand vous voudrez commencer, je viendrai des premières.

—◦◉◦—

DIALOGUE III.

PREMIÈRE JOURNÉE.

Mlle BONNE, JULIA, EUGÉNIE, AUGUSTINE, CHARLOTTE, SIDONIE

AUGUSTINE.

Bonjour, mademoiselle Bonne; Julia m'a dit que vous saviez les plus jolis contes du monde, et je viens vous prier de m'en dire un.

MADEMOISELLE BONNE.

Oui, ma chère, je sais de jolis contes, de belles histoires, et je vous en raconterai tant que vous voudrez.

AUGUSTINE.

Quelle différence y a-t-il entre un conte et une histoire?

MADEMOISELLE BONNE.

Une histoire est une chose vraie, et un conte est une chose fausse qu'on écrit, qu'on raconte, pour amuser.

AUGUSTINE.

Mais ceux qui font des contes sont donc des menteurs, puisqu'ils disent des choses fausses.

MADEMOISELLE BONNE.

Non, ma chère ; mentir, c'est chercher à tromper. Or, comme ils avertissent que ce sont des contes, ils ne veulent tromper personne.

AUGUSTINE.

Je vous prie, dites-moi un conte et une histoire, afin que je juge quel sera le plus joli des deux.

MADEMOISELLE BONNE.

Volontiers ; je vous donnerai une belle histoire à lire, vous l'apprendrez par cœur, et je vais vous raconter un joli conte ; écoutez, mes chers enfants.

LE PRINCE CHÉRI

CONTE.

Il y avait une fois un roi qui était si honnête homme, que ses sujets l'appelaient le *Roi Bon*. Un jour qu'il était à la chasse, un petit lapin blanc, que les chiens allaient tuer, se jeta dans ses bras. Le roi caressa ce petit lapin, et dit : Puisqu'il s'est mis sous ma protection, je ne veux pas qu'on lui fasse du mal. Il porta ce petit lapin dans son palais, et lui fit donner une jolie maisonnette ainsi que de bonnes herbes à manger. La nuit, quand le roi fut seul dans sa chambre, il vit paraître une belle dame ; elle n'avait point d'habits d'or et d'argent, mais sa robe était blanche comme de la neige, et au lieu de coiffure, elle portait une couronne de roses blanches. Le bon roi fut bien étonné de voir cette dame ; car les portes étaient fermées, et il ne savait pas comment elle était entrée.

Elle lui dit : Je suis la fée Candide ; je passais dans le bois, lorsque vous chassiez, et j'ai voulu savoir si vous étiez bon comme tout le monde le dit. Pour cela, j'ai pris la figure d'un petit lapin, et je me suis sauvée dans vos bras, car je sais que ceux qui ont de la pitié pour les bêtes en ont encore plus pour les hommes ; et, si vous m'aviez refusé votre secours, j'aurais cru que vous étiez méchant. Je viens vous remercier du bien que vous m'avez fait, et vous assurer que je serai toujours de vos amies. Vous n'avez qu'à me demander tout ce que vous voudrez, je vous promets de vous l'accorder.

Madame, répondit le bon roi, puisque vous êtes une fée, vous devez savoir tout ce que je souhaite : je n'ai qu'un fils que j'aime beaucoup, et pour cela on l'a nommé le prince Chéri : si vous avez quelque bonté pour moi, devenez l'amie de mon fils. De bon cœur, poursuivit la fée ; je puis rendre votre fils le plus beau prince du monde, ou le plus riche, ou le plus puissant ; choisissez ce que vous voudrez pour lui. Je ne désire rien de tout cela pour mon fils, répliqua le bon roi, mais je vous serai bien obligé, si vous voulez le rendre le meilleur de tous les princes. Que lui servirait-il d'être beau, riche, d'avoir tous les royaumes du monde, s'il était méchant ? Vous savez bien qu'il serait malheureux, et qu'il n'y a que la vertu qui puisse le rendre content.—Vous avez bien raison, lui dit Candide ; mais il n'est pas en mon pouvoir de rendre le prince Chéri honnête homme malgré lui ; il faut qu'il travaille lui-même à devenir vertueux. Tout ce que je puis vous promettre, c'est de lui donner de bons conseils, de le reprendre de ses fautes, et de le punir, s'il ne veut pas se corriger et se punir lui-même.

Le bon roi fut fort content de cette promesse, et il mourut quelques temps après. Le prince Chéri pleura beaucoup son père, car il l'aimait de tout son cœur, et il aurait donné tous ses royaumes, son or et son argent, pour le sauver. Deux jours après la mort du bon roi, Chéri étant couché, Candide lui apparut : J'ai promis à votre père, lui dit-elle, d'être de vos amies, et, pour tenir ma parole, je viens vous faire un présent. En même temps, elle mit au doigt de Chéri une petite bague d'or, et ajouta : Gardez bien cette bague, elle est plus précieuse que les diamants ; toutes les fois que vous ferez une mauvaise action, elle vous piquera le doigt ; mais si, malgré sa piqûre, vous continuez, vous perdrez mon amitié, et je deviendrai votre ennemie. Candide disparut, et laissa Chéri bien étonné. Il fut quelque temps si sage, que la bague ne le piquait point du tout ; et cela le rendait si content, qu'on ajouta au nom de *Chéri* qu'il portait celui d'*Heureux*.

Etant un jour allé à la chasse, et n'ayant rien pris, il ressentit de la mauvaise humeur ; il lui sembla alors que sa bague lui pressait un peu le doigt; mais, comme elle ne le piquait pas, il n'y fit pas beaucoup attention. En rentrant dans sa chambre, sa petite chienne, Bibi, vint à lui en sautant, pour le caresser ; il lui dit : Retire-toi, je ne suis plus d'humeur à recevoir tes caresses. La pauvre petite chienne, qui ne l'entendait pas, le tirait par son habit, pour l'obliger au moins à la regarder ; cela impatienta Chéri, qui lui donna un grand coup de pied. Dans le moment, la bague le piqua, comme si c'eût été une épingle ; il fut bien étonné, et s'assit tout honteux dans un coin de sa chambre. Il disait en lui-même : je crois que la fée se moque de moi ; quel grand mal ai-je fait, en donnant un coup de pied à un animal qui m'importune? A quoi me sert d'être maître d'un grand empire, puisque je n'ai pas la liberté de battre mon chien ?

Je ne me moque pas de vous, répliqua une voix qui répondait à la pensée de Chéri: vous avez fait trois fautes au lieu d'une : Vous avez été de mauvaise humeur ; vous vous êtes mis en colère, ce qui est fort mal ; et puis vous avez été cruel envers un pauvre animal qui ne méritait pas d'être maltraité. Si c'était une chose raisonnable et permise que les grands pussent maltraiter tous ce qui est au-dessous d'eux, je pourrais en ce moment vous battre, vous tuer, puisqu'une fée est plus qu'un homme. L'avantage d'être maître d'un grand empire ne consiste pas à pouvoir faire le mal qu'on veut, mais tout le bien qu'on peut. Chéri avoua sa faute, et promit de se corriger, mais il ne tint pas parole.

Il avait été élevé par une sotte nourrice, qui l'avait gâté ; s'il voulait avoir une chose, il n'avait qu'à pleurer, se dépiter, frapper du pied, cette femme lui donnait tout ce qu'il demandait ; et cela l'avait rendu opiniâtre. Elle lui disait aussi, depuis le matin jusqu'au soir, qu'il serait roi un jour, et que les rois étaient fort heureux, parce que tous les hommes devaient leur obéir, les respecter, et qu'on ne pouvait pas les empêcher de faire ce qu'ils voulaient. Quand Chéri avait été grand garçon et raisonnable, il avait bien reconnu que rien n'était si vilain que d'être fier, orgueilleux, opiniâtre. Il avait fait quelques efforts pour se corriger; mais il avait pris la mauvaise habitude de tous ces défauts; et une mauvaise habitude est bien difficile a détruire. Ce n'est pas qu'il eût naturellement le cœur méchant. Il pleurait de dépit quand il avait fait une faute, et il disait : Si on m'avait corrigé quand j'étais jeune, je n'aurais pas tant de peine aujourd'hui. Sa bague le piquait bien souvent; quelquefois, il s'arrêtait tout court; d'autres fois, il continuait; et ce qu'il y avait de singulier, c'était qu'elle ne piquait qu'un peu pour une légère faute; mais quand il était méchant, le sang sortait de son doigt. A la fin, cela l'impatienta et, voulant être mauvais tout à son aise, il jeta sa bague. Il se crut le plus heureux de tous les hommes, quand il se vit débarassé de ses piqûres; il s'abandonna à toutes les sottises qui lui venaient dans l'esprit, en sorte qu'il devint très-méchant, et que personne ne pouvait plus le souffrir.

Un jour que Chéri était à la promenade, il vit une fille qui était si belle, qu'il résolut de l'épouser. Elle se nommait Zélie, et elle était aussi sage que belle. Chéri crut que Zélie se regarderait comme fort heureuse de devenir une grande reine; mais cette fille lui dit avec beaucoup de liberté : Sire, je ne suis qu'une bergère, je n'ai point de fortune, mais, malgré cela, je ne vous épouserai jamais. Je vous trouve tel que vous êtes, c'est-à-dire fort beau; mais que me serviraient votre beauté, vos richesses, les beaux habits, les carrosses magnifiques que vous me donneriez, si les mauvaises actions que je vous verrais faire chaque

jour me forçaient à vous mépriser et à vous haïr?
Chéri se mit fort en colère contre Zélie, et commanda
à ses officiers de la conduire de force dans son palais.

Parmi les favoris du prince il y avait son frère de lait,
auquel il avait donné toute sa confiance; cet homme,
qui avait les inclinations aussi basses que la naissance, flattait les passions de son maître, et lui donnait de fort mauvais conseils

Comme il vit Chéri fort triste, il lui demanda le
sujet de son chagrin: le prince lui ayant répondu
qu'il ne pouvait souffrir le mépris de Zélie, et qu'il
était résolu de se corriger de ses défauts, puisqu'il
fallait être vertueux pour lui plaire, ce méchant
homme lui dit : Vous êtes bien bon de vouloir vous
gêner pour une petite fille; souvenez-vous que vous
êtes roi, et qu'il serait honteux de vous soumettre
aux volontés d'une bergère qui s'estimera heureuse
d'être reçue parmi vos esclaves. Faites-la jeûner, met-

tez-la au pain et à l'eau ; enfermez-la dans une prison ; et si elle continue à ne vouloir pas vous épouser, faites-la mourir dans les tourments, pour apprendre aux autres à céder à vos volontés. Vous serez déshonoré si l'on sait qu'une simple fille vous résiste, et tous vos sujets oublieront qu'ils ne sont au monde que pour vous servir. Mais, demanda Chéri, ne serai-je pas déshonoré si je fais mourir une innocente ?

On n'est point innocent quand on refuse d'exécuter vos volontés, reprit le confident ; mais je suppose que vous commettiez une injustice, il vaut bien mieux qu'on vous en accuse que d'apprendre qu'il est quelquefois permis de vous manquer de respect et de vous contredire. Le courtisan prenait Chéri par son faible ; et la crainte de voir diminuer son autorité fit tant d'impression sur le roi, qu'il étouffa le bon mouvement qui lui avait donné envie de se corriger.

Il résolut d'aller, le soir même, dans la chambre de la bergère, et de la maltraiter, si elle continuait à refuser de l'épouser. Le frère de lait de Chéri, qui craignait encore quelque bon mouvement, rassembla trois jeunes seigneurs aussi méchants que lui pour se divertir avec le roi : ils soupèrent ensemble, et ils eurent soin d'achever de troubler la raison de ce pauvre prince, en le faisant boire beaucoup. Pendant le souper, ils excitèrent sa colère contre Zélie, et lui firent tant de honte de la faiblesse qu'il avait eu pour elle, qu'il se leva comme un furieux, en jurant qu'il allait la forcer à obéir, ou qu'il la ferait vendre le lendemain comme une esclave.

Chéri étant entré dans la chambre où était cette fille, fut bien surpris de ne pas la trouver, car il avait la clef dans sa poche ; il était dans une colère épouvantable, et jurait de se venger sur tous ceux qu'il soupçonnerait d'avoir aidé Zélie à s'échapper. Ses confidents, l'entendant parler ainsi, résolurent de profiter de sa colère pour perdre un seigneur qui avait été gouverneur de Chéri. Cet honnête homme avait pris quelquefois la liberté d'avertir le roi de ses défauts ; car il l'aimait comme si c'eût été son fils. D'abord Chéri le remercia ; ensuite il s'impatienta d'être contredit, et puis il pensa que c'était par esprit de contradiction que son gouverneur lui trouvait des défauts pendant que tout le monde lui donnait des louanges. Il lui commanda donc de se retirer de la cour ; mais, malgré cet ordre, il disait de temps en temps que c'était un honnête homme ; qu'il ne l'aimait plus, mais qu'il l'estimait malgré lui-même. Les confidents crurent avoir trouvé une occasion pour perdre complétement ce dernier. Ils firent entendre au roi que Suliman (c'était le nom de ce digne homme), s'était vanté de rendre la liberté à Zélie ; trois hommes corrompus par des présents dirent qu'ils avaient ouï tenir ce discours à Suliman ; et le prince transporté de colère, commanda à son frère de lait, d'envoyer des soldats pour lui amener le gouverneur enchaîné comme un criminel. Après avoir donné ces ordres, Chéri se retira dans sa chambre : mais à peine y fut-il entré que la terre trembla, il fit un grand coup de tonnerre, et Candide parut aux yeux du prince. J'avais promis à votre père, lui dit-elle d'un ton sévère, de vous donner des conseils et de vous punir si vous refusiez de les suivre ; vous les avez méprisés ces conseils ; vous n'avez conservé que la figure d'homme, et vos crimes vous ont changé en un monstre, l'horreur du ciel et de la terre. Il est temps que j'achève de satisfaire à ma promesse, en vous punissant. Je vous condamne à devenir semblable aux bêtes dont vous avez pris les inclinations. Vous vous êtes rendu semblable au lion, par la colère ; au loup, par la gourmandise ; au serpent, en déchirant celui qui avait été votre second père ; au taureau, par votre brutalité. Portez dans votre nouvelle figure la ressemblance de tous ces animaux.

A peine la fée avait-elle achevé ces paroles, que Chéri se vit avec horreur tel qu'elle l'avait souhaité. Il avait la tête d'un lion, les cornes d'un taureau, les pieds d'un loup, et la queue d'une vipère. En même temps il se trouva dans une grande forêt, sur le bord d'une fontaine, où il vit son horrible figure, et il entendit une voix qui lui dit : Regarde atten-

tivement l'état où tu t'es réduit par tes crimes. Ton âme est devenue mille fois plus affreuse que ton corps. Chéri reconnut la voix de Candide, et, dans sa fureur, il se retourna pour s'élancer sur elle et la dévorer, s'il lui eût été possible : mais il ne vit personne, et la même voix ajouta : Je me moque de ta faiblesse et de ta rage ; je vais confondre ton orgueil, en te mettant sous la puissance de tes propres sujets.

Chéri crut qu'en s'éloignant de cette fontaine il

trouverait un remède à ses maux, puisqu'il n'aurait point devant ses yeux sa laideur et sa difformité : il s'avança donc dans les bois ; mais à peine y eut-il fait quelques pas, qu'il tomba dans un trou qu'on avait fait pour prendre les ours ; en même temps des chasseurs qui étaient cachés sur des arbres descendirent, et l'ayant enchaîné, le conduisirent dans la ville capitale de son royaume. Pendant le chemin, au lieu de reconnaître qu'il s'était attiré ce châtiment par sa faute, il maudissait la fée, mordait ses chaînes, et s'abandonnait à la rage. Lorsqu'il approcha de la ville où on le conduisit, il vit de grandes réjouissances, et les chasseurs ayant demandé ce qui était arrivé de nouveau, on leur apprit que le prince Chéri, qui ne se plaisait qu'à tourmenter son peuple, avait été écrasé dans sa chambre par un coup de tonnerre, car on le croyait ainsi. Quatre seigneurs, complices de ses crimes, comptaient en profiter et partager son empire entre eux, mais le peuple, qui savait que c'étaient leurs mauvais conseils qui avaient gâté le roi, avait mis ces seigneurs en pièces, et avait été offrir la couronne au vertueux Suliman, que le méchant Chéri voulait faire mourir. Ce digne seigneur venait d'être couronné, et on célébrait ce jour comme celui de la délivrance du royaume.

Chéri soupirait de rage en entendant cela, mais ce fut bien pis, lorsqu'il arriva dans la grande place qui était devant son palais ; il vit Suliman sur un trône superbe, et tout le peuple qui lui souhaitait une longue vie, pour réparer tous les maux qu'avait faits son prédécesseur. Suliman fit signe de la main pour demander le silence, et il dit au peuple : J'ai accepté la couronne que vous m'avez offerte, mais c'est pour la conserver au prince Chéri ; il n'est point mort comme vous le croyez, une fée me l'a révélé ; et peut-être qu'un jour vous le reverrez vertueux comme il était dans ses premières années. Hélas! continua-t-il en versant des larmes, les flatteurs l'avaient séduit; je connaissais son cœur, il était fait pour la vertu ; et sans les discours empoisonnés de ceux qui l'approchaient, il eût été notre père à tous ; détestez ses vices, mais plaignez-le, et prions tous ensemble afin qu'il nous soit rendu ; pour moi, je m'estimerais trop heureux d'arroser ce trône de mon sang, si je pouvais y voir remonter Chéri avec des dispositions propres à le lui faire occuper dignement.

Les paroles de Suliman allèrent jusqu'au cœur de Chéri. Il connut alors combien l'attachement et la fidélité de cet homme avaient été sincères, et il se reprocha ses crimes pour la première fois. A peine eut-il écouté ce bon mouvement, qu'il sentit calmer la rage dont il était animé ; et il trouva qu'il n'était pas puni aussi rigoureusement qu'il l'avait mérité. Il cessa donc de se débattre dans sa cage de fer, où il était enchaîné et devint doux comme un mouton. On le conduisit dans une grande maison [1] où l'on gardait tous les monstres et toutes les bêtes féroces, et on l'attacha avec les autres.

Chéri prit alors la résolution de commencer à réparer ses fautes en se montrant bien obéissant à l'homme qui le gardait Cet homme était un brutal ; quand il était de mauvaise humeur, il battait le monstre sans rime ni raison. Un jour que le gardien s'était endormi, un tigre, qui avait rompu sa chaîne, se jeta sur lui pour le dévorer : d'abord Chéri sentit un mouvement de joie de voir qu'il allait être délivré de son persécuteur, mais aussitôt il condamna ce mouvement, et souhaita d'être libre. Je rendrais, dit-il, le bien pour le mal, en sauvant la vie à ce malheureux. Aussitôt, il vit sa cage de fer ouverte; il s'élança aux

---

[1] Ménagerie.

côtés de l'homme qui s'était réveillé, et qui se défendait contre le tigre. Le gardien se crut perdu ; mais sa crainte fut bientôt changée en joie : le monstre bienfaisant se jeta sur le tigre, l'étrangla, et se coucha ensuite aux pieds de celui qu'il venait de sauver. Ce dernier pénétré de reconnaissance, voulut se baisser pour caresser le monstre qui lui avait rendu un si grand service ; mais il entendit une voix qui lui disait : *Une bonne action ne demeure jamais sans récompense* ; et, en même temps, il ne vit plus qu'un joli chien à ses pieds. Chéri, charmé de sa métamorphose, fit mille caresses à son gardien, qui le mit entre ses bras et le porta au roi, auquel il raconta cette merveille. La reine voulut avoir le chien, et l'accabla de caresses ; mais, dans la peur qu'il ne devînt plus grand qu'il n'était, elle consulta ses médecins, qui lui dirent qu'il ne fallait le nourrir que de pain, et ne lui en donner qu'une certaine quantité.

Un jour qu'on venait d'apporter à Chéri son petit pain pour déjeuner, il lui prit fantaisie d'aller le manger dans le jardin du palais, et il marcha vers un canal qu'il connaissait, et qui était un peu éloigné ; mais il ne trouva plus ce canal, et aperçut à la place une grande maison dont les dehors brillaient d'or et de pierreries. Il y voyait entrer une grande quantité d'hommes et de femmes magnifiquement habillés ; on chantait, on dansait dans cette maison, on y faisait bonne chère ; mais tous ceux qui en sortaient étaient pâles, maigres, couverts de plaies, et presque tout nus. Quelques-uns tombaient morts en sortant, sans avoir la force de se traîner plus loin ; d'autres s'éloignaient avec beaucoup de peine ; d'autres restaient couchés contre terre, mourant de faim ; ils demandaient un morceau de pain à ceux qui arrivaient dans cette maison, mais ceux-ci ne les regardaient seulement pas. Chéri s'approcha d'une jeune fille qui tâchait d'arracher des herbes pour les manger. Touché de compassion, le prince dit en lui-même : J'ai bon appétit, mais je ne mourrais pas de faim jusqu'au temps de mon dîner, si je sacrifiais mon déjeuner à cette pauvre créature ; peut-être lui sauverais-je la vie. Il mit alors dans la main de cette fille le pain qu'elle porta à sa bouche avec avidité. Elle parut bientôt entièrement remise ; et Chéri, ravi de joie de l'avoir secourue si à propos, pensait à retourner au palais, lorsqu'il entendit de grands cris : c'était Zélie entre les mains de quatre hommes qui l'entraînaient vers la belle maison où ils la forcèrent d'entrer. Chéri, faible chien, ne put qu'aboyer contre les ravisseurs de Zélie, et s'efforça de les suivre. On le chassa à coups de pied. Combien il se reprochait les malheurs de cette belle fille ! Hélas ! disait-il en lui-même, je suis irrité contre ceux qui l'enlèvent, n'ai-je pas commis le même crime ? et, si la justice céleste n'avait prévenu mon attentat, ne l'aurais-je pas traitée avec autant d'indignité ?

Les réflexions de Chéri furent interrompues par un bruit qui se faisait au-dessus de sa tête. Il vit qu'on ouvrait une fenêtre, et sa joie fut extrême lorsqu'il aperçut Zélie qui jetait par cette fenêtre un plat de viandes si bien apprêtées qu'elles donnaient appétit à voir. On referma la fenêtre aussitôt, et Chéri, qui n'avait pas mangé de toute la journée, crut qu'il pouvait profiter de l'occasion. Il allait donc manger de ces viandes, lorsque la jeune fille à laquelle il avait donné son pain jeta un cri, et prenant le prince métamorphosé dans ses bras : Pauvre petit animal, lui dit-elle, ne touche point à ces viandes ; cette maison est le palais de la Volupté, tout ce qui en sort est empoisonné. En même temps Chéri entendit une voix qui disait : Tu vois qu'une bonne action ne demeure point sans récompense ; et aussitôt il fut changé en un beau petit pigeon d'une blancheur éblouissante. Il se souvint que cette couleur était celle de Candide, et commença à espérer qu'elle pourrait enfin lui rendre ses bonnes grâces. Il voulut d'abord s'approcher de Zélie, et, s'étant élevé en l'air, il vola tout autour de la maison et vit avec joie qu'il y avait une fenêtre ouverte; mais il eut beau parcourir toute la demeure il n'y trouva point celle qu'il cherchait, et, désespéré de l'avoir perdue, il résolut de ne point s'arrêter qu'il ne l'eût rencontrée. Il vola pendant plusieurs jours, et étant entré dans un désert, il vit une caverne de laquelle il s'approcha. Quelle fut sa joie! Zélie y était assise à côté d'un vénérable er-

mite, et prenait un frugal repas. Chéri, transporté,

vola sur l'épaule de cette charmante bergère, et exprima par ses caresses le plaisir qu'il avait de la revoir. Zélie, charmée de la douceur de ce petit animal, le flattait doucement avec la main ; et quoiqu'elle crût qu'il ne pouvait l'entendre, elle lui dit qu'elle l'aimerait toujours. Qu'avez-vous fait, Zélie? s'écria l'ermite, vous venez d'engager votre foi. Oui, charmante bergère, ajouta Chéri, qui reprit à ce moment sa forme naturelle, la fin de ma métamorphose était attachée au consentement que vous donneriez à notre union. Confirmez mon bonheur, ou je vais conjurer la fée Candide, ma protectrice, de me rendre la figure sous laquelle j'ai eu le bonheur de vous plaire. Vous n'avez point à craindre son inconstance, dit alors Candide, qui, laissant la forme de l'ermite sous laquelle elle était cachée, parut à leurs yeux telle qu'elle était en effet. Zélie vous aima aussitôt qu'elle vous vit, mais vos vices la contraignirent à vous cacher le penchant que vous lui aviez inspiré. Vous allez vivre heureux puisque votre union sera fondée maintenant sur la vertu.

Chéri et Zélie s'étaient jetés aux pieds de Candide. Ce prince ne pouvait se lasser de la remercier de ses bontés, et Zélie était enchantée d'apprendre que le prince détestait ses égarements. Levez-vous, mes enfants, leur dit la fée, je vais vous transporter dans votre palais, pour rendre à Chéri une couronne de laquelle ses vices l'avaient rendu indigne. A peine eut-elle cessé de parler, qu'ils se trouvèrent dans la chambre de Suliman qui, charmé de revoir son cher maître devenu vertueux, lui abandonna le trône et resta le plus fidèle de ses sujets. Chéri régna longtemps avec Zélie ; on dit qu'il s'appliqua tellement à ses devoirs, que la bague qu'il avait reprise ne le piqua pas une seule fois jusqu'au sang.

AUGUSTINE.

Ah ! mademoiselle Bonne, que ce petit conte est

joli ? Dites-moi, si j'apprends bien ma leçon, m'en direz-vous un autre ?

MADEMOISELLE BONNE.

Oui, ma chère ; mais faites-moi connaître ce que vous trouvez de plus joli dans ce conte.

AUGUSTINE.

J'aime beaucoup cette bague précieuse qui empêchait Chéri de faire des sottises.

EUGÉNIE.

J'aurais besoin d'en avoir une pareille, je me sentirais souvent le doigt piqué.

MADEMOISELLE BONNE.

J'aime votre franchise, ma chère ; mais je veux vous apprendre une chose ; nous avons tous une bague comme celle-là.

JULIA.

N'est-ce pas notre conscience qui nous pique quand nous faisons des sottises ?

MADEMOISELLE BONNE.

Tout justement, ma chère.

CHARLOTTE.

Vous verrez que c'est ma bague qui me dit souvent qu'il est vilain de frapper du pied ; je fais tout comme Chéri quand il était petit, et ma nourrice est aussi sotte que la sienne ; car elle dit : Pourquoi faites-vous pleurer cette enfant ! donnez-lui ce qu'elle demande. Moi qui sais cela, je pleure trente fois par jour, mais je vous assure que je veux me corriger, de crainte de devenir une vilaine bête comme Chéri.

AUGUSTINE.

Est-ce qu'on devient un monstre et qu'on a des cornes, quand on est méchante ?

MADEMOISELLE BONNE.

Non, ma chère : votre corps restera tout comme il est ; mais ce serait votre âme qui deviendrait laide et plus abominable qu'un monstre.

CHARLOTTE.

J'ai bien envie d'être bonne; mais souvent je suis méchante malgré moi ; j'ai plutôt fait une sottise que je n'y ai pensé.

MADEMOISELLE BONNE.

Vous n'êtes point méchante malgré vous, ma chère ; car nous pouvons toujours être bonnes, si nous en prenons les moyens ; je vais vous les enseigner : premièrement il faut supplier Dieu, tous les matins et les soirs, dans vos prières, de vous faire la grâce de vous corriger; secondement, il faut réparer vos fautes, en demandant excuse aux personnes que vous avez offensées, puis écrire, tous les soirs, les mauvaises paroles que vous aurez dites ; et cela vous rendra bien honteuse, j'en suis sûre ; vous penserez alors que le bon Dieu vous a vue faire toutes ces sottises, et que, si vous ne vous corrigez pas, il vous punira lui-même en cette vie, ou après votre mort; vous savez bien qu'il en sera ainsi, ma chère.

CHARLOTTE.

On me l'a dit, mais je n'y ai jamais fait attention.

MADEMOISELLE BONNE.

Je m'en doutais bien, car on n'est point méchante quand on pense à tout cela. Pour vous en faire souvenir, mes enfants vous devez vous instruire de la sainte Écriture; c'est un livre divin qui a été dicté par le Saint-Esprit; vous apprendrez, en lisant cette belle histoire, combien Dieu est grand et puissant; vous connaîtrez aussi combien il est bon, combien vous devez l'aimer, et combien vous devez craindre de l'offenser, puisqu'il punit sévèrement les méchants.

DIALOGUE IV.

SECONDE JOURNÉE.

Mlle BONNE, EUGÉNIE, AUGUSTINE, JULIA, CHARLOTTE.

MADEMOISELLE BONNE.

Bonjour, mesdemoiselles; mais d'où vient que vous n'avez pas amené mademoiselle Suzanne avec vous?

EUGÉNIE.

Elle dit qu'elle ne veut point venir, parce que les histoires et les contes l'ennuient.

MADEMOISELLE BONNE.

Vous voyez, ce que c'est que les mauvaises habitudes. Mademoiselle Suzanne s'est accoutumée à jouer toute la journée; tout ce qui n'est pas jeu l'ennuie, lui déplaît; et, quoiqu'elle ait de bonnes dispositions, elle restera une ignorante toute sa vie. Ne suivez pas son mauvais exemple. Je suis sûre que mademoiselle Augustine est bien plus sage, et qu'elle a lu sa leçon.

AUGUSTINE.

Je l'ai lue quatre fois, ma Bonne, puis je l'ai racontée à mon père et à ma mère ; voulez-vous que je vous la dise ?

MADEMOISELLE BONNE.

Oui, ma chère.

AUGUSTINE.

Il y a bien longtemps, bien longtemps, il n'existait ni ciel, ni terre, ni hommes, ni animaux. Il n'y avait que Dieu ; car il a toujours été. Le bon Dieu, mesdemoiselles, peut faire tout ce qu'il veut. Hé bien ! tout d'un coup il dit qu'il voulait qu'il y eût le ciel, la terre, des arbres, des oiseaux, des poissons, des fleurs, etc. ; à mesure qu'il disait : je veux cela, tout cela venait. Il mit cinq jours à faire ce que nous voyons, le sixième jour il prit de la terre et en forma un homme ; mais, cet homme ne parlait pas, il ne marchait pas, il était comme une statue. Dieu pour le faire parler et marcher, lui donna une âme faite à son image, puis il appela cet homme Adam. Comme celui-ci se serait ennuyé tout seul, Dieu lui envoya une grande envie de dormir, et pendant qu'Adam dormait, il prit une de ses côtes et il en créa une femme. Cette femme, qui avait été faite avec la côte d'Adam, le bon Dieu la nomma Ève, et il la mit avec Adam dans un beau jardin, où il y avait toutes sortes de fruits, des figues, des prunes, des poires, des pêches, etc. Il y avait aussi dans ce jardin un pommier qui portait de belles pommes. Et Dieu dit à Adam et à Ève : vous pouvez manger de tous les fruits qui sont dans ce jardin, je vous les donne : mais je vous défends de toucher à ces pommes ; car si vous en mangez, vous mourrez. Le démon qui est méchant, et qui avait désobéi au bon Dieu, fut jaloux d'Adam et d'Ève, et voulut les rendre méchants et malheureux comme lui : pour cela, il prit la figure d'un serpent et demanda à Ève qui se promenait toute seule : Pourquoi ne mangez-vous pas de ces pommes? elles sont si belles ! Ève s'amusa à parler avec le démon, et lui dit : Dieu nous a défendu de manger de ces pommes, et il nous a avertis qu'il nous ferait mourir si nous y touchions. Il ne faut pas croire ce que dit Dieu, répondit le démon : il vous a défendu de toucher à ces pommes, parce qu'il sait que, si vous en mangez, vous serez aussi puissants que lui. Ève fut assez sotte pour croire le démon. Elle prit une pomme pour elle et elle en donna une à Adam. Quand ils eurent mangé ces malheureux fruits, ils virent bien qu'ils avaient fait une faute ; et, tout honteux, ils se cachèrent. Quelque temps après, Dieu appela Adam, et lui dit : Pourquoi avez vous été désobéissant? Adam s'excusa, et répliqua : Seigneur, la femme que vous m'avez donnée m'a dit de manger de la pomme. Seigneur, ajouta Ève, c'est le serpent qui m'a conseillé d'en manger. Puisque vous êtes coupables tous les trois, vous serez punis tous les trois, ordonna le bon Dieu. Le serpent sera maudit, et la femme lui écrasera la tête. Ève sera obligée d'obéir à son mari. Pour Adam, il mourra aussi bien que sa femme, et il sera obligé de travailler s'il veut avoir du pain. Après cela, Dieu chassa Adam et Ève du beau jardin qu'on appelait le *Paradis terrestre* ; et, pour les empêcher d'y rentrer, il mit un ange à la porte avec une épée de feu.

MADEMOISELLE BONNE.

Ma chère Augustine, vous avez récité votre histoire comme une grande fille. Mais dites-nous, je vous prie, mademoiselle Julia, est-ce seulement pour être savantes, que nous apprenons des histoires ?

JULIA.

Vous m'avez enseigné qu'il fallait en outre examiner les sottises et les vertus de ceux dont on apprend les histoires, afin de ne pas commettre les fautes dans lesquelles ils sont tombés et de pratiquer leurs vertus.

MADEMOISELLE BONNE.

C'est fort bien répondre, ma chère. Hé bien! Sidonie, quel profit voulez-vous tirer de cette histoire!

SIDONIE.

Quand j'aurai fait une faute, je ne m'excuserai pas, mais j'en demanderai pardon.

MADEMOISELLE BONNE.

Et vous, Charlotte ?

CHARLOTTE.

Quand j'aurai envie d'être gourmande ou désobéissante, je penserai que le serpent est à côté de moi, qu'il me donne de mauvais conseils ; et je lui dirai : Méchant, j'aime mieux obéir au bon Dieu qu'à toi.

MADEMOISELLE BONNE.

Et Eugénie que pense-t-elle ?

EUGÉNIE.

Je pense qu'Ève était bien orgueilleuse de vouloir être aussi savante que Dieu. Je pense aussi qu'elle était bien gourmande.

MADEMOISELLE BONNE.

Vous avez parfaitement répondu et si notre conversation n'avait point été si longue, je vous conterais une jolie histoire.

EUGÉNIE.

Ah! mademoiselle Bonne, je suis certaine que ces demoiselles ne s'ennuient point de vous entendre.

TOUTES ENSEMBLE.

Dites-nous cette histoire.

MADEMOISELLE BONNE.

Volontiers.

LE BUCHERON ET SA FEMME.

Un jour, un roi qui était à la chasse se perdit. Comme il cherchait le chemin, il entendit parler, et, s'étant approché de l'endroit d'où sortait la voix, il vit un homme et une femme qui travaillaient à couper du bois. La femme disait, comme Eugénie : il faut avouer que notre mère était bien gourmande, d'avoir mangé la pomme. Si elle avait obéi à Dieu, nous n'aurions pas la peine de travailler tous les jours. L'homme lui répondit : si Ève était une gourmande, Adam était bien sot de faire ce qu'elle lui conseillait. Si j'avais été à sa place, et que vous m'eussiez voulu faire manger de ces pommes, je vous aurais donné un bon soufflet. Le roi s'approcha, et leur dit :

Vous avez donc bien de la peine, mes pauvres gens? Oui, monsieur, répondirent-ils, (car ils ne savaient pas que c'était le roi). Venez avec moi, ajouta le prince, je vous nourrirai sans travailler. Dans ce moment, les officiers, qui le cherchaient, arrivèrent; et les pauvres gens furent bien étonnés et bien joyeux. Quand ils furent dans le palais, le roi leur fit donner de beaux habits, un carrosse, des laquais ; et tous les jours ils avaient douze plats pour leur dîner. Au bout d'un mois, on leur servit vingt-quatre plats; mais dans le milieu de la table, on en mit un qui était fermé. D'abord la femme, qui était curieuse, voulut ouvrir ce plat; mais un officier lui dit que le roi leur

3.

défendait d'y toucher, et qu'il ne voulait pas qu'ils vissent ce qui était dedans.

Quand les domestiques furent sortis, le mari s'aperçut que sa femme ne mangeait pas, et qu'elle était triste; il lui demanda ce qu'elle avait, elle lui répondit qu'elle ne se souciait pas de manger de toutes les bonnes choses qui étaient sur la table, mais qu'elle avait envie de ce qui était dans le plat couvert. Vous êtes folle, répliqua son mari : ne vous a-t-on pas dit que le roi nous le défendait. Le roi est un injuste, dit la femme; s'il ne voulait pas que nous vissions ce qui est dans ce plat, il ne fallait pas le faire servir sur la table. En même temps, elle se mit à pleurer, et dit qu'elle se tuerait, si son mari ne voulait pas ouvrir le plat. Le bucheron voyant pleurer sa femme fut bien fâché, et comme il l'aimait beaucoup, il lui dit qu'il ferait tout ce qu'elle voudrait, pour qu'elle ne se chagrinât pas. En même temps, il ouvrit le plat, et il en sortit une petite souris qui se sauva dans la chambre. Ils coururent après elle pour la rattraper, mais elle se cacha dans un trou, et aussitôt le roi entra, qui demanda où était la souris.

Sire, dit le mari, ma femme m'a tourmenté pour voir ce qui était dans le plat, je l'ai ouvert malgré moi, et la souris s'est sauvée. Ah, ha! fit le roi, vous disiez que, si vous eussiez été à la place d'Adam, vous eussiez donné un soufflet à Ève, pour lui apprendre à être curieuse et gourmande ; il fallait vous souvenir de vos paroles. Et vous, méchante femme, vous aviez toutes sortes de bonnes choses, comme Ève, et cela n'était pas assez; vous vouliez manger du plat que je vous ai défendu. Allez, malheureux, retournez travailler dans le bois, et ne vous en prenez plus à Adam et à sa femme du mal que vous aurez, puisque vous avez fait une sottise pareille à celle dont vous les accusiez.

EUGÉNIE.

Vous avez imaginé cette histoire exprès pour moi, j'en suis sûre.

MADEMOISELLE BONNE.

Non, ma chère, je l'ai lue quelque part; mais il est vrai qu'elle vous convenait à merveille. Mademoiselle Sidonie veut-elle nous dire son histoire?

SIDONIE.

Après qu'Adam et Ève furent sortis du paradis terrestre, ils eurent deux fils. Ils nommèrent l'aîné Caïn, et le plus jeune Abel. Caïn se fit jardinier, et Abel se fit berger. Adam avait coutume d'offrir à Dieu une partie des choses qu'il avait, comme les premiers fruits, les premières fleurs, les premiers animaux. Caïn et Abel suivirent l'exemple de leur père; mais le premier ne donnait pas de bon cœur ce qu'il offrait à Dieu. S'il y avait une belle poire dans son jardin, il la gardait pour la manger. Abel, au contraire, choisissait les moutons les plus gras et les plus beaux pour les offrir au Seigneur ; aussi Dieu l'aimait-il davantage que son frère Caïn. Celui-ci devint jaloux ; il était tout triste. Un jour le bon Dieu lui dit : Caïn, pourquoi êtes-vous triste? ne savez-vous pas que si vous faites le bien, vous en recevrez la récompense, et que si vous faites mal, vous serez puni ? C'était comme si Dieu lui eût dit : On ne doit avoir du chagrin que quand on est méchant ; ainsi, au lieu d'être triste, devenez bon, et cela vous rendra content tout aussitôt. Caïn, au lieu de profiter des avis que Dieu avait la bonté de lui donner, demanda à son frère Abel : Voulez-vous venir vous promener avec moi? Abel répondit : Je le veux bien. Ils allèrent donc se promener bien loin, et alors le méchant Caïn tua son pauvre frère Abel. Mais Dieu, qui est partout, lui avait vu commettre ce crime; il demanda à Caïn : Où est votre frère Abel ? Caïn lui répondit : Est-ce que vous m'avez donné mon frère à garder ? Vous êtes un maudit, lui dit Dieu ; vous avez tué votre frère : allez, courez par le monde ; vous n'aurez jamais un moment de repos. Votre crime vous tourmentera jour et nuit ; et pour vous faire souffrir plus longtemps, j'empêcherai les autres enfants d'Adam de vous tuer. Aussitôt Caïn s'enfuit de ce pays avec sa femme, et il eut un grand nombre d'enfants.

MADEMOISELLE BONNE.

On ne peut pas mieux rapporter une histoire. Mais dites-moi, Charlotte, n'avez vous rien pensé en écoutant cette histoire de Caïn ?

CHARLOTTE.

J'ai pensé quelque chose, mais je n'ose pas le dire ; cela est trop vilain.

MADEMOISELLE BONNE.

Allons, ma chère, une jeune personne qui a le courage d'avouer ses défauts, est toute prête à se corriger.

CHARLOTTE.

Hé bien! j'avouerai que je suis jalouse comme Caïn de ma sœur aînée, parce que mon père et ma mère ont plus d'affection pour elle que pour moi.

MADEMOISELLE BONNE.

Mais, ma chère, n'est-ce pas votre faute, si l'on aime votre sœur plus que vous? Si vous étiez une mère, et que vous eussiez deux filles, l'une qui serait douce, honnête, obéissante, appliquée, et l'autre, entêtée, méchante, insolente avec tout le monde, désobéissante à ses maîtres, n'aimeriez-vous pas davantage la première?

Il ne faut donc pas être fâchée contre vos parents, s'ils aiment mieux votre sœur que vous : devenez aussi bonne qu'elle, je suis sûre qu'ils vous aimeront à la folie.

CHARLOTTE.

Je le veux bien, et je vous promets, bonne amie, d'écrire toutes les sottises que je dirai et que je ferai.

MADEMOISELLE BONNE.

Et moi, je vous promets que vous vous corrigerez, que vous deviendrez aussi aimable que votre sœur aînée, et aussi heureuse qu'elle; car je suis sûre que vous vous trouvez très-malheureuse quand vous êtes méchante.

CHARLOTTE.

Cela est bien vrai; je disais l'autre jour à ma gouvernante : Je voudrais être morte.

MADEMOISELLE BONNE.

Vous me faites frémir, ma chère; méchante comme vous avez été, que seriez-vous devenue, si vous fussiez morte avant d'avoir demandé pardon à Dieu? Il est bien bon de vous donner du temps pour vous corriger; il faut ce soir le remercier de cette grâce et lui dire que vous voulez l'aimer de tout votre cœur. Adieu, mes enfants; je suis bien contente de votre attention : en récompense, nous aurons bientôt de belles histoires, et un joli conte.

DIALOGUE V.

TROISIÈME JOURNÉE.

EUGÉNIE, Mlle BONNE, AUGUSTINE, JULIA, SIDONIE.

EUGÉNIE.

Ma bonne amie, j'ai dîné avec ces demoiselles, et nous ne sommes restées qu'un demi quart d'heure à table.

MADEMOISELLE BONNE.

Je vais donc vous gronder, mes chères enfants ; il n'y a rien de si contraire à la santé que de manger trop vite.

AUGUSTINE.

Veuillez nous pardonner pour cette fois, et je vous jure, sur ma conscience, que je ne savais pas que c'était une faute de manger trop vite.

MADEMOISELLE BONNE.

Et c'est aussi une faute de jurer sur votre conscience ; une autre fois ne le faites pas.

Allons nous asseoir dans le jardin, et je vous dirai le conte que je vous ai promis.

LA BELLE ET LA BÊTE

CONTE.

Il y avait une fois un marchand qui était extrêmement riche ; il avait six enfants, trois garçons et trois filles, auxquels il donna toutes sortes de maîtres. Ses filles étaient très-belles ; mais la cadette surtout se faisait admirer, et on ne l'appelait, quand elle était petite, que la *Belle Enfant*, en sorte que le nom lui en resta, ce qui donna beaucoup de jalousie à ses sœurs. Cette cadette, qui était plus belle que ses sœurs, était aussi meilleure qu'elles. Les deux aînées avaient beaucoup d'orgueil, parce qu'elles étaient riches ; elles faisaient les dames et ne voulaient pas recevoir les visites des autres filles de marchands ; il leur fallait des gens de qualité pour leur compagnie, elles allaient tous les jours au bal, à la comédie, à la promenade, et se moquaient de leur cadette, qui employait la grande partie de son temps à lire de bons livres. Comme elles étaient fort riches, plusieurs gros marchands les demandèrent en mariage ; mais les deux aînées répondirent qu'elles ne se marieraient jamais, à moins qu'elles ne trouvassent un duc, ou tout au moins un comte. La Belle, car je vous ai dit que c'était le nom de la plus jeune, la Belle, dis-je, remercia bien honnêtement ceux qui voulaient l'épouser ; mais elle leur dit qu'elle était trop jeune, et quelle souhaitait de tenir encore compagnie à son père. Tout d'un coup, le marchand perdit son bien, et il ne lui resta qu'une petite maison de campagne bien loin de la ville. Il dit en pleurant à ses enfants qu'il fallait aller dans cette maison, et qu'en travaillant comme des paysans, ils y pourraient vivre. La pauvre Belle fut affligée d'abord de perdre sa fortune ; mais elle se dit à elle-même : Quand je pleurerais beaucoup, les larmes ne me rendront pas mon bien, il faut tâcher d'être heureuse sans fortune. Lorsqu'ils furent arrivés à leur maison de campagne, le marchand et ses trois fils s'occupèrent à labourer la terre. La Belle se levait à quatre heures du matin, et se dépêchait de nettoyer la maison et d'apprêter à dîner pour la famille. Elle eut d'abord beaucoup de peine ; car elle n'était pas accoutumée à travailler comme une servante ; mais, au bout de deux mois, elle devint plus forte, et la fatigue lui donna une santé parfaite. Ses deux sœurs, au contraire, s'ennuyaient à la mort. Elles se levaient à dix heures du matin ; se promenaient, perdaient leur temps à regretter les beaux habits et les compagnies. Elle se disaient: Voyez notre cadette, elle a l'âme si basse et si stupide, qu'elle est contente de sa malheureuse situation. Le bon marchand ne pensait pas de même, il admirait la vertu de cette jeune fille, et surtout sa patience ; car ses sœurs, non contentes de laisser faire à celle-ci l'ouvrage de la maison, l'insultaient à tout moment.

Il y avait un an que cette famille vivait dans la solitude, lorsque le marchand reçut une lettre par laquelle on lui mandait qu'un vaisseau, sur lequel il avait des marchandises, venait d'arriver heureusement. Cette nouvelle faillit tourner la tête à ses deux aînées qui pensaient qu'à la fin elles pourraient quitter cette campagne où elles s'ennuyaient tant; et quand elles virent leur père prêt à partir, elles le prièrent de leur apporter des robes, des palatines, des coiffures et toutes sortes de bagatelles. La Belle ne lui demandait rien, car elle pensait en elle-même que tout l'argent des marchandises ne suffisait pas pour payer ce que ses sœurs souhaitaient. Tu ne me pries pas de t'acheter quelque chose, lui demanda son père. Puisque vous avez la bonté de penser à moi, lui dit-elle, je vous prie de m'apporter une rose, car il n'en vient point ici. Ce n'est pas que la Belle se souciât d'une rose, mais elle ne voulait pas condamner par son exemple la conduite de ses sœurs, qui se seraient écriées que c'était pour se distinguer qu'elle ne demandait rien. Le bonhomme partit; mais quand il fut arrivé, on lui fit un procès pour ses marchandises, et après avoir eu beaucoup de peine, il revint aussi pauvre qu'il l'était auparavant. Il n'avait plus que dix lieues pour arriver à sa maison, et il se réjouissait déjà du plaisir de voir ses enfants; mais comme il fallait passer un grand bois avant de trouver sa maison, il se perdit; il neigeait horriblement; le vent était si grand qu'il le jeta deux fois à bas de son cheval. La nuit étant venue, il pensa qu'il mourrait de faim ou de froid, ou qu'il serait mangé par les loups qu'il entendait hurler autour de lui. Tout d'un coup, en regardant au bout d'une longue allée d'arbres, il aperçut une lumière, mais qui paraissait bien éloignée. Il marcha de ce côté-là, et vit que cette lumière sortait d'un grand palais qui était tout illuminé. Le marchand se hâta d'arriver à ce château ; mais notre homme fut bien surpris de ne trouver personne dans les cours. Son cheval qui le suivait, voyant une écurie ouverte, entra dedans, et y trouva du foin et de l'avoine. Le marchand l'attacha dans l'écurie et marcha vers la maison où il ne rencontra personne ; mais étant entré dans une grande salle, il y trouva un bon feu et une table chargée de viandes, où il n'y avait qu'un couvert. Le marchand s'approcha du feu pour se sécher, et il disait en lui-même : Le maître de la maison, ou ses domestiques, me pardonneront la liberté que j'ai prise, et sans doute ils viendront bientôt. Il attendit pendant un temps considérable ; mais onze heures ayant sonné sans qu'il vît personne, il ne put résister à la faim, et prit un poulet qu'il mangea en deux bouchées, et tout tremblant ; il but aussi quelques coups de vin. Alors, devenu plus hardi, il sortit de la salle et traversa plusieurs grands appartements magnifiquement meublés ; à la fin il arriva à une chambre où il y avait un bon lit ; comme il était minuit passé, et qu'il était las, il prit le parti de fermer la porte et de se coucher.

Dix heures du matin sonnaient quand il s'éveilla le lendemain ; il fut surpris de trouver un habit fort propre à la place du sien qui était tout gâté. Assurément, pensa-t-il, ce palais appartient à quelque bonne fée qui a eu pitié de ma situation. Il regarda par la fenêtre et ne vit plus de neige, mais des berceaux de fleurs qui enchantaient la vue. Le père de Belle rentra dans la grande salle où il avait soupé la veille, et vit une petite table où il y avait du chocolat. Je vous remercie, madame la fée, dit-il tout haut, d'avoir eu la bonté de penser à mon déjeuner. Le bonhomme après avoir pris son chocolat, sortit pour aller chercher son cheval, et, comme il passait sous un berceau de roses, il se souvint que la Belle lui en avait demandé; il cueillit alors une branche où il y en avait plusieurs. En même temps, il entendit un grand bruit, et vit venir à lui une bête horrible. Vous êtes bien ingrat, lui dit la bête d'une voix terrible; je vous ai sauvé la vie en vous recevant dans mon château, et pour ma peine vous me volez mes roses que j'aime mieux que toutes choses au monde : il faut mourir pour réparer cette faute. Le marchand se jeta à genoux, et s'écria en joignant les mains : Monseigneur, pardonnez-moi, je ne croyais pas vous offenser en cueillant une rose pour une de mes filles qui m'en avait demandé. Je ne m'appelle point Monseigneur, répondit le monstre, mais la Bête ; ainsi, ne croyez pas me toucher par vos flatteries ; mais vous m'avez dit que vous aviez des filles; je veux bien vous pardonner à condition qu'une de vos filles viendra volontairement pour mourir à votre place; partez, et si elles refusent, jurez que vous reviendrez dans trois mois. Le bonhomme n'avait pas le dessein de sacrifier une de ses filles à ce vilain monstre; mais il dit en lui même : Du moins j'aurai le plaisir de les embrasser encore une fois. Il jura donc de revenir, et la Bête ajouta : Je ne veux pas que tu t'en ailles les mains vides : retourne dans la chambre où tu as couché, tu y trouveras un grand coffre vide, tu peux y mettre tout ce qu'il te plaira, je le ferai porter chez toi. En même temps, la Bête se retira. S'il faut que je meure, réfléchit le bonhomme, j'aurai la consolation de laisser du pain à mes pauvres enfants.

Il retourna dans la chambre où il avait couché, et ayant trouvé une grande quantité de pièces d'or, il remplit le grand coffre dont la Bête lui avait parlé, le ferma, et ayant repris son cheval qu'il retrouva dans l'écurie, il sortit du palais. En peu d'heures, le pauvre père arriva dans sa petite maison. Ses enfants se rassemblèrent autour de lui ; mais au lieu d'être sensible à leurs caresses, le marchand se mit à pleurer en les regardant. Il tenait à la main la branche de roses qu'il apportait à la Belle ; il la lui donna et lui dit : la Belle, prenez ces roses, elles coûteront bien cher à votre malheureux père ; et, tout de suite, il raconta à sa famille la funeste aventure qui lui était arrivée. A ce récit, les deux aînées dirent des injures à la Belle qui ne pleurait point. Que ne demandait-elle des ajustements comme nous! s'écrièrent-elles ; mais non, mademoiselle voulait se distinguer, elle va causer la mort de notre père. Il ne périra point, répondit la Belle. Puisque le monstre veut bien accepter une de nous, je désire me livrer à toute sa furie, et je me trouve fort heureuse, puisqu'en mourant j'aurai la joie de sauver mon père, et de lui prouver ma tendresse. Non, ma sœur, lui dirent ses trois frères, vous ne mourrez pas, nous irons trouver ce monstre, et nous périrons sous ses coups, si nous ne pouvons le tuer. Ne l'espérez pas, mes enfants, leur dit le marchand ; la puissance de cette bête est si grande, qu'il ne me reste aucune espérance de la faire périr. Je suis charmé du bon cœur de la Belle ; mais je ne veux pas l'exposer à la mort. Je suis vieux, il ne me reste que peu de temps à vivre ; ainsi je ne perdrai que quelques années de vie, que je ne regrette qu'à cause de vous, mes chers enfants. Je vous assure, mon père, répliqua la Belle, que vous n'irez pas à ce palais sans moi ; j'aime mieux être dévorée par le monstre que de mourir du chagrin que me donnerait votre perte. On eut beau dire, la Belle voulut partir pour le beau palais, et ses sœurs en étaient charmées, parce que les vertus de cette cadette leur avaient inspiré beaucoup de jalousie. Le marchand était si occupé de la douleur de perdre sa fille, qu'il ne pensait pas au coffre qu'il avait rempli d'or; mais aussitôt qu'il se fut enfermé dans sa chambre pour se coucher, il fut bien étonné de le trouver dans la ruelle de son lit. Il résolut de ne point dire à ses enfants qu'il était devenu si riche, parce que ses filles s'étaient décidées à mourir dans cette campagne, mais il confia son secret à la Belle. Elle pria son père de marier ses sœurs; car elle était si bonne qu'elle les aimait et leur pardonnait de tout son cœur le mal qu'elles lui avaient fait. Ces deux méchantes filles se frottèrent les yeux avec un oignon pour pleurer lorsque la Belle partit avec son père; mais ses frères pleuraient tout de bon, aussi bien que le marchand : il n'y avait que la Belle qui ne versait point de larmes, parce qu'elle ne voulait pas augmenter la douleur de ceux-ci. Le cheval prit la route du palais, et sur le soir, le père et la fille l'aperçurent illuminé comme la première fois. Le cheval alla tout seul à l'écurie, et le bonhomme entra avec sa fille dans la grande salle, où ils trouvèrent une table magnifiquement servie avec deux couverts. Le marchand n'avait pas le cœur de manger; mais la Belle, s'efforçant de paraître tranquille, se mit à table et le servit; puis elle disait en elle-même : la Bête veut m'engraisser avant de me manger, puisqu'elle me fait faire si bonne chère. Quand ils eurent soupé, ils entendirent un grand bruit, et le marchand dit adieu à sa pauvre fille en pleurant; car c'était la Bête qui venait. La Belle ne put s'empêcher de frémir en voyant cette horrible figure; mais elle se rassura de son mieux; et le monstre lui ayant demandé si c'était de bon cœur qu'elle était venue, elle lui répondit, en tremblant que oui. Je vous en suis bien obligée, poursuivit la Bête. Bonhomme, partez demain matin, et ne vous avisez

jamais de revenir ici. Adieu, la Belle. Adieu la Bête, répondit-elle, et tout de suite le monstre se retira. Ah! ma fille, dit le marchand, en embrassant la Belle, je suis à demi mort de frayeur. Croyez-moi, laissez-moi ici. Non, mon père, repartit la Belle avec fermeté, vous partirez demain matin, vous m'abandonnerez au secours du ciel; peut-être aura-t-il pitié de moi. Ils allèrent se coucher; à peine furent-ils dans leurs lits que leurs yeux se fermèrent. Pendant son sommeil, la Belle vit une dame qui lui dit : je suis contente de votre bon cœur, la Belle; la bonne action que vous faites, en donnant votre vie pour sauver celle de votre père, ne demeurera pas sans récompense. La Belle, s'éveillant, raconta ce songe à son père, et quoiqu'il le consolât un peu, cela ne l'empêcha pas de jeter de grands cris, quand il fallut se séparer de sa chère fille.

Lorsqu'il fut parti, la Belle qui avait beaucoup de courage, se recommanda à Dieu, et résolut de se point chagriner, pour le peu de temps qu'elle avait à vivre; car elle croyait fermement que la Bête la mangerait le soir. Elle résolut de visiter le beau château. Elle ne pouvait s'empêcher de l'admirer. Mais elle fut bien surprise de trouver une porte sur laquelle il y avait écrit *Appartement de la Belle*. Elle ouvrit cette porte avec précipitation et fut éblouie de la magnificence qui régnait dans cet appartement; mais ce qui frappa le plus sa vue, fut une grande bibliothèque, un clavecin et plusieurs livres de musique. La fille du marchand vit un livre où il y avait écrit en lettres d'or : *Souhaitez, commandez : vous êtes ici la reine et la maîtresse*. Hélas! murmura-t-elle en soupirant, je ne souhaite rien que de voir mon pauvre père, et de savoir ce qu'il fait à présent. Elle avait dit cela en elle-même. Quelle fut sa surprise, en jetant les yeux sur un grand miroir, d'y reconnaître sa maison où son père arrivait avec un visage extrêmement triste! Ses sœurs venaient au-devant de lui; et, malgré les grimaces qu'elles faisaient pour paraître affligées, la joie qu'elles avaient de la perte de leur sœur paraissait sur leur figure. Un moment après, tout cela disparut. A midi, la Belle trouva la table mise, et, pendant son dîner, elle entendit un excellent concert, quoiqu'elle ne vît personne. Le soir, comme elle allait se mettre à table, elle vit paraître la Bête, et ne put s'empêcher de frémir. La Belle, lui dit le monstre, voulez-vous bien que je vous regarde souper? Vous êtes le maître, répondit la Belle en tremblant. Non, reprit la Bête; il n'y a ici de maîtresse que vous. Dites-moi, n'est-ce pas que vous me trouvez bien laid? Cela est vrai, dit la Belle, car je ne sais pas mentir; mais je crois que vous êtes fort bon. Vous avez raison, poursuivit le monstre; mais outre que je suis laid, je n'ai point d'esprit; je sais bien que je ne suis qu'une bête. On n'est pas bête, reprit la Belle, quand on croit n'avoir point d'esprit. Un sot n'a jamais su cela. Mangez donc, la Belle, commanda le monstre, et tâchez de ne point vous ennuyer dans votre maison, car tout ceci est à vous, et j'aurais du chagrin si vous n'étiez pas contente. Vous avez bien de la bonté, dit la Belle. Je vous avoue que je suis contente de votre cœur; quand j'y pense, vous ne me paraissez pas si laid. Il y a bien des hommes qui sont plus monstres que vous, et je vous aime mieux avec votre figure, que ceux qui, avec la figure d'homme, cachent un cœur faux, corrompu, ingrat.

La Belle soupa de bon appétit. Elle n'avait presque plus peur du monstre; mais elle manqua mourir de frayeur, lorsqu'il lui demanda : la Belle, voulez-vous être ma femme? Elle fut quelque temps sans répondre : elle avait peur d'exciter la colère du monstre en le refusant; elle lui répartit en tremblant : Non, la Bête. Dans le moment le pauvre monstre voulut soupirer, et il fit un sifflement si épouvantable, que tout le palais en retentit : mais la Belle fut bientôt rassurée, car la Bête lui ayant dit tristement : Adieu donc, la Belle, il sortit de la chambre. Belle, se voyant seule, sentit une grande compassion pour cette pauvre bête. Hélas, murmurait la jeune fille, c'est bien dommage qu'elle soit si laide, elle est si bonne !

Belle passa trois mois dans le palais avec assez de tranquillité. Tous les soirs la Bête lui rendait visite, l'entretenait pendant le souper avec assez de bon sens, mais jamais avec ce qu'on appelle esprit dans le monde. Chaque jour Belle découvrait de nouvelles bontés dans ce monstre; l'habitude de le voir l'avait accoutumée à sa laideur, et loin de craindre le moment de sa visite, elle regardait souvent à sa montre pour voir s'il était bientôt neuf heures; car la Bête ne manquait jamais de venir à cette heure-là. Il n'y avait qu'une chose qui faisait de la peine à la Belle, c'était que le monstre, avant de se coucher, lui demandait toujours si elle voulait être sa femme, et paraissait pénétré de douleur lorsqu'elle lui répétait que non. Je serai toujours votre amie, tâchez de vous contenter de cela, ajoutait-elle. Il le faut bien, reprenait la Bête; je me rends justice; je sais que je suis bien horrible; aussi je suis trop heureux de ce que vous voulez bien rester ici; promettez-moi que vous ne me quitterez jamais. La Belle rougit à ces paroles ; elle avait découvert, dans son miroir, que son père était malade du chagrin de l'avoir perdue, et elle souhaitait le revoir. Je pourrais bien vous promettre de ne vous jamais quitter tout à fait; mais j'ai tant d'envie de revoir mon père, que je mourrai de douleur si vous me refusez ce plaisir. J'aime mieux mourir moi-même, dit le monstre, que de vous donner du chagrin; je vous enverrai chez votre père; vous y resterez, et votre pauvre Bête perdra la vie. Non, lui dit la Belle en pleurant : je vous promets de revenir dans huit jours ; vous m'avez fait connaître que mes sœurs sont mariées, et que mes frères sont partis pour l'armée; mon père est tout seul; souffrez que je reste chez lui une semaine. Vous y serez demain matin, poursuivit la Bête; mais souvenez-vous de votre promesse; vous n'aurez qu'à mettre votre bague sur une table en vous couchant, dès que vous voudrez revenir. Adieu la Belle. Quand Belle se réveilla, le matin, elle se trouva chez son père, et elle vit venir la servante qui fit un grand cri. Le bonhomme accourut à ce cri, et manqua mourir de joie en apercevant sa chère fille ; ils se tinrent embrassés plus d'un quart d'heure. La Belle, après les premiers transports, pensa qu'elle n'avait point d'habits pour se lever; mais la servante lui dit qu'elle venait de trouver dans la chambre voisine un grand coffre plein de robes d'or, garnies de diamants.

Belle remercia la bonne Bête de ses attentions : elle prit la moins riche de ces robes, et dit de serrer les autres, dont elle voulait faire présent à ses sœurs; mais à peine eut-elle prononcé ces paroles, que le coffre disparut. Le marchand lui dit que la Bête voulait que Belle gardât tout cela pour elle, et aussitôt les robes et le coffre revinrent à la même place. La Belle s'habilla, et pendant ce temps, on alla avertir ses sœurs qui accoururent avec leurs maris. Elles étaient toutes deux fort malheureuses. L'aînée avait épousé un jeune gentilhomme si amoureux de sa propre figure, qu'il en était occupé depuis le matin jusqu'au soir et méprisait la beauté de sa femme. La seconde était mariée à un homme qui avait beaucoup d'esprit, mais il ne s'en servait que pour faire enrager tout le monde, à commencer par sa femme. Les sœurs de la Belle manquèrent mourir de douleur quand elles la virent habillée comme une princesse, et plus belle que le jour. Elle eut beau les caresser, rien ne put étouffer leur jalousie ; elles descendirent dans le jardin, pour y pleurer tout à leur aise. Ma sœur, dit l'aînée, il me vient une pensée ; tâchons de l'arrêter ici plus de huit jours ; sa sotte Bête se mettra en colère de ce qu'elle lui aura manqué de parole, et peut-être qu'elle la dévorera. Vous avez raison, ma sœur, répondit l'autre. Ayant pris cette résolution, elles remontèrent, et firent tant d'amitiés à leur sœur, que la Belle en pleura de joie. Quand les huit jours furent passés, les deux sœurs s'arrachèrent les cheveux, et firent tellement les affligées de son départ, qu'elle promit de rester encore huit jours.

Cependant Belle se reprochait le chagrin qu'elle allait donner à sa pauvre Bête qu'elle aimait de tout son cœur ; et elle s'ennuyait de ne la plus voir. La dixième nuit qu'elle passa chez son père, elle rêva qu'elle était dans le jardin du palais, et qu'elle voyait la Bête couchée sur l'herbe, et prête à mourir, qui lui reprochait son ingratitude. La Belle se réveilla en sursaut, et versa des larmes. Ne suis-je pas bien méchante, disait-elle, de donner du chagrin à une bête qui a pour moi tant de complaisance ! Elle est bonne, cela vaut mieux que tout le reste. Pourquoi n'ai-je pas voulu l'épouser ? Je serais plus heureuse avec elle, que mes sœurs avec leurs maris. Ce n'est ni la beauté ni l'esprit d'un mari qui rendent une femme contente, c'est la bonté du caractère, la vertu, la complaisance, et la Bête a toutes ces bonnes qualités. Allons, il ne faut pas la rendre malheureuse ; je me reprocherais toute ma vie mon ingratitude. A ces mots, Belle se lève, met sa bague sur la table, et revient se coucher. A peine fut-elle dans son lit, qu'elle s'endormit ; et, quand elle se réveilla le matin, elle vit avec joie qu'elle était dans le palais du monstre. Elle s'habilla magnifiquement pour lui plaire, et s'ennuya à mourir toute la journée, en attendant neuf heures du soir ; mais l'horloge eut beau sonner, la Bête ne parut point. La Belle alors craignit d'avoir causé la mort de celle-ci et elle courut tout le palais en jetant de grands cris ; Belle se souvint de son rêve, et courut dans le jardin vers le canal, où elle l'avait vue en dormant. Elle trouva la pauvre bête étendue, sans connaissance, et elle la crut morte. Elle se jeta sur son corps sans avoir horreur de sa figure, et, sentant que son cœur battait encore, elle prit de l'eau dans le canal, et lui en répandit sur la tête. La Bête ouvrit les yeux, et dit à la Belle : Vous avez oublié votre promesse, le chagrin de vous avoir perdue m'a fait résoudre à me laisser mourir de faim ; mais je meurs contente, puisque j'ai le plaisir de vous revoir encore une fois. Non, ma chère Bête, vous ne mourrez point, s'écria la Belle ; vous vivrez pour devenir mon époux ; dès ce moment je vous donne ma main. A peine la Belle eut-elle prononcé ces paroles, qu'elle vit le château brillant de lumière ; les feux d'artifice, la musique, tout annonçait une fête ; elle se retourna vers sa chère bête, dont le danger la faisait frémir. Quelle fut sa surprise ! le monstre avait disparu, et elle ne vit plus à ses pieds qu'un prince plus beau que le jour qui la remerciait d'avoir fini son enchantement. Elle ne put s'empêcher de lui demander où était la Bête. Vous la voyez à vos pieds, lui dit le prince. Une méchante fée m'avait condamné à rester sous cette figure jusqu'à ce qu'une belle fille consentît à m'épouser, et il m'avait été défendu de faire paraître mon esprit. Ainsi il n'y avait que vous dans le monde assez bonne pour vous laisser toucher de la bonté de mon caractère, et en vous offrant ma couronne, je ne puis m'acquitter des obligations que je vous ai. Alors, ils allèrent ensemble au château; et la Belle fut près de s'évanouir de joie, en trouvant, dans la grande salle, son père et toute sa famille, que la belle dame qui lui avait apparue en songe avait transportés au château. Belle, lui dit cette dame, qui était une grande fée, venez recevoir la récompese de votre bon choix : vous avez préféré la vertu à la beauté et à l'esprit, vous méritez de trouver toutes ces qualités réunies en une même personne. Vous allez devenir une grande reine. Pour vous, mesdemoiselles, dit la fée aux deux sœurs de Belle, je connais votre cœur et toute la malice qu'il renferme. Devenez deux statues, mais conservez toute votre raison sous la pierre qui vous enveloppera. Vous demeurerez à la porte du palais de votre sœur, et je ne vous impose point d'autre peine que d'être témoins de son bonheur. Vous ne pourrez revenir dans votre premier état, qu'au moment où vous reconnaîtrez vos fautes; mais j'ai bien peur que vous ne restiez toujours statues. On se corrige de l'orgueil, de la colère, de la gourmandise et de la paresse, mais c'est une espèce de miracle que la conversion d'un cœur méchant et envieux. Dans le moment, la fée donna un coup de baguette qui transporta tous nos personnages dans le royaume du prince. Ses sujets le virent avec joie, et il épousa la Belle, qui vécut avec lui fort longtemps, et dans un bonheur parfait, parce qu'il était fondé sur la vertu.

EUGÉNIE.

J'aime cette Belle à la folie ; mais il me semble, si j'avais été à sa place, que je n'aurais pas voulu épouser la Bête, elle était trop horrible.

JULIA.

Mais elle était si bonne, que vous n'auriez pas voulu la laisser mourir de chagrin, surtout après qu'elle vous aurait fait tant de bien.

AUGUSTINE.

Pour moi, elle m'aurait bien effrayée; j'aurais toujours pensé qu'elle allait me manger.

SIDONIE

Je crois que je me serais accoutumée à la voir tout comme la Belle. Quand mon père prit un petit garçon

tout noir pour être son laquais, j'avais peur de ce domestique. Eh bien, petit à petit je m'y suis accoutumée ; il me porte, quand je monte dans la calèche, et je ne pense plus à son visage.

MADEMOISELLE BONNE.

Sidonie a raison : on s'accoutume à la laideur, mais jamais à la méchanceté. Il faut faire en sorte d'être si bonne, qu'on puisse oublier notre visage pour notre cœur. Remarquez aussi, mes enfants, qu'on est toujours récompensé quand on fait son devoir. Si Belle avait refusé de mourir à la place de son père, si elle avait été ingrate envers la pauvre bête, la jeune fille n'aurait pas été ensuite une grande reine. Voyez aussi combien on devient méchant quand on est jaloux; c'est le plus vilain de tous les défauts.

Il n'est encore que trois heures, mes enfants, promenez-vous jusqu'à quatre heures. Vous pouvez courir et sauter tout à votre aise, pourvu que vous restiez à l'ombre; pour moi qui suis vieille et qui ne puis marcher, je reste ici avec Julia, puisqu'elle ne se porte pas très-bien.

AUGUSTINE, *qui revient peu de temps après*.

Bonne amie, voyez les jolis papillons que nous avons attrapés; je veux mettre le mien dans une boîte, et je le nourrirai avec des fleurs; peut-être aura-t-il des petits.

MADEMOISELLE BONNE.

Vous seriez bien étonnée, ma chère, de ne trouver au lieu de papillons, qu'une famille de chenilles.

AUGUSTINE.

Mais, je ne mettrai pas une chenille dans ma boîte, j'y mettrai un papillon : comment y trouverais-je autre chose qu'un papillon?

MADEMOISELLE BONNE.

Apprenez, ma chère, que ce papillon qui vous paraît si joli était, en venant au monde, un petit ver, ensuite une vilaine chenille, qui après cela a été changée en papillon.

EUGÉNIE.

C'est comme dans les métamorphoses. Comment cela peut il se faire? car j'ai toujours regardé les métamorphoses comme des contes propres à amuser les enfants.

MADEMOISELLE BONNE.

Vous vous êtes trompée, ma chère; les métamorphoses sont l'histoire des Grecs, cachée, enveloppée sous des fables : et quand vous serez plus grande, je vous ferai voir le rapport qu'elles ont avec l'histoire.

EUGÉNIE.

Mais, bonne amie, pensez donc que j'ai bientôt treize ans, je ne suis plus un enfant; pourquoi ne pas dire aujourd'hui ce que vous voulez m'expliquer dans un autre temps?

MADEMOISELLE BONNE.

Parce qu'il faut nécessairement savoir l'histoire. Hâtez-vous de l'apprendre, et ensuite je vous instruirai sur tout ce que vous voulez savoir.

AUGUSTINE.

Et moi, faudra-t-il que j'attende aussi que je sois plus grande, pour savoir comment le papillon peut d'abord être chenille?

MADEMOISELLE BONNE.

Non, ma chère. Pour vous faire plaisir je vais garder plusieurs papillons; ils feront des œufs en automne, sur quelques feuilles que je leur donnerai; puis ils mourront et je mettrai la feuille au soleil. Quand ces œufs seront échauffés il en sortira de petites chenilles qui fileront aussitôt qu'elles seront au monde, comme vous voyez filer les araignées; et de leur fil elles bâtiront une maison, pour se cacher durant l'hiver, afin de ne pas sentir le froid.

SIDONIE.

Qui est-ce qui leur donnera de quoi faire du fil, ma Bonne?

MADEMOISELLE BONNE.

Le bon Dieu qui les a créées, leur donne tout ce qui est nécessaire pour vivre et se conserver; ainsi elles ont dans leur corps un magasin où elles trouvent de quoi faire le fil nécessaire pour bâtir leur maison.

AUGUSTINE.

Vous donnerez à manger à ces petites chenilles,

mais celles qui restent dans les champs, qui est-ce qui leur porte de la nourriture dans leur petite maison?

MADEMOISELLE BONNE.

Personne, ma chère! elles n'en ont pas besoin et ne mangent que quand elles sont plus grandes. Quand il fera chaud, elles sortiront de leur maison et après avoir mangé quelque temps, vous les verrez se bâtir un tombeau, où elles se coucheront, en devenant comme mortes. Elles ressembleront alors à une fève; mais un peu plus tard, cette fève remuera; il en sortira une tête, des jambes, des ailes, enfin un joli papillon, comme celui-ci, qui se nourrira de fleurs, jusqu'à ce qu'il ait fait des œufs et qu'il meure. Maintenant occupons-nous de notre histoire; c'est votre tour, Sidonie.

SIDONIE.

Longtemps après la mort d'Adam et d'Ève, les hommes devinrent si méchants que le bon Dieu les eut en horreur. Ils mentaient, étaient gourmands, se mettaient en colère, ne faisaient jamais leurs prières, en un mot, ils ne commettaient que le mal. Dieu résolut de les punir. Mais, comme il y avait un honnête homme parmi ces méchants, il lui commanda de faire une grande maison de bois, et d'y mettre toutes sortes d'animaux. Cet honnête homme se nommait Noé; et quand la maison fut faite, il y entra avec sa femme et ses trois fils, dont les noms étaient Sem, Cham et Japhet; ils avaient aussi leurs femmes. Quand ils furent dans cette grande maison appelée l'*Arche*, Dieu fit tomber tant de pluie, qu'il y en avait par-dessus toutes les maisons, les arbres et les montagnes, en sorte que tous les hommes furent noyés, aussi bien que toutes les bêtes. Noé ne périt pas, car Dieu avait bien fermé l'arche, et elle se tenait au-dessus de l'eau. Tous les hommes étant morts, il ne tomba plus de pluie, et il vint un grand vent qui sécha la terre;

alors Noé ouvrit une fenêtre de l'arche et laissa sortir un corbeau. Le corbeau est un vilain animal qui mange les corps morts ; ainsi, comme il en trouva beaucoup sur la terre, il ne revint point dans l'arche. Quelque temps après, Noé ouvrit encore la fenêtre, et laissa sortir un petit pigeon. Le pigeon cueillit une branche d'arbre et l'apporta à son bec. Ensuite Dieu commanda à Noé de sortir de l'arche. Noé se mit à genoux avec toute sa famille, pour remercier le bon Dieu; et, en même temps, il vit une grande chose qui était bleue, rouge, verte, violette : cela s'appelait un *arc-en-ciel* ; et le bon Dieu lui dit : Cet arc-en-ciel, je vous l'enverrai souvent, pour vous faire souvenir que jamais il n'y aura un autre déluge, c'est-à-dire de si grandes pluies sur la terre.

AUGUSTINE.

Mademoiselle Bonne, qui est-ce qui donna à manger

à Noé, à ses enfants et à toutes les bêtes pendant le temps qu'ils furent dans l'arche?

MADEMOISELLE BONNE.

Ils avaient mis de quoi vivre dans l'arche. Vous êtes allée du Havre à Honfleur, ma chère; hé bien! vous étiez dans un vaisseau qui était presque comme l'arche, et il portait toutes sortes d'aliments.

AUGUSTINE.

Cela est vrai, mais dites-moi, je vous prie, d'où vient que le vaisseau se tenait sur l'eau, pendant que mon couteau que j'ai laissé tomber est allé tout au fond de la mer.

MADEMOISELLE BONNE.

C'est que l'eau qui était sous le vaisseau était plus pesante que lui, et le soutenait, au lieu que votre couteau était plus pesant que l'eau et qu'elle n'a pu le soutenir.

EUGÉNIE.

Mais un vaiseau est plus lourd qu'un couteau.

MADEMOISELLE BONNE.

Sans doute, mais il a une plus grande quantité d'eau qui le soutient, au lieu qu'il n'y en avait guère sous le couteau. Si on faisait un vaisseau de fer, il irait au fond. Essayons cela dans le bassin qui est au bout du jardin; je vais prendre un morceau de bois gros comme ce morceau de plomb. Hé bien! vous voyez que le bois n'enfonce pas dans l'eau, mais le plomb disparaît parce qu'il est plus lourd qu'elle. Ce petit oiseau qui est sur cette branche ne la fait pas plier, parce qu'elle est plus lourde que lui; si j'y montais, je la ferais casser, parce que je suis plus lourde qu'elle.

Hé bien, mademoiselle Sidonie, l'histoire que nous venons de raconter ne vous a-t-elle point fait venir quelque bonne pensée?

SIDONIE.

Oui. Comme Noé a d'abord pensé à remercier le

bon Dieu, je n'oublierai pas de le remercier chaque jour de tout ce qu'il m'a donné.

EUGÉNIE.

Mademoiselle, est-ce que le bon Dieu vous donne quelque chose? Il ne m'a jamais rien donné, à moi.

MADEMOISELLE BONNE.

Il vous a donné vos oreilles, vos pieds, vos mains. Il vous donne ce que vous mangez, vos habits; en un mot, il vous donne tout ce que vous avez.

AUGUSTINE.

Pardonnez-moi, c'est ma mère qui me donne mes robes et ce que je mange.

MADEMOISELLE BONNE.

Souvenez-vous bien, ma chère, que le bon Dieu a fait tout et que tout lui appartient: s'il n'avait pas donné d'argent à votre mère pour vous acheter des habits, du pain, et toutes les choses dont vous avez besoin, vous n'auriez rien du tout.

AUGUSTINE.

Le bon Dieu a-t-il aussi fait ma grand'mère qui est à Versailles?

MADEMOISELLE BONNE.

Il a fait tout ce qui est sur la terre et dans le ciel, mes enfants. Mais je crois qu'il va pleuvoir; remontons dans ma chambre.

CHARLOTTE.

Ah! ma Bonne, regardez de ce côté-là; je crois que voilà cette belle chose que vous appelez l'*arc-en-ciel;* oh! les charmantes couleurs!

MADEMOISELLE BONNE.

Vous avez raison, ma chère. Hé bien! quand on voit cela, il faut se souvenir que c'est la marque que le bon Dieu nous donne qu'il a fait la paix avec les hommes. Il ne faut donc jamais regarder l'arc-en-ciel sans le remercier, dans son cœur, de la bonté qu'il a eue de nous pardonner. Montons vite, je sens déjà des gouttes de pluie.

DIALOGUE VI.

QUATRIÈME JOURNÉE.

CHARLOTTE, Mlle BONNE, AUGUSTINE, SIDONIE, JULIA, EUGÉNIE.

CHARLOTTE.

Nous avons été une demi-heure à table; mademoiselle Bonne nous racontera une histoire.

MADEMOISELLE BONNE.

De tout mon cœur; mais Charlotte n'a-t-elle rien à me donner?

CHARLOTTE.

Oui, voilà un papier où il y a de vilaines choses; mais, je vous prie, lisez-le tout bas.

MADEMOISELLE BONNE.

Oui, ma chère, je le lirai pendant que nous prendrons le thé. Hé bien, mesdemoiselles, il faut tenir ma parole et vous dire un conte; asseyez-vous, je vais payer ma dette.

FATAL ET FORTUNÉ
CONTE.

Il y avait une fois une reine qui eut deux petits garçons parfaitement beaux. Une bonne fée, amie de la reine, avait été priée d'être la marraine de ces prince, et de leur faire quelque don : Je doue l'aîné, dit-elle, de toutes sortes de malheurs jusqu'à l'âge de vingt-cinq ans, et je le nomme *Fatal*. A ces paroles, la reine jeta de grands cris, et conjura la fée de changer ce don. Vous ne savez ce que vous demandez, dit-elle à la reine; s'il n'est pas malheureux, il sera méchant. La reine n'osa rien dire, mais elle pria la fée de lui laisser choisir un don pour son second fils. Peut-être choisirez-vous de travers, répondit la fée ; mais n'importe, je veux bien lui accorder ce que vous demanderez pour lui. Je souhaite, dit la reine, qu'il réussisse toujours dans tout ce qu'il voudra faire ; c'est le moyen de le rendre parfait. Vous pourriez vous tromper, répliqua la fée ; ainsi je ne lui accorde ce don que jusqu'à vingt-cinq ans.

On donna des nourrices aux deux petits princes ; mais, dès le troisième jour, la nourrice du prince aîné eut la fièvre ; on lui en amena une autre qui se cassa la jambe en tombant ; une troisième perdit son lait aussitôt que le prince Fatal commença à la téter ; et le bruit s'étant répandu que le prince portait malheur à ses nourrices, personne ne voulait plus le nourrir ni s'approcher de lui. Ce pauvre petit qui avait faim, criait. Une grosse paysanne, qui avait un grand nombre d'enfants qu'elle avait beaucoup de peine à élever, dit qu'elle aurait soin de lui moyennant une grosse somme d'argent; et comme le roi et la reine n'aimaient pas le prince Fatal, ils donnèrent à la nourrice ce qu'elle demandait, en lui disant de le porter dans son village. Le second prince qu'on avait nommé *Fortuné*, venait au contraire à merveille. Son père et sa mère l'aimaient à la folie, et ne pensaient pas seulement à l'ainé. La méchante femme à laquelle on l'avait confié ne fut pas plus tôt chez elle qu'elle lui ôta les beaux langes dont il était enveloppé pour les donner à un de ses fils qui était de l'âge de Fatal; et, ayant enveloppé le pauvre prince dans une mauvaise jupe, elle le porta dans un bois où il y avait bien des bêtes sauvages, puis le mit dans un trou avec trois petits lions, pour qu'il fût mangé. Mais la mère de ces lions ne lui fit point de mal, et au contraire elle lui donna à téter, ce qui le rendit si fort, qu'il courait tout seul au bout de six mois. Cependant le fils de la nourrice, qu'elle faisait passer pour le prince, mourut; le roi et la reine se consolèrent de la mort du fils qu'ils croyaient avoir perdu. Fatal resta dans le bois jusqu'à deux ans; un seigneur de la cour qui allait à la chasse fut tout étonné de le trouver au milieu des bêtes. Il en eut pitié et l'emporta dans sa maison; et, ayant appris qu'on cherchait un enfant pour tenir compagnie à Fortuné, il présenta Fatal à la reine. On donna un maître à Fortuné pour lui apprendre à lire; mais on recommanda au maître de ne point le faire pleurer. Le jeune prince, qui avait entendu cela, versait des larmes toutes les fois qu'il prenait son livre, en sorte qu'à cinq ans il ne connaissait pas ses lettres, au lieu que Fatal lisait parfaitement, et savait déjà écrire. Pour faire peur au prince, on commanda au maître de fouetter Fatal toutes les fois que Fortuné manquerait à son devoir. Ainsi Fatal avait beau s'appliquer à être sage, cela ne l'empêchait pas d'être battu : d'ailleurs, Fortuné était si volontaire et si méchant qu'il maltraitait toujours son frère qu'il ne connaissait pas. Ils vécurent ainsi jusqu'à l'âge de dix ans, et la reine était fort surprise de l'ignorance de son fils. Elle alla consulter la fée sur cela, qui lui dit: Madame, il fallait souhaiter à votre fils de la bonne volonté plutôt que le don de réussir; il ne veut qu'être bien méchant, il y réussit comme vous le voyez. Cette pauvre princesse, fort affligée, retourna à son palais. Elle essaya de gronder Fortuné pour l'obliger à mieux faire; il répondit que si on le chagrinait il se laisserait mourir de faim. Alors la reine, tout effrayée, lui promit qu'il n'étudierait pas de huit jours, s'il voulait bien manger comme à son ordinaire. Cependant le prince Fatal était un prodige de science et de douceur. Mais le méchant Fortuné, qui enrageait de le voir plus habile que lui, ne pouvait le souffrir, et les gouverneurs, pour plaire à leur jeune maître, battaient Fatal à tous moments. Enfin le mauvais prince dit à la reine qu'il ne voulait plus voir Fatal, et qu'il ne mangerait pas qu'on ne l'eût chassé du palais. Voilà donc Fatal sans asile; et, comme on avait peur de déplaire au prince, personne ne voulut le recevoir. Il passa la nuit sous un arbre, mourant de froid, car c'était en hiver, et n'ayant pour souper qu'un morceau de pain qu'on lui avait donné par charité. Le lendemain matin, il dit en lui-même : je travaillerai pour gagner ma vie jusqu'à ce que je sois assez grand pour aller à la guerre. Je me souviens d'avoir lu dans les histoires que de simples soldats sont devenus de grands capitaines; peut-être aurai-je le même bonheur, si je suis honnête homme. Dieu est le père des orphelins, il m'a donné une lionne pour nourrice, et il ne m'abandonnera pas. Après avoir dit cela, Fatal se leva, fit sa prière, car il ne manquait jamais d'implorer Dieu soir et matin, et, quand il priait, il avait les yeux baissés, les mains jointes, et il ne tournait pas la tête de côté et d'autre. Un paysan qui passa, et qui vit Fatal priant Dieu de tout son cœur, se dit : Je suis sûr que cet enfant sera un honnête garçon ; j'ai envie de le prendre pour garder mes moutons. Dieu me bénira à cause de lui. Le paysan attendit que Fatal eût fini sa prière, et lui demanda : Mon petit ami, voulez-vous venir garder mes moutons? Je vous nourrirai, et j'aurai soin de vous. Je le veux bien, répondit Fatal ; je ferai tout mon possible pour vous bien servir. Ce paysan était un gros fermier, et il avait beaucoup de valets qui le volaient fort souvent; sa femme et ses enfants le volaient aussi. Un jour la femme dit à Fatal : Mon ami, mon mari est un avare qui ne me donne jamais d'argent, laisse-moi prendre un mouton, et tu affirmeras que le loup l'a emporté. Madame, lui répondit Fatal, j'aimerais mieux mourir que de dire un mensonge et être un voleur. Tu n'es qu'un sot, s'écria cette femme; personne ne saura que tu as fait cela. Dieu le saura, madame, poursuivit Fatal ; il voit tout ce que nous faisons, et punit les menteurs et ceux qui volent. Quand la fermière entendit ces paroles, elle se jeta sur le prince berger, lui donna des soufflets, et lui arracha les cheveux. Fatal pleurait, et le fermier l'ayant entendu, demanda à sa femme pourquoi elle battait cet enfant. Vraiment, répliqua-t-elle, c'est un gourmand; je l'ai vu ce matin manger un pot de crème que je voulais porter au marché. Le paysan appela un valet, et lui commanda de fouetter Fatal. Après cela le pauvre enfant sortit dans la campagne avec ses moutons, et la fermière lui dit : Hé bien! voulez-vous à cette heure me donner un mouton ? J'en serais bien fâché, repartit Fatal, vous pouvez faire tout ce que vous voudrez contre moi, mais vous ne m'obligerez pas à mentir. Cette méchante créature, pour se venger, engagea tous les autres domestiques à faire du mal à Fatal. Il passa un an à la ferme, et quoiqu'il couchât sur la terre et qu'il fût mal nourri, il devint si fort, qu'on croyait qu'il avait quinze ans, et cependant il n'en avait que treize ; d'ailleurs il était devenu si patient qu'il ne se chagrinait plus quand on le grondait mal à propos. Un jour il entendit dire qu'un roi voisin avait une grande guerre. Il demanda congé à son maître et se rendit à pied dans le royaume de ce prince pour être soldat. Il s'engagea à un capitaine qui était un grand seigneur, mais qui ressemblait à un portefaix tant il était brutal ; il jurait, il battait ses soldats, il leur volait la moitié de l'argent que le roi donnait pour les nourrir et les habiller ; et sous ce méchant capitaine, Fatal fut encore plus malheureux que chez le fermier. Il s'était engagé

pour dix ans, et quoiqu'il vît déserter le plus grand nombre de ses camarades, il ne voulut jamais suivre leur exemple ; car il disait : J'ai reçu de l'argent pour servir dix ans, je volerais le roi si je manquais à ma parole. Tout en maltraitant Fatal comme les autres, le capitaine ne pouvait s'empêcher de l'estimer, parce qu'il voyait qu'il remplissait toujours son devoir. Ce capitaine n'aimait pas la lecture, mais il avait une grande bibliothèque pour faire croire à ceux qui venaient chez lui qu'il était un homme d'esprit; car, dans ce pays là, on pensait qu'un officier qui ne lisait pas l'histoire ne serait jamais qu'un sot et qu'un ignorant. Quand Fatal avait fait son devoir de soldat, au lieu d'aller boire et jouer avec ses camarades, il s'enfermait dans la chambre du capitaine et tâchait d'apprendre son métier en lisant la vie des grands hommes ; ainsi il devint capable de commander une armée. Il y avait déjà sept ans qu'il était soldat lorsqu'il alla à la guerre. Le capitaine prit six soldats avec lui pour visiter un petit bois; et quand il fut dans ce petit bois, les soldats disaient tout bas : Il faut tuer ce méchant homme. Fatal leur représenta qu'ils ne devaient pas faire une si mauvaise action; mais, au lieu de l'écouter, ils mirent tous les cinq l'épée à la main. Fatal défendit son capitaine, et se battit avec tant de valeur, qu'il tua lui seul quatre de ces soldats. L'officier, voyant qu'il lui devait la vie, lui demanda pardon de tout le mal qu'il lui avait fait, et, ayant raconté au roi ce qui lui était arrivé, Fatal fut nommé capitaine, et le roi lui accorda une grosse pension. On donna une grande bataille, et celui qui commandait l'armée ayant été tué, tous les officiers et les soldats s'enfuirent, mais Fatal cria tout haut qu'il aimait mieux mourir les armes à la main que de fuir comme un lâche. Ses soldats lui crièrent qu'ils ne voulaient point l'abandonner, et leur bon exemple ayant fait honte aux autres, ils se rangèrent autour de Fatal, et combattirent si bien, qu'ils prirent le fils du roi ennemi. Le roi fut bien content quand il sut qu'il avait gagné la bataille, et dit à Fatal qu'il le créait général de toutes ses armées. Il le présenta ensuite à la reine et à la princesse, sa fille, qui lui donnèrent leurs mains à baiser. Quand Fatal vit la princesse, il conçut le désir de l'épouser, mais il pensa qu'il ne pourrait devenir le mari d'une grande princesse, et tous les jours il souffrait les plus grands tourments; mais ce fut bien pis quand il apprit que Fortuné, ayant vu un portrait de la princesse, qui se nommait *Gracieuse*, en était devenu amoureux et qu'il envoyait des ambassadeurs pour la demander en mariage. Fatal pensa mourir de chagrin; mais la princesse Gracieuse, qui savait que Fortuné était un prince lâche et méchant, pria le roi son père de répondre à l'ambassadeur qu'elle ne voulait point encore se marier. Fortuné, qui n'avait jamais été contredit, entra en fureur quand on lui eût rapporté la réponse de la princesse; et son père, qui ne pouvait rien lui refuser, déclara la guerre au père de Gracieuse qui ne s'en embarrassa pas beaucoup; car il disait : Tant que j'aurai Fatal à la tête de mon armée, je ne crains pas d'être battu. Il envoya donc chercher son général, et lui ordonna de se préparer à faire la guerre; mais Fatal, se jetant à ses pieds, lui dit qu'il était né dans le royaume du père de Fortuné, et qu'il ne pouvait combattre contre son roi. Le père de Gracieuse répondit à Fatal qu'il le ferait mourir s'il refusait de lui obéir, et qu'au contraire il lui donnerait sa fille en mariage s'il emportait la victoire sur Fortuné. Le pauvre Fatal, qui aimait Gracieuse à la folie, fut bien tenté; mais, à la fin, il se résolut à faire son devoir. Sans rien dire au roi, il quitta la cour et abandonna toutes ses richesses. Cependant Fortuné se mit à la tête de son armée pour aller combattre; mais, au bout de quatre jours, il tomba malade de fatigue, car il était fort délicat, n'ayant jamais voulu faire aucun exercice. Le chaud, le froid, tout le rendait malade. Cependant l'ambassadeur, voulant se montrer zélé envers Fortuné, lui apprit qu'il avait vu à la cour du roi ennemi un général nommé Fatal, auquel la main de Gracieuse avait été offerte comme récompense s'il parvenait à vaincre l'armée ennemie. Fortuné, à cette nouvelle, se mit dans une grande colère, et aussitôt qu'il fut guéri, il partit pour détrôner le père de Gracieuse, et promit une grosse somme d'argent à celui qui lui amènerait Fatal. Fortuné remporta de grandes victoires, quoiqu'il ne combattit pas lui-même, car il avait peur d'être tué. Enfin il assiégea la ville capitale de son ennemi, et résolut de faire donner l'assaut. La veille de ce jour, on lui amena Fatal, lié avec de grosses chaînes. Fortuné, charmé de pouvoir se venger, voulut, avant de donner l'assaut, faire couper la tête à Fatal à la vue des ennemis. Ce jour-là même, il donna un grand festin à ses officiers, parce qu'il célébrait son jour de naissance, ayant justement vingt-cinq ans. Les soldats qui étaient dans la ville, ayant su que Fatal était pris, et qu'on devait dans une heure lui trancher la tête, résolurent de périr ou de le sauver; car ils se souvenaient du bien qu'il leur avait fait pendant qu'il était leur général. Cette fois ils furent victorieux. Le don de Fortuné avait cessé; comme il voulait s'enfuir, il fut tué. Les soldats vainqueurs coururent ôter les chaînes de Fatal, et, dans le même moment, on vit paraître en l'air deux chariots brillants de lumière. La fée était dans un de ces chariots, et le père et la mère de Fatal étaient dans l'autre, mais endormis. Ils ne s'éveillèrent qu'au moment où leurs chariots touchaient la terre, et furent bien étonnés de se voir au milieu d'une armée. La fée alors s'adressant à la reine, et lui présentant Fatal, lui dit : Madame, reconnaissez, dans ce héros, votre fils aîné ; les malheurs qu'il a éprouvés ont corrigé les défauts de son caractère, qui était violent et emporté. Fortuné, au contraire, qui était né avec de bonnes inclinations, a été absolument gâté par la flatterie, et Dieu n'a pas permis qu'il vécût plus longtemps, parce qu'il serait devenu plus méchant chaque jour. Il vient d'être tué ; mais pour vous consoler de sa mort, apprenez qu'il était sur le point de détrôner son père. Le roi et la reine surpris embrassèrent de bon cœur Fatal, dont ils avaient entendu parler avantageusement. La princesse Gracieuse et son père apprirent avec joie l'aventure de Fatal, qui epousa Gracieuse, avec laquelle il vécut

fort longtemps dans une parfaite concorde, parce que leur union était fondée sur la vertu.

CHARLOTTE, *faisant un soupir*.

Ah! que je suis contente de voir le pauvre Fatal tranquille! j'avais toujours peur que le méchant Fortuné ne lui fît couper la tête.

MADEMOISELLE BONNE.

Je gage qu'il n'y en a pas une de vous, mesdemoiselles, qui ne soit bien aise que Fortuné ait été tué.

AUGUSTINE.

Quant à moi je suis bien contente; car s'il n'était pas mort, il aurait toujours cherché à faire du mal à son frère.

SIDONIE.

Ce n'était pas la faute de Fortuné, s'il était si méchant; pourquoi l'avait-on si mal élevé?

MADEMOISELLE BONNE.

Vous avez raison, ma chère. Mais, mes enfants, il faut faire une réflexion. Vous aimez toutes Fatal, et vous haïssez Fortuné. Hé bien! imaginez-vous que les hommes sont tous du même goût que vous. Ils aiment le bon, et sont fâchés quand il leur arrive du mal. Retenez bien cela, mes enfants, vous êtes de bonne famille, vous êtes riches; ce ne sera point cela qui vous fera aimer et estimer, mais votre vertu. A quoi sert que vous soyez riches, si vous laissez mourir les pauvres de faim? Vous voyez bien que vos richesses ne vous rendent pas aimables; au contraire, toutes les fois que vous refusez d'assister les pauvres, ceux qui vous voient disent en eux-mêmes : Ho! la méchante femme, c'est bien dommage qu'elle soit riche, et il serait bien mieux que madame une telle eût tout son argent, car elle est bien charitable.

CHARLOTTE.

Hélas! cela est bien vrai. Ma gouvernante, mon père, ma mère, mes sœurs, jusqu'aux servantes de cuisine, personne ne me peut souffrir; mais vous savez que je veux me corriger.

MADEMOISELLE BONNE.

Oui, ma chère, je l'espère, et si vous avez le courage de suivre mes conseils, nous viendrons à bout de changer votre caractère. Par exemple, ma chère, j'ai lu votre papier en secret. Hé bien, si vous étiez bonne fille, vous me donneriez la permission de le lire tout haut. Je sais que cela vous rendrait bien honteuse ; mais aussi cela vous aiderait à vous corriger.

CHARLOTTE.

Si vous croyez que cela puisse m'être utile, je le demande sincèrement.

MADEMOISELLE BONNE.

Oui, j'en réponds. Quand vous aurez envie de dire ou de faire quelque sottise, vous penserez que vous avez promis de l'écrire et que ce sera lu devant ces demoiselles, et la crainte de l'entendre lire vous retiendra. Voyons ce papier.

« J'ai refusé d'obéir à mademoiselle Bonne, je lui ai dit qu'elle était bien hardie de me commander, puisqu'elle n'était que ma servante. Je lui ai dit aussi que je souhaitais la faire mettre si fort en colère, qu'elle me donnât un coup pour me casser un bras ou une jambe, parce que cela la ferait chasser de la maison. »

CHARLOTTE, *en pleurant*.

Ah! ces demoiselles ne voudront plus me souffrir dans leur compagnie, à présent qu'elles savent combien je suis méchante.

MADEMOISELLE BONNE.

Mais, ma chère, elles voient combien vous avez envie de vous corriger. Ecoutez bien, mon enfant, nous naissons tous avec des défauts; les honnêtes gens, quand ils étaient jeunes, en avaient autant que les méchants, mais ils se sont corrigés. Je veux bien vous avouer une chose, ma chère, c'est que quand j'étais petite, j'étais aussi méchante que vous; mais, par bonheur, j'avais une bonne gouvernante qui m'aimait beaucoup. Je suivis ses conseils, et, en deux mois, je me corrigeai, en sorte qu'on ne me reconnaissait pas. Je veux oublier ce que vous avez dit parce que vous reconnaissez votre faute.

JULIA.

Ne pleurez pas, ma bonne amie, nous vous aimons de tout notre cœur ; et, pour moi, je gagerais que vous ne ferez jamais de pareilles fautes.

EUGÉNIE.

Mademoiselle Bonne, je lisais, il y a quelque temps, qu'il y avait un grand philosophe que tout le monde admirait à cause de sa bonté. Hé bien ! il dit un jour qu'il était né gourmand, menteur, voleur ; mais personne ne le voulait croire, parce qu'il s'était tout à fait corrigé.

MADEMOISELLE BONNE.

Et, à présent, ma chère, on aurait de la peine à croire que vous étiez, il n'y a qu'un mois, une orgueilleuse qui preniez plaisir à parler des défauts des autres, pour les humilier : vous vous corrigez, et, si cela continue, je vous aimerai à la folie. Mais dites moi, je vous prie, le nom de ce philosophe.

EUGÉNIE.

Il s'appelait Socrate.

AUGUSTINE.

Ah ! je le connais ; vous m'avez appris hier une jolie histoire de lui.

MADEMOISELLE BONNE.

Répétez-la, je vous prie, ma chère.

AUGUSTINE.

Socrate avait une femme si méchante qu'elle ne cessait de l'outrager par mille sortes d'injures. Un jour qu'elle l'avait beaucoup querellé, il sortit de chez lui pour ne la plus entendre. Cette méchante femme fut très-fâchée de n'avoir plus personne à gronder, elle prit alors un pot plein d'eau sale, et jeta cette eau sur la tête de son mari. Socrate se mit à rire et dit à l'un de ses amis qui était là : *Après le tonnerre, il vient toujours la pluie.* La gronderie de sa femme, il l'ap-

pelait le tonnerre, et l'eau sale, c'était la pluie, qui avait gâté l'habit du philosophe.

JULIA.

Je suis sûre que sa femme aurait mieux aimé qu'il l'eût battue que de le voir rire.

MADEMOISELLE BONNE.

Vous avez raison, ma chère. Il ne faut pas chercher à se venger, cela est vilain. Mais il est pourtant vrai qu'on se venge des gens qui ne nous font point de mal, en riant de celui qu'ils veulent nous faire ; ils avaient envie de vous fâcher et vous ne leur donnez pas ce plaisir; cela les mortifie beaucoup; mais, comme je vous l'ai dit, il ne faut pas rire pour les fâcher, cela ne serait pas bien; au contraire, quand une personne vous injurie, ou cherche à vous donner du chagrin, il faut dire en vous-même : Cette pauvre personne ne peut me faire du mal, si je ne me fâche pas; mais elle s'en fait beaucoup à elle-même, elle est bien à plaindre; j'ai pitié d'elle. Mon Dieu, faites-lui la grâce de se corriger; je lui pardonne de bon cœur le tort qu'elle a voulu me faire. Car, voyez-vous, mes enfants, il faut aimer nos ennemis et leur pardonner, si nous voulons que Dieu nous pardonne. Maintenant, mademoiselle Sidonie et mademoiselle Augustine vont nous raconter leurs histoires.

SIDONIE.

Quand Noé fut sorti de l'arche, il planta la vigne, fit du vin avec ce raisin; ayant voulu savoir le goût qu'avait cette liqueur, il en but, mais avec excès, et en perdit la raison. Son fils Cham, au lieu de déplorer cela, se mit à rire, et appela ses deux frères Sem et Japhet, pour se moquer de Noé, mais ses frères lui dirent : cela est vilain, de rire de son père; quand les parents font mal, il ne faut jamais le dire à personne. Dès que Noé eut dormi, et qu'il eut recouvré sa raison, il sut ce que ses enfants avaient fait, et dit à Cham : Vous êtes un méchant, parce que vous avez perdu le respect que vous me deviez; je vous maudis, et au contraire, je donne ma bénédiction à vos frères.

AUGUSTINE.

Qu'est-ce que cela veut dire : *Je vous maudis?*

MADEMOISELLE BONNE.

Cela veut dire : Je vous souhaite toutes sortes de malheurs, et je prie Dieu de vous les envoyer.

CHARLOTTE.

Et le bon Dieu envoie-t-il des malheurs aux enfants maudits?

MADEMOISELLE BONNE.

Presque toujours, ma chère. C'est la pire chose qui puisse arriver à un enfant que d'être maudit par son père et par sa mère. Or, on s'expose à cela, en leur désobéissant, en leur parlant sans respect, en se mariant sans leur permission. Ainsi, mes enfants, prenez bien garde de ne pas chagriner vos pères et mères; car, si, par malheur, ils vous maudissaient, vous seriez bien à plaindre. Voyez aussi combien il est dangereux de boire du vin et des liqueurs fortes, cela trouble la raison, et l'on fait des sottises.

Il faut, mes enfants, que je vous raconte une histoire que j'ai lue quelque part : c'est saint Augustin qui la rapporte, et cela est arrivé à sa mère, nommée Monique. Quand elle était petite fille, elle avait une sage gouvernante, qui ne lui permettait pas de boire du vin, excepté avec beaucoup d'eau. Cette gouvernante lui disait : Ma chère, tant que vous êtes jeune, vous ne buvez que de l'eau, mais quand vous serez mariée et votre maîtresse, si vous avez pris l'habitude de boire à tout moment sans soif, vous boirez du vin, et vous perdrez la raison. Monique n'avait jamais goûté de vin pur de toute sa vie; quand elle eut quatorze ans, son père l'envoyait à la cave avec la servante, et un jour elle dit : Je veux voir quel goût a le vin. Elle en but une petite goutte, et cela ne lui parut pas trop bon. Le lendemain, il lui prit fantaisie d'en boire encore, elle en avala quelques gorgées, et trouva qu'il était meilleur; enfin elle s'y accoutuma si bien qu'elle en buvait de grands verres. Heureusement pour elle, elle eut une dispute avec sa servante qui l'appela petite ivrognesse : ce reproche rendit Monique si honteuse, qu'elle se corrigea : car c'est la plus grande injure qu'on puisse faire à une femme, que de lui reprocher qu'elle boit beaucoup de vin et de liqueurs fortes.

Vous voyez par là, mes enfants, qu'il faut bien prendre garde aux mauvaises habitudes ; ainsi vous pouvez boire du vin quand on vous en offre, car je suppose qu'on ne vous en donne guère ; mais il serait épouvantable d'en demander ou d'en boire sans permission. Allons, Augustine, dites-nous votre histoire.

AUGUSTINE.

Noé et ses trois fils ayant eu beaucoup d'enfants, le pays où ils demeuraient leur parut trop petit, et ils résolurent de se séparer. Mais auparavant ils voulurent bâtir une grande tour, bien plus haute que les tours de Notre-Dame, parce qu'ils souhaitaient que, dans l'avenir, on dît qu'ils avaient beaucoup d'esprit pour avoir fait un si bel ouvrage. Ils ajoutaient aussi : Si Dieu voulait nous noyer une autre fois, nous monterions au haut de cette tour, et l'eau ne pourrait venir jusque-là. Ils commencèrent donc ce monument, mais Dieu punit leur vanité et leur folie, car tout d'un coup il leur fit oublier la langue qu'ils savaient, et en apprit de différentes aux uns et aux autres, en sorte qu'ils ne s'entendaient plus. Ces hommes donc furent bien surpris ; quand celui-ci disait : Donnez-moi une pierre, celui-là qui ne l'entendait pas, lui apportait de l'eau ou du bois. Il fallut donc laisser la tour, qui était déjà bien avancée : on la nomma *Babel*, qui veut dire *confusion*, et chacun pensa à s'en aller de son côté. Les enfants de Cham et de Chanaan, son fils, se dirigèrent du côté de l'Orient ; ceux de Japhet allèrent demeurer en Occident, et ceux de Sem habitèrent dans le pays d'Assur.

MADEMOISELLE BONNE.

Je vais vous montrer, sur une carte de géographie, les points vers lesquels ils s'avancèrent... Voyez-vous

cette carte? le côté qui est tout en haut s'appelle le *nord* ou le *septentrion*; celui qui est tout en bas, s'appelle le *sud* ou le *midi*; celui qui est à votre main droite, s'appelle *l'est* ou *l'orient*; et celui qui est à votre main gauche, s'appelle *l'ouest* ou *l'occident*.

AUGUSTINE.

Pourquoi cette carte est-elle de quatre couleurs?

MADEMOISELLE BONNE.

Pour marquer, d'un côté ce qui est *terre*, et de l'autre ce qui est *eau*, et pour distinguer les cinq parties du monde, qu'on appelle l'*Europe*, l'*Asie*, l'*Afrique*, l'*Amérique* et l'*Océanie*. L'Europe est au nord, l'Asie est à l'ouest, l'Afrique est au sud, l'Amérique est à l'ouest, et l'Océanie est au sud de l'Asie, et nous vivons dans l'Europe.

EUGÉNIE.

Lequel des enfants de Noé est notre père?

JULIA.
C'est Japhet.
AUGUSTINE.
Voulez-vous bien me laisser encore regarder les cartes, et me dire ce que toutes ces écritures et ces lignes signifient ?
MADEMOISELLE BONNE.
Volontiers, ma chère. L'étude de la carte s'appelle la *géographie*; et tous les jours nous en dirons quelque chose ; retenez bien les quatre côtés du monde, et ses cinq parties, jusqu'à la première leçon.
EUGÉNIE.
Il y a dans la fable plusieurs choses qui ressemblent à l'Histoire sainte. Par exemple : l'âge d'or, le déluge, l'entreprise des géants, etc.
MADEMOISELLE BONNE.
Je vais vous instruire là dessus. Après le déluge, les hommes ne savaient pas encore écrire, ainsi il n'existait point de livres.
CHARLOTTE.
Comment donc avons-nous pu savoir l'histoire d'Adam, puisqu'on ne l'a pas écrite.
MADEMOISELLE BONNE.
Adam conta son histoire à ses enfants, ses enfants l'apprirent à Noé, Noé l'a dite à ses fils, et il leur recommanda de l'apprendre aussi à leurs enfants. Sem, qui était bien soumis à son père, lui obéit, et jamais ses enfants ne l'oublièrent ; mais Cham et Japhet n'y pensèrent pas beaucoup. Les quatre fils de Japhet vinrent demeurer dans un pays qu'on appelait la Grèce, et on les nomma *Grecs*; or les Grecs aimaient beaucoup les contes et les fables, et ils en composaient sur tout ce qui arrivait. Au lieu de rapporter les histoires comme leurs pères les leur avaient apprises, ils en firent des fables, et voici celles qu'ils imaginè-

rent à l'occasion de la tour de Babel. Mais, avant de vous instruire de cette fable, il faut que je vous apprenne que les Grecs étaient des méchants, qui, au lieu d'adorer le bon Dieu, adoraient les hommes et avaient une religion extravagante. Il y avait eu plusieurs rois nommés *Jupiter*, ils firent un dieu de ces rois, et toutes les bonnes et les mauvaises actions dont ceux-ci furent les auteurs, ils disaient qu'elles avaient été accomplies par une seule personne, qui était *Jupiter*, roi du ciel.

Les Grecs prétendaient encore que les géants étaient de grands hommes, grands comme cette maison, et qu'ils eurent envie de chasser *Jupiter* du ciel ; mais comme ils n'avaient pas une échelle assez grande pour cela, ils prirent les plus hautes montagnes, et, les mettant les unes sur les autres, ils en firent un escalier, mais Jupiter tua ses ennemis à coups de tonnerre ; et ceux qui ne furent pas tués, il mit sur leurs corps ces hautes montagnes qu'ils avaient apportées. Vous comprenez bien, mes enfants, que ce récit n'est pas vrai.

AUGUSTINE.

A merveille. Ces montagnes, cela veut dire les pierres dont les enfants de Noé faisaient une tour, et ce tonnerre, cela peut montrer comment Dieu les punit, en leur faisant oublier leur langage pour en parler un autre.

MADEMOISELLE BONNE.

Voilà ce qui s'appelle une fille intelligente, puisque vous comprenez cette fable, je vais vous dire une autre folie des Grecs. Savez-vous ce que c'est qu'un tremblement de terre ?

SIDONIE.

Non, bonne amie.

MADEMOISELLE BONNE.

Eh bien ! il arrive quelquefois que, tout d'un coup,

la terre s'ébranle sous nos pieds, et fait bouger les maisons ; les Grecs disaient que la terre tremblait toutes les fois que les géants qui étaient sous les montagnes tâchaient d'en sortir.

EUGÉNIE.

C'est bien fou. Mais, qu'est-ce qui fait trembler la terre ?

MADEMOISELLE BONNE.

J'ai ouï dire que ce sont de grands feux souterrains ou des vents renfermés dans la terre, qui font effort pour sortir, et qui, quelquefois, s'ouvrent un passage, sortent et se dilatent.

SIDONIE, *joignant les mains.*

Je mourrais de peur s'il y avait un tremblement de terre à Paris, nous serions tous brûlés.

MADEMOISELLE BONNE.

Ne craignez pas cela, ma chère. Il y a trois pays surtout, en Europe, où l'on trouve des montagnes qui jettent du feu. On appelle de semblables montagnes des *volcans*; mais le feu qui sort des volcans n'empêche pas qu'il n'y ait auprès d'elles des habitants.

Il y a un volcan dans l'Italie, près de la ville de Naples, et il est sur le haut d'une grande montagne nommée le Vésuve. Il y en a un autre dans l'île de Sicile, sur une grande montagne qu'on appelle Etna ; un autre dans l'île d'Islande, sur la montagne l'Hécla.

AUGUSTINE.

Qu'est-ce qu'une île, s'il vous plaît ?

MADEMOISELLE BONNE.

Je serais charmée de vous l'apprendre aujourd'hui ; mais il est sept heures passées, il faut nous quitter : ce sera pour la prochaine fois. Adieu, mes bons enfants. Continuez à être bien sages, je recommande cela surtout à Charlotte. Si elle se corrige d'ici à la prochaine réunion, nous aurons un joli conte.

DIALOGUE VII.
CINQUIÈME JOURNÉE.

MADEMOISELLE BONNE.

Bonjour, mes chères enfants, attendez un peu, je veux regarder Charlotte entre les deux yeux... Je gage qu'elle n'a pas fait beaucoup de sottises, car elle a l'air bien content.

CHARLOTTE.

J'ai commencé beaucoup de sottises, mais je n'en ai pas fini une seule. Hier, j'ai dit à ma bonne : Vous êtes une imper....... et puis je me suis arrêtée tout d'un coup. Une autre fois, j'ai levé la main pour la battre, mais je ne l'ai pas fait.

MADEMOISELLE BONNE.

Je vous l'avais bien prédit, ma chère, que vous vous corrigeriez. Cela ira de mieux en mieux, j'en suis certaine. Puisque vous m'avez tenu parole, il est juste que je remplisse ma promesse. Allons nous asseoir sous les arbres, dans le jardin, je vous dirai le conte que je vous ai annoncé.

LE PRINCE CHARMANT
CONTE.

Il y avait une fois un prince qui n'avait que seize ans lorsqu'il perdit son père. Ce prince fut un peu triste, et puis le plaisir d'être roi le consola bientôt. Le jeune souverain, qui se nommait *Charmant*, n'avait pas un mauvais cœur, mais il avait été élevé en prince, c'est-à-dire habitué à faire sa volonté; et cela l'aurait sans doute rendu méchant par la suite. Il commençait déjà à se fâcher quand on lui faisait voir qu'il s'était trompé. Il négligeait les affaires pour se livrer à ses plaisirs; surtout il aimait si passionnément la chasse, qu'il y passait presque toutes les journées. Pourtant, il avait un bon gouverneur qu'il aimait beaucoup étant jeune; mais lorsqu'il fut devenu roi, il pensa que ce gouverneur était trop vertueux. Je n'oserai jamais suivre mes fantaisies devant lui, disait-il en lui-même. Quand même il ne me blâmerait pas, il serait triste, et je reconnaîtrais à son visage qu'il serait mécontent de moi; il faut l'éloigner, car il me gênerait. Le lendemain, Charmant assembla son conseil, donna de grandes louanges à son gouverneur, et dit que, pour le récompenser du soin qu'il avait eu de lui, il lui accordait le gouvernement d'une province qui était fort éloignée de la cour. Quand le gouverneur fut parti, Charmant se plongea dans les délices et se livra à la chasse, qu'il aimait avec fureur. Un jour qu'il était dans une grande forêt, il vit passer une biche blanche comme la neige; elle avait un collier d'or au cou, et lorsqu'elle fut proche du prince, elle le regarda fixement et ensuite elle s'éloigna. Je ne veux pas qu'on la tue, s'écria Charmant. Il commanda donc à ses gens de rester là avec les chiens, et il suivit la biche. Il semblait qu'elle l'attendait; puis, lorsqu'il était près d'elle, elle s'éloignait en sautant et en gambadant. Il avait tant envie de la prendre, qu'en la suivant, il fit beaucoup de chemin sans y penser. La nuit vint, et il perdit la biche de vue. Le voilà bien embarrassé : car il ne sait où il est. Tout à coup il entendit des instruments, mais ils paraissaient être bien loin. Il suivit ce bruit agréable, et arriva enfin à un grand château, où l'on donnait le plus beau concert. Le portier demanda au roi ce qu'il voulait, et le prince lui conta son aventure. Soyez le bienvenu, lui dit cet homme, on vous attend pour souper; car la biche blanche appartient à ma maîtresse; et toutes les fois qu'elle la fait sortir, c'est pour lui amener compagnie. En même temps, le portier siffla, et plusieurs domestiques parurent avec des flambeaux et conduisirent le prince dans un appartement bien éclairé. Les meubles de cet appartement n'étaient pas magnifiques, mais tout était propre et bien arrangé. Aussitôt, apparut la maîtresse de la maison. Le prince fut ébloui de sa beauté et se jeta à ses pieds. « Levez-vous, mon prince, lui dit-elle en lui donnant la main. Vous me paraissez si aimable, que je souhaite de tout mon cœur que vous soyez celui qui doit me tirer de ma solitude. Je m'appelle *Vraie-Gloire*, et je suis immortelle. Je vis dans ce château depuis le commencement du monde, en attendant un mari. Un grand nombre de rois sont venus me voir; mais quoiqu'ils m'eussent juré une fidélité éternelle, ils m'ont abandonnée pour la plus cruelle de mes ennemies.—Ah! belle princesse, s'écria Charmant, peut-on vous oublier quand on vous a vue une fois? Je jure de n'aimer jamais que vous; dès ce moment, je vous choisis pour reine.—Et moi je vous accepte pour roi, répondit Vraie-Gloire; mais il ne m'est pas permis de vous épouser encore. Je vais vous faire voir un autre prince qui est dans mon palais, et qui prétend, aussi m'épouser. Si j'étais la maîtresse, je vous donnerais la préférence, mais cela ne dépend pas de moi. Il faut que vous me quittiez pendant trois ans, et celui des deux qui me sera le plus fidèle pendant ce temps aura la préférence.

Charmant fut très-affligé de ces paroles; mais il le fut bien davantage quand il vit le prince dont Vraie-Gloire lui avait parlé et qui s'appelait *Absolu*. Ce dernier était si beau, il avait tant d'esprit que le jeune roi craignit que Vraie-Gloire ne l'aimât plus que lui. Ils soupèrent tous les deux avec Vraie-Gloire, et furent bien tristes quand il fallut la quitter le matin. Elle leur dit qu'elle les attendrait pendant trois ans, et ils sortirent ensemble du palais. A peine avaient-ils marché deux cents pas dans la forêt, qu'ils virent un palais bien plus magnifique que celui de Vraie-Gloire : l'or, l'argent, le marbre, les diamants éblouissaient les yeux; les jardins en étaient superbes, et la curiosité engagea les princes à y entrer. Ils furent bien surpris d'y trouver leur princesse, mais elle avait changé d'habits, sa robe était toute garnie de diamants, ses cheveux en étaient ornés, au lieu que la veille, sa parure n'était qu'une robe blanche garnie de fleurs. Je vous montrai hier ma maison de campagne, leur dit-elle. Elle me plaisait autrefois; mais puisque j'ai deux princes pour prétendus, je ne la trouve plus digne de moi. Je l'ai abandonnée pour toujours et je vous attendrai dans ce palais. En même temps, elle fit passer les deux jeunes gens dans une grande salle. Je vais vous montrer, leur dit-elle, les portraits de plusieurs princes qui ont été mes préférés : en voilà un qu'on nommait Alexandre, que j'aurais épousé, mais il est mort trop jeune. Ce prince, avec un fort petit nombre de troupes, ravagea toute l'Asie et s'en rendit maître.

Voyez cet autre : on le nommait Pyrrhus. Le désir de devenir mon époux l'a engagé à quitter son royaume pour en acquérir d'autres ; il courut toute sa vie, et fut tué malheureusement d'une tuile qu'une femme lui jeta sur la tête. Celui-ci se nommait Jules-César : pour mériter mon cœur, il a fait, pendant dix ans, la guerre dans les Gaules ; il a vaincu Pompée et soumis les Romains. Il eût été mon époux ; mais ayant, contre mon conseil, pardonné à ses ennemis, ils lui donnèrent vingt-deux coups de poignard. La princesse leur montra encore un grand nombre de portraits, et leur ayant donné un superbe déjeuner, qui fut servi dans des plats d'or, elle engagea les deux princes à continuer leur voyage. Quand ils furent sortis du palais, Absolu dit à Charmant : « Avouez que la princesse était mille fois plus aimable aujourd'hui avec ses beaux habits qu'elle n'était hier, et qu'elle montrait aussi beaucoup plus d'esprit. — Je ne sais, répondit Charmant ; elle avait du fard aujourd'hui, elle m'a paru changée, à cause de ses beaux habits ; mais assurément elle me plaisait davantage sous son vêtement de bergère. » Ils se séparèrent et s'en retournèrent dans leurs royaumes, bien résolus à faire tout ce qu'ils pourraient pour plaire à leur fiancée. Quand Charmant fut dans son palais, il se ressouvint qu'étant petit son gouverneur lui avait parlé de Vraie-Gloire, et il dit en lui-même : Puisqu'il connaît la princesse, je veux le faire revenir à ma cour; il m'apprendra comment je dois me conduire pour la mériter. Aussitôt que le gouverneur, qu'on nommait *Sincère*, fut arrivé, il le manda dans son cabinet, et lui raconta ce qui lui était arrivé. Le bon Sincère, pleurant de joie, dit au roi : « Ah! mon prince, que je suis content d'être revenu ! Il faut que je vous apprenne que votre fiancée a une sœur, qu'on nomme *Fausse-Gloire*. Cette méchante créature n'est pas si belle que Vraie-Gloire, mais elle se farde pour cacher ses défauts. Elle attend tous les princes qui sortent de chez Vraie-Gloire, et comme elle ressemble à sa sœur, elle les trompe. Ils croient travailler pour Vraie-Gloire, et ils se perdent en suivant les conseils de sa sœur. Vous avez vu que tous les amis de Fausse-Gloire périssent misérablement. Le prince Absolu, qui va suivre leur exemple, ne vivra que jusqu'à trente ans; mais si vous vous conduisez par mes conseils, je vous promets qu'à la fin, vous serez l'époux de votre princesse. Elle doit être mariée au plus grand roi du monde : travaillez à le devenir. — Mon cher Sincère, répondit Charmant, tu sais que cela n'est pas possible. Quelque grand que soit mon royaume, mes sujets sont si ignorants, si grossiers, que je ne pourrai jamais les engager à faire la guerre : or, pour devenir le plus grand roi du monde, ne faut-il pas gagner un grand nombre de batailles et prendre beaucoup de villes? — Ah! mon prince, repartit Sincère, quand vous n'auriez pour tout bien qu'une seule ville et deux ou trois cents sujets, et que vous ne feriez jamais la guerre, vous pourriez devenir le plus grand roi du monde : il ne faut pour cela qu'être le plus juste et le plus vertueux ; c'est là le moyen d'acquérir la princesse Vraie-Gloire. Ceux qui prennent les royaumes de leurs voisins, qui, pour bâtir de beaux châteaux, acheter de beaux habits et beaucoup de diamants, foulent leurs peuples, sont trompés, et ne trouveront que la princesse Fausse-Gloire, qui alors n'aura plus son fard, et leur paraîtra dans toute sa difformité. Vous dites que vos sujets sont grossiers et ignorants, il faut les instruire. Faites la guerre à l'ignorance et au crime ; combattez vos passions, et vous serez un grand roi et un conquérant au-dessus de César, de Pyrrhus, d'Alexandre et de tous les héros dont Fausse-Gloire vous a montré les portraits. » Charmant résolut de suivre les conseils de son gouverneur. Pour cela, il pria un de ses parents de commander dans son royaume pendant son absence, puis il partit avec son gouverneur, afin de voyager dans tout le monde et de s'instruire par lui-même de tout ce qu'il fallait faire pour rendre ses sujets heureux. Quand il trouvait dans un royaume un homme sage ou habile, il lui disait : Voulez-vous venir avec moi, je vous donnerai beaucoup d'or. Quand le prince fut bien instruit, et qu'il eut un grand nombre de gens de mérite, il retourna dans son royaume et les chargea d'éclairer ses sujets. Il fit bâtir de grandes villes et quantité de vaisseaux ; il faisait apprendre à travailler aux jeunes gens, nourrissait les pauvres malades et les vieillards, rendait lui-même la justice à ses peuples, en sorte qu'il les rendit honnêtes gens et heureux. Il passa deux ans dans ce travail, et au bout de ce temps, il dit à Sincère : « Croyez-vous que je sois bientôt digne de Vraie-Gloire ? — Il vous reste encore un grand ouvrage à faire, lui répondit son gouverneur. Vous avez vaincu les vices de vos sujets, votre paresse.

votre amour pour les plaisirs, mais vous êtes encore l'esclave de votre colère; c'est le dernier ennemi qu'il faut combattre. Charmant eut beaucoup de peine à se corriger de ce dernier défaut, mais il fit les plus grands efforts pour devenir doux et patient. Il y réussit, et, les trois ans étant passés, il se rendit dans la forêt où il avait vu la biche blanche : il n'avait pas mené avec lui un grand équipage, le seul Sincère l'accompagnait. Il rencontra bientôt Absolu dans un char superbe. Ce dernier avait fait peindre sur le char les batailles qu'il avait gagnées, les villes qu'il avait prises, et il forçait à marcher devant lui plusieurs princes qu'il avait faits prisonniers, et qui étaient enchaînés comme des esclaves. Dans le même moment, ils virent les palais des deux sœurs, qui n'étaient pas fort éloignés l'un de l'autre. Charmant prit le chemin du premier, et Absolu en fut charmé, parce que celle qu'il choisissait pour sa princesse lui avait dit qu'elle n'y retournerait jamais. Mais à peine eut-il quitté Charmant, que la princesse Vraie-Gloire, mille fois plus belle, mais toujours aussi simplement vêtue que la première fois qu'il l'avait vue, s'élança vers le second : « Venez, mon prince, lui dit-elle; grâce à votre ami Sincère, qui vous a appris à me distinguer de ma sœur, vous êtes digne d'être mon époux. Alors Vraie-Gloire commanda aux Vertus qui sont ses sujettes de faire une fête pour célébrer son mariage avec Charmant. Pendant que celui-ci s'occupait du bonheur qu'il allait avoir d'être l'époux de cette princesse, Absolu arriva chez Fausse-Gloire, qui le reçut parfaitement bien, et lui offrit de l'épouser sur-le-champ. Il y consentit; mais à peine fut-elle sa femme, qu'il s'aperçut en la regardant de près qu'elle était vieille et ridée, quoiqu'elle n'eût pas oublié de mettre beaucoup de blanc et de rouge pour cacher ses rides. Pendant qu'elle lui parlait, un fil d'or qui attachait ses fausses

dents se rompit et elles tombèrent à terre. Le prince Absolu était si fort en colère d'avoir été trompé, qu'il se jeta sur elle pour la battre ; mais comme il l'avait prise par de beaux cheveux noirs qui étaient fort longs, il fut fort étonné qu'ils lui restassent dans la main ; car Fausse-Gloire portait une perruque ; et comme elle resta nu-tête, il vit qu'elle n'avait qu'une douzaine de cheveux ; et encore ils étaient tout blancs. Absolu laissa cette méchante et laide créature, et courut au palais de Vraie-Gloire, qui venait d'épouser Charmant. La douleur qu'il eut d'avoir perdu cette princesse fut si grande, qu'il en mourut. Charmant plaignit son malheur, et vécut longtemps avec Vraie-Gloire. Il en eut plusieurs filles, mais une seule ressemblait parfaitement à sa mère. Il la mit dans le château champêtre, en attendant qu'elle pût trouver un époux ; et pour empêcher la méchante tante de cette enfant de lui enlever ses prétendants, il écrivit sa propre histoire, afin d'apprendre aux princes qui voudraient avoir sa fille pour femme, que le seul moyen d'épouser Vraie-Gloire serait de travailler à se rendre vertueux et utiles à leurs sujets, et que, pour réussir dans ce dessein, ils avaient besoin d'un ami sincère.

EUGÉNIE.

Ce conte me fait penser bien des choses. Je pense d'abord que j'ai fait comme le prince Absolu ; j'ai pris Fausse-Gloire pour Vraie-Gloire. Je croyais me faire estimer pour mon esprit et je ne savais pas qu'il me rendait haïssable, si je n'étais pas bonne en même temps. Je pense aussi que le prince Charmant ressemble à Pierre le Grand, empereur de toutes les Russies, dont j'ai lu l'histoire dans un beau livre.

MADEMOISELLE BONNE.

Et tout cela est parfaitement pensé. Voyez-vous, mes enfants, nous aimons toutes à être estimées, louées, c'est-à-dire, que nous sommes amoureuses de Belle-Gloire, ce qui est fort bien. Mais il faut nous mettre dans l'esprit ce que je vous répéterai encore : on ne nous estime que pour l'amour de notre vertu, et non pas pour notre argent, pour nos beaux habits, pour nos titres. Travaillons donc à être vertueux, mes bons enfants ; il n'y a que cela de nécessaire, et pour cette vie et pour l'autre. Allons, Sidonie, dites-nous votre histoire.

SIDONIE.

Parmi les enfants de Sem, il y eut, longtemps après le déluge, un homme qu'on appelait *Abraham*. Il aimait beaucoup le bon Dieu, et Dieu l'aimait aussi beaucoup. Il vint demeurer dans le pays de *Chanaan*, avec Sara, sa femme, et Loth, son neveu. Dieu avait promis à Abraham, qui était fort vieux, de le rendre père d'un grand peuple ; et, quoiqu'il n'eût pas d'enfants, il crut ce que le bon Dieu lui promettait. Abraham et son neveu Loth devinrent fort riches, car ils avaient un grand nombre de bœufs, de moutons et de valets. Un jour les valets d'Abraham et ceux de Loth eurent une violente dispute ensemble, et Abraham, qui savait qu'on fait un péché quand on se querelle, dit à Loth : « Mon frère, je ne voudrais pas de querelle; ainsi, il faut nous séparer. Voilà deux pays, choisissez ; j'irai demeurer dans celui que vous ne voudrez pas. » Loth, au lieu de dire à Abraham : Mon oncle, je ne veux point vous quitter et je défendrai à mes domestiques de quereller les vôtres, choisit le plus beau pays, et alla demeurer dans une ville qu'on appelait *Sodome*; mais tous les gens qui habitaient ce pays étaient bien méchants. Un jour que Loth était sur sa porte, il vit venir deux jeunes hommes. Comme il avait appris chez son oncle Abraham à être charitable, Loth dit à ces deux hommes : « Il est presque nuit, je vous prie de souper et coucher dans ma maison. » Les jeunes hommes entrèrent. Mais les habitants de cette ville, qui voulaient maltraiter ces étrangers, vinrent à la porte de Loth, et lui dirent qu'ils le feraient mourir s'il ne les mettait pas dehors. Loth eut bien peur; cependant, il répliqua à ces méchants : « Vous pouvez me faire tout le mal que vous voudrez, mais je ne renverrai pas mes hôtes. » En même temps, les deux hommes lui dirent : « N'ayez point peur, nous sommes des anges, et Dieu nous a envoyés pour vous dire de sortir de la ville, parce qu'il veut punir ce peuple pervers. Sortez donc avec votre femme et vos filles, mais surtout ne regardez pas derrière vous, car Dieu vous punira si vous lui désobéissez. » Aussitôt Loth et sa famille quittèrent Sodome, et les anges marchèrent devant eux. Quand ils furent un peu loin, ils entendirent un bruit terrible, et la femme de Loth, qui était curieuse, tourna la tête pour voir d'où venait ce bruit ; elle vit qu'il tombait une pluie de feu qui brûlait tous les méchants hommes ; mais comme elle désobéissait à Dieu, elle fut changée en une statue de sel. Son mari et ses filles furent plus sages qu'elle : ils ne regardèrent point ; et les anges les laissèrent sur une montagne, d'où ils virent brûler Sodome et plusieurs autres villes, dont les peuples étaient aussi fort méchants.

MADEMOISELLE BONNE.

Cela nous apprend qu'il ne faut pas désobéir à Dieu. Il ne brûle pas aujourd'hui tous les méchants, mais ceux qu'il ne punit pas pendant qu'ils vivent, il les punira d'une manière bien terrible après leur mort. Dieu compte nos mauvaises actions, et ceux qui ne lui en demandent pas pardon de tout leur cœur, il les rendra très-misérables en cette vie ou en l'autre. Voyez aussi, mes enfants, combien il faut s'efforcer de vivre avec des honnêtes gens. Si Loth n'eût pas quitté Abraham, il n'eût pas perdu sa femme. Il fut sauvé, parce qu'en demeurant avec Abraham, il avait pris la bonne habitude d'être charitable. Il faut donc chercher à être amies des jeunes personnes qui sont bonnes, charitables, obéissantes, et fuir comme la peste la compagnie de celles qui voudraient vous donner de mauvais exemples. Allons, Augustine, dites-nous l'histoire que vous avez apprise.

AUGUSTINE.

Un jour qu'Abraham était devant sa tente, il vit venir trois voyageurs. Il alla au-devant d'eux, et leur dit : «Je vous prie, faites-moi l'honneur de vous arrêter ici pour manger.» Les étrangers lui dirent : « Nous le voulons bien.» Alors Abraham pria sa femme de préparer du pain et des gâteaux, et il commanda à ses valets d'apprêter de l'eau pour laver les pieds des étrangers et de la viande pour le dîner. Après que

ces inconnus eurent mangé, ils dirent à Abraham :
« Où est votre femme ? » Abraham leur répondit :
« Elle est dans sa tente. » Et ces trois étrangers, qui
étaient des anges, lui dirent que Sara aurait bientôt
un fils. Quand Sara entendit cela, elle se mit à rire,
parce qu'elle était très-vieille, et que ce n'est pas la
coutume que les vieilles femmes aient des enfants.
Les anges ajoutèrent : « Pourquoi riez-vous ? Dieu n'est-
il pas le maître de vous donner un fils, lui qui est le
Tout-Puissant ? » Sara, toute honteuse, dit qu'elle n'a-
vait pas ri. « Ah ! que cela est vilain de mentir, répar-
tirent les anges ; demandez pardon à Dieu de cette
mauvaise action. » En même temps, les anges s'en allèrent, et, quelque temps après, Sara eut un fils
qu'elle nomma *Isaac*.

MADEMOISELLE BONNE.

Fort bien, ma bonne amie. Allons, Julia, faites
quelques réflexions.

JULIA.

Je répéterai à ces demoiselles les réflexions que vous m'avez faites quand vous m'avez appris cette histoire. Abraham était un homme bien charitable, puisqu'il ne laissait passer aucun voyageur sans le prier d'entrer chez lui pour se reposer ; et Sara était bien modeste, puisqu'elle se tenait cachée dans sa tente.

CHARLOTTE.

Est-ce qu'Abraham n'avait point de maison, que Sara restait dans une tente ?

MADEMOISELLE BONNE.

Non, ma chère ; Abraham n'avait point de maison, quoiqu'il fût un grand seigneur qui avait plus de domestiques que le roi. Dans ce temps-là, pour être riche, il fallait posséder beaucoup de troupeaux. Abraham en avait une grande quantité, et il avait besoin de beaucoup d'herbe pour les nourrir ; ainsi, quand ses troupeaux avaient mangé toute l'herbe d'un endroit, on les menait dans un autre. Vous voyez bien qu'il ne devait pas avoir de maison ; on n'aurait pas pu l'emporter ; mais il avait des tentes qu'on changeait de place toutes les fois qu'on quittait un pays. Et puis, les dames de ce temps-là n'étaient point des paresseuses. Sara était comme une princesse, et pourtant elle prenait soin du ménage de son mari et faisait elle-même la cuisine ; les jeunes demoiselles menaient boire les moutons : tout le monde travaillait.

AUGUSTINE.

Mais cela ne serait pas joli si ma mère faisait elle-même la cuisine.

MADEMOISELLE BONNE.

Vous avez raison, ma chère ; mais si les dames ne doivent pas faire la cuisine, elles doivent du moins avoir soin de leur ménage, prendre garde aux domestiques, et penser qu'une honnête femme a le devoir d'être la première intendante de sa maison.

EUGÉNIE.

Mais, ma bonne, cela ne se peut pas : une dame n'en a pas le temps. Il faut qu'elle aille à la comédie, à l'opéra, dans le monde.

MADEMOISELLE BONNE.

Souvenez-vous bien de ce que je vais vous dire : Dieu ne vous a pas mis au monde pour jouer et courir les bals, les spectacles. On peut y aller quelquefois pour se délasser, mais celles qui ne font autre chose font fort mal, et Dieu les punira, parce qu'elles négligent leurs devoirs, et c'est un grand péché. Une femme est obligée d'avoir soin de ses enfants, de ses domestiques. Tout le mal qu'ils font pendant qu'elle n'y est pas Dieu lui en demandera compte. D'ailleurs, ma chère, c'est un grand péché de dépenser tant d'argent à des bagatelles; il vaut mieux le donner aux pauvres et le conserver pour ses enfants.

EUGÉNIE,

Est-ce qu'on n'est pas maîtresse de dépenser son argent à sa fantaisie?

MADEMOISELLE BONNE.

Dites-moi, ma chère, votre père a des fermiers qui vendent le blé et les fruits de ses terres; ces fermiers sont-ils maîtres de l'argent qu'on leur donne pour ces blés, ces fruits?

EUGÉNIE.

Ils ne peuvent pas en être les maîtres, car toutes ces choses sont à mon père, et ils lui en doivent compte.

MADEMOISELLE BONNE.

Eh bien! ma chère, nous sommes les fermiers du bon Dieu. Il nous donne de l'argent pour nous nourrir, nous habiller, pour élever nos enfants, payer les marchands, les domestiques et assister les pauvres; et comme les fermiers sont obligés de rendre compte à leurs maîtres, de même le bon Dieu fera rendre compte aux riches de l'argent qu'il leur aura donné, et les punira s'ils le dépensent en folies. D'ailleurs, il faut être bien méchante pour dépenser tant d'argent pour ses plaisirs, pendant qu'il y a des pauvres qui n'ont pas un morceau de pain, d'autres qui n'ont point de lit, d'autres qui meurent de froid en hiver, d'autres qui sont sans chemises et qui manquent d'ouvrage pour gagner de l'argent!

AUGUSTINE.

Ah! mon Dieu, cela me fait pitié; prenez tout mon argent pour soulager ces pauvres gens.

MADEMOISELLE BONNE.

Venez m'embrasser, ma chère amie. Pour vous récompenser, nous dirons quelque chose de la géographie, que vous aimez tant; c'est pour cela que j'ai fait venir un plat d'eau.

Vous voyez ce plat, mesdemoiselles; supposez que ce soit la mer, et tous les morceaux de carton que je vais mettre dessus seront la terre. Ces petits morceaux de cartes, environnés d'eau de tous côtés, nous les appellerons des *îles*. Voyez cet autre carton qui touche au bord du plat par un petit morceau : c'est presque une île; nous le nommerons donc *presqu'île*. Ce grand morceau de carte, qui ne touche à l'eau que par un côté, nous l'appellerons une *terre ferme* ou un *continent*; cette pointe qui s'avance dans l'eau, nous l'appellerons un *cap*; et une terre fort élevée, nous l'appellerons *montagne*.

Voyons présentement sur cette carte géographique si vous trouverez bien chacun de ces objets.

AUGUSTINE.

La Grande-Bretagne, l'Irlande, ce sont des îles, car la mer est tout autour.

MADEMOISELLE BONNE.

Et de quel côté sont ces pays, ma chère ?

AUGUSTINE.

Tout en haut, et à gauche de la carte.

MADEMOISELLE BONNE.

Mais ce côté d'en haut et ce côté gauche ont des noms qu'il faut toujours dire.

AUGUSTINE.

Ces pays, ou ces îles, sont au nord, et en même temps à l'ouest de l'Europe.

MADEMOISELLE BONNE.

Fort bien, ma chère. Charlotte, cherchez une presqu'île.

CHARLOTTE.

L'Afrique, au sud de l'Europe, en est une sur cette carte.

MADEMOISELLE BONNE.

C'est bien ; comme il est tard, nous finirons là pour aujourd'hui.

DIALOGUE VIII.

SIXIÈME JOURNÉE.

CHARLOTTE.

Bonjour, mademoiselle Bonne ; j'ai été raisonnable presque tout à fait, et tout le monde, dans la maison, me fait tant d'amitiés, que je me trouve heureuse comme une reine.

MADEMOISELLE BONNE.

Vous dites que vous êtes heureuse comme une reine ; vous croyez donc que toutes les reines sont heureuses ? Il me prend envie de vous raconter une fable à ce sujet.

LA VEUVE ET SES DEUX FILLES
FABLE.

Il y avait une veuve assez bonne femme qui avait deux filles, toutes deux fort aimables : l'aînée se nommait *Blanche*, la seconde *Vermeille*. On leur avait donné ces noms, parce qu'elles avaient, l'une, le plus beau teint du monde, et la seconde, des joues roses et des lèvres vermeilles comme du corail. Un jour, la bonne femme étant près de sa porte, à filer, vit une pauvre vieille qui avait bien de la peine à se traîner avec son bâton. « Vous êtes bien fatiguée, dit la première ; asseyez-vous un moment pour vous reposer ; » et aussitôt,

elle dit à ses filles de donner une chaise à cette femme. Elles se levèrent toutes les deux ; mais Vermeille courut plus fort que sa sœur, et apporta la chaise. « Voulez-vous boire un coup ? demanda la bonne femme à la vieille. —De tout mon cœur, répondit celle-ci ; il me semble même que je mangerais bien un morceau. —Je vous offrirai tout ce qui est en mon pouvoir, répondit la mère, mais comme je suis pauvre, ce ne sera pas grand'chose. » En même temps elle fit servir par ses filles la pauvre vieille qui se mit à table ; cette dernière commanda à l'aînée d'aller cueillir quelques prunes sur un prunier qu'elle avait planté elle-même. Blanche, au lieu d'obéir de bonne grâce à sa mère, murmura contre cet ordre. Elle n'osa pourtant pas refuser d'apporter quelques prunes, mais elle les donna de mauvaise grâce et à contre-cœur. « Et vous, Vermeille, dit la bonne femme à la seconde de ses filles, vous n'avez pas de fruits à présenter à cette bonne dame, car vos raisins ne sont pas mûrs.—Il est vrai, répliqua Vermeille, mais j'entends ma poule qui chante, elle vient de pondre un œuf, et si madame veut l'avaler tout chaud, je le lui offre de tout mon cœur.» Sans attendre la réponse de la vieille, elle courut chercher son œuf; mais, dans le moment qu'elle le présentait à cette femme, elle disparut, et l'on vit à sa place une belle dame, qui dit à la mère : « Je vais récompenser vos deux filles selon leur mérite. L'aînée deviendra une grande reine, et la seconde une fermière;» et, en même temps, ayant frappé la maison de son bâton, on vit à la place de cette maison une jolie ferme. « Voilà votre partage, dit-elle à Vermeille. Je sais que je vous donne à chacune ce que vous aimez le mieux.» La fée s'éloigna, et la mère aussi bien que les deux filles restèrent fort étonnées. Elles entrèrent dans la ferme, et furent charmées de la propreté des meubles. Les chaises de bois étaient si bien essuyées qu'on s'y voyait comme dans un miroir. Les lits étaient de toile blanche comme la neige. Il y avait dans les étables vingt moutons, autant de brebis, quatre bœufs, quatre vaches; et dans la cour toutes sortes d'animaux, comme des poules, des canards, des pigeons et autres. Il y avait aussi un joli jardin rempli de fleurs et de fruits. Blanche n'était occupée que du plaisir qu'elle aurait à être reine. Tout d'un coup elle entendit passer des chasseurs, et, étant allée sur la porte pour les voir, elle parut si belle aux yeux du roi qu'il résolut de l'épouser. Blanche étant devenue reine dit à sa sœur Vermeille : « Je ne veux pas que vous soyez fermière ; venez avec moi, ma sœur, je vous ferai épouser un grand seigneur. — Je vous suis bien obligée, ma sœur, répondit Vermeille ; je suis accoutumée à la campagne, et je veux y rester. » La reine Blanche partit donc. Les premiers mois, elle fut si occupée de ses beaux habits, des bals, des comédies, qu'elle ne pensait pas à autre chose. Mais bientôt elle s'accoutuma à tout cela, et rien ne la divertissait plus ; au contraire, elle eut de grands chagrins : toutes les dames de la cour lui rendaient de grands respects quand elles étaient devant elle, mais elle savait qu'elles ne l'aimaient pas, et qu'elles disaient : « Voyez cette petite paysanne, comme elle fait la grande dame ! le roi a le cœur bien bas d'avoir pris une telle femme. » Ce discours fit faire des réflexions au roi. Il pensa qu'il avait eu tort d'épouser Blanche. Quand on vit que le roi n'aimait plus sa femme, on commença à ne rendre à Blanche aucun devoir. Elle était très malheureuse ; car elle n'avait pas une seule bonne amie à qui elle pût conter ses chagrins. Elle voyait que c'était la mode de trahir ses amis par intérêt, de faire bonne mine à ceux que l'on haïssait, et de mentir à tout moment. Il fallait être sérieuse, parce qu'on lui disait qu'une reine doit avoir un air grave et majestueux et se soumettre aux règles de la plus ennuyeuse étiquette. On donna des gouvernantes à ses enfants, qui les élevaient tout de travers, sans qu'elle eût la liberté d'y trouver à redire. La pauvre Blanche se mourait de chagrin. Elle n'avait pas vu sa sœur depuis trois ans qu'elle était reine, parce qu'elle pensait qu'une personne de son rang serait déshonorée en allant rendre visite à une fermière ; mais, se voyant accablée de mélancolie, elle résolut d'aller passer quelques jours

à la campagne pour se désennuyer. Elle arriva sur le soir à la ferme de Vermeille, et elle vit de loin devant la porte une troupe de bergers et de bergères qui dansaient et se divertissaient de tout leur cœur. « Hélas! dit la reine en soupirant, où est le temps où je me réjouissais comme ces pauvres gens? personne n'y trouvait à redire. » D'abord qu'elle parut, sa sœur accourut pour l'embrasser. Vermeille avait l'air content. Elle avait épousé un jeune paysan qui n'avait pas de fortune; mais il se souvenait toujours que sa femme lui avait donné ce qu'il possédait, et il cherchait par ses manières complaisantes à lui en marquer sa reconnaissance. Vermeille n'avait pas beaucoup de domestiques, mais ils l'aimaient comme s'ils eussent été ses enfants, parce qu'elle les traitait bien. Tous ses voisins la chérissaient aussi. Elle n'avait pas beaucoup d'argent, mais elle n'en avait pas besoin; car elle recueillait dans ses terres, du blé, du vin et de l'huile. Ses troupeaux lui fournissaient du lait, dont elle faisait du beurre et du fromage. Elle filait la laine de ses moutons pour se faire des habits, aussi bien qu'à son mari et à deux enfants qu'elle avait. Ils se portaient à merveille, et le soir, quand le temps du travail était passé, ils se divertissaient à toutes sortes de jeux. « Hélas! s'écria la reine, la fée m'a fait un mauvais présent en me donnant une couronne. On ne trouve point la joie dans les palais magnifiques, mais dans les occupations innocentes de la campagne. » A peine eut-elle prononcé ces paroles que la fée parut : « Je n'ai pas prétendu vous récompenser en vous faisant reine, lui dit la fée; mais vous punir, parce que vous m'avez donné vos prunes à contre-cœur. Pour être heureux, il faut comme votre sœur, ne posséder que les choses nécessaires, et n'en point souhaiter davantage.—Ah! madame, reprit Blanche, vous êtes assez vengée, finissez mon malheur.—Il est fini reprit la fée. Le roi, qui ne vous aime plus, vient d'épouser une autre femme, et demain ses officiers viendront vous ordonner de sa part de ne point retourner à son palais. » Cela arriva comme la fée l'avait prédit. Blanche passa le reste de ses jours à la ferme, et elle eut toutes sortes de contentements : elle ne pensait jamais à la cour que pour remercier la fée de l'avoir ramenée au village.

JULIA.

J'ai beaucoup désiré être bergère; et il me semble que je ne souhaiterais rien, si j'avais une jolie ferme comme Vermeille : mais, pour cela, il faudrait encore que j'y possédasse des livres.

MADEMOISELLE BONNE.

Sans aller vivre à la campagne, vous pouvez être

heureuse partout où vous vous trouverez, si vous parvenez à vous défaire de ces trois défauts dont je viens de parler : l'ambition, la vanité et l'envie.

SIDONIE.

Qu'est-ce que l'ambition?

MADEMOISELLE BONNE.

C'est le désir de commander à tout le monde; et la vanité, c'est vouloir être loué pour la beauté, l'esprit, les richesses, les beaux habits. Demandez à Eugénie combien sa vanité l'a rendue malheureuse.

EUGÉNIE.

J'en ai encore beaucoup, et cela m'a fait faire une grande faute depuis que je vous ai vue; je veux vous la dire devant ces demoiselles pour me corriger.

MADEMOISELLE BONNE.

Vous avez raison, ma bonne amie; le vrai moyen de se corriger des fautes est de les avouer.

EUGÉNIE.

Nous étions hier en soirée chez madame D..... Cette dame est âgée; elle me demanda à quoi je m'occupais. « Je lis Quinte-Curce? lui ai-je répondu.— Qu'est-ce que Quinte-Curce? a repris cette dame.—Oh! lui ai-je dit, c'est un fort beau livre, où l'on trouve la vie d'Alexandre-le-Grand. »Cette dame me répondit : « Je ne savais pas qu'il y eût un roi de notre pays qui se nommât Alexandre-le-Grand; cependant, quand j'étais jeune, j'ai appris l'histoire moderne; il est vrai que je l'ai oubliée. »Au lieu de répondre à cette dame, j'ai fait semblant de saigner du nez; j'ai mis mon mouchoir devant mon visage, car j'étouffais à force de rire, et je suis allée dans une autre pièce, où j'ai conté à tout le monde l'ignorance de madame D..... qui n'a jamais entendu parler d'Alexandre.

MADEMOISELLE BONNE.

Vous avez commis effectivement une grande faute,

ma chère ; je gage que vous croyez avoir causé beaucoup de peine à cette dame.

EUGÉNIE.

Oui, mais quand j'ai fait cette sottise, c'était seulement par vanité, pour montrer à tout le monde que j'étais une fille raisonnable, qui lisais beaucoup.

MADEMOISELLE BONNE.

Je vous assure, ma chère, qu'on n'a point du tout pensé à cela. Nous avons été ce matin rendre visite à madame B.... Vous savez qu'elle a beaucoup d'esprit. «Que cette petite Eugénie est méchante! m'a-t-elle dit; elle s'est, hier, moquée cruellement de madame D.... C'est une honte pour cette pauvre demoiselle. » Vous voyez, ma chère, que votre amour-propre est un sot, qui, au lieu de vous faire paraître estimable, engage tout le monde à vous mépriser. Vous leur avez donné à croire que vous étiez méchante ; vous vous êtes fait beaucoup plus de mal que vous n'en avez causé à celle dont vous vous moquiez. Appliquez-vous donc à devenir bonne, charitable. Avant de parler, adressez-vous cette question : Ne vais-je point dire une méchanceté? Au lieu de parler des défauts des autres, attachez-vous à faire remarquer leurs bonnes qualités, et alors tout le monde vous aimera. Présentement, Augustine va nous dire son histoire.

AUGUSTINE.

Abraham aimait tendrement son fils Isaac ; mais il aimait le bon Dieu encore davantage, comme cela est juste. Un jour, Dieu dit à Abraham : « Prenez votre fils et allez sur une grande montagne, pour me faire un sacrifice de votre enfant, » c'est-à-dire pour lui couper la tête et ensuite brûler son corps, car, dans ce temps-là, on tuait des bêtes que l'on offrait au Seigneur, et, après cela, on les brûlait, et Dieu voulait Isaac au lieu d'une bête. Un autre qu'Abraham aurait dit en lui-même : Dieu m'a promis de donner à mon fils un grand nombre d'enfants; si j'obéis, cela ne pourra arriver. Mais Abraham était bien plus sage, il ne raisonnait point quand Dieu lui commandait quelque chose, et savait fort bien que le Seigneur peut faire des choses qui nous paraissent impossibles. Abraham prit du bois puis ordonna à Isaac de le porter,

et, pendant qu'ils montaient la montagne, Isaac disait : « Mon père, nous avons du bois et du feu pour l'allumer, mais nous n'avons point de bête pour faire le sacrifice.—Dieu y pourvoira, » lui répondit Abraham; mais quand ils furent au haut de la montagne, le dernier reprit : « Mon fils, c'est vous que je vais sacrifier à Dieu, car il me l'a commandé.—Je le veux bien, dit Isaac, le bon Dieu m'a donné la vie, je dois la lui rendre, puisqu'il le veut. » Aussitôt Abraham fit un bûcher avec le bois, lia son fils sur ce bois, ensuite il prit son grand couteau, et leva le bras pour couper la tête à Isaac; mais il vint un ange qui arrêta le bras du père et lui dit : « Ne tuez pas votre fils; Dieu voulait voir seulement si vous seriez obéissant. » Abraham délia Isaac, et, dans le même temps, ils virent un bélier qui était pris par ses cornes dans un buisson. Ils saisirent ce bélier et le sacrifièrent au Seigneur, et ensuite ils retournèrent fort contents dans leur tente.

CHARLOTTE.

Mais c'est une mauvaise action que de tuer un homme; comment Dieu commandait-il une mauvaise action?

MADEMOISELLE BONNE.

Ce n'est pas toujours une mauvaise action de tuer un homme; vous voyez qu'on en fait mourir bien souvent pour avoir volé. Quand on fait la guerre, les soldats tuent leurs ennemis sans commettre un péché. D'ailleurs, vous voyez que Dieu ne voulait pas qu'Isaac fût tué, et Abraham, qui savait que Dieu est bon et sage, disait en lui-même : Puisque Dieu me commande cela, il n'y a point de mal, car Dieu n'ordonne jamais le péché.

AUGUSTINE.

Si Dieu disait à ma mère de me tuer, je lui dirais que je le veux bien.

MADEMOISELLE BONNE.

Il ne dira pas cela à votre mère; mais peut-être le dira-t-il à la fièvre, à la petite-vérole, ou à quelque autre maladie. S'il ne veut pas votre vie, peut-être voudra-t-il vos yeux, vos oreilles ou quelque autre partie de votre corps. Quand vous serez malade, il faut donc dire comme Isaac : Mon Dieu, c'est vous qui m'avez donné la vie, s'il vous plaît de l'ôter par cette maladie, je le veux bien. Il faut en dire autant quand on perd sa fortune et tout ce qu'on possède dans le monde, et penser : Je suis sûr que le bon Dieu m'aime ; puisqu'il m'ôte ces choses, apparemment qu'elles ne valaient rien pour moi ; si elles eussent été bonnes, Dieu ne me les aurait pas ôtées, cela est bien certain.

JULIA.

Si l'on pensait toujours ainsi, on n'aurait jamais de chagrin.

MADEMOISELLE BONNE.

Cela est vrai, ma chère ; c'est pour cette raison que nous voyons quelquefois des personnes qui nous paraissent très-malheureuses, et qui sont souvent fort contentes. Allons, Charlotte, dites-nous votre histoire.

CHARLOTTE.

Abraham voulant marier son fils Isaac, envoya un intendant à son frère Nachor, pour chercher une femme à Isaac. Quand l'intendant fut arrivé, il pria Dieu de faire réussir son voyage, et dit : « Seigneur,

montrez-moi la femme que vous voulez donner à mon jeune maître; » et comme il s'était assis auprès d'un puits, il ajouta : « Les filles de la ville vont venir chercher de l'eau à la fontaine, je leur demanderai à boire ; inspirez à celle qui doit être la femme d'Isaac de me présenter honnêtement sa cruche, et de m'offrir aussi à boire pour mes chameaux. » En même temps les filles se montrèrent, et il y en avait une qui était fort belle. L'intendant s'approcha d'elle et la pria de lui donner à boire. « De tout mon cœur, » lui dit cette fille ; en même temps, elle baissa sa cruche, et lui dit : « Je veux aussi abreuver vos chameaux. » L'intendant lui demanda comment elle s'appelait. Elle lui répondit : « Je m'appelle Rebecca, mon grand-père se nomme Nachor. » Alors l'envoyé d'Abraham remercia Dieu, et fit présent à Rebecca d'une bague d'or et de belles boucles d'oreilles. Laban, frère de Rebecca, ayant vu ces présents, courut à la fontaine, et pria l'intendant de venir loger chez lui. Cet homme ne voulait ni boire ni manger qu'il n'eût fait sa commission. Il demanda Rebecca en mariage pour Isaac, ses frères y consentirent. Elle partit avec l'envoyé d'Abraham, et quand ils eurent marché bien longtemps, Rebecca vit un homme qui se promenait dans les champs : « C'est votre cousin Isaac, » lui dit l'intendant, elle mit alors son voile sur sa tête et Isaac l'épousa bientôt ; il aima tellement Rebecca, qu'elle le consola un peu de la mort de Sara, mère de celui-ci.

SIDONIE.

Je voudrais savoir pourquoi Abraham envoyait si loin pour chercher une femme à son fils. Est-ce qu'il n'y avait pas de filles dans le pays où il était ?

MADEMOISELLE BONNE.

Il y en avait, ma chère ; mais ces filles manquaient ou de vertu, ou de religion. Remarquez, mes enfants, ce que fit l'intendant d'Abraham : il pria Dieu de lui trouver une femme pour son maître. Cela nous apprend à nous adresser à Dieu dans tous nos besoins ; il est si bon qu'il ne s'offense pas de cette liberté. Il faut lui demander généralement toutes les choses qui nous sont nécessaires.

AUGUSTINE.

Mais le bon Dieu sait que nous avons besoin de ces choses.

MADEMOISELLE BONNE.

Cela ne fait rien. Dieu sait bien que nous avons besoin de pain, cependant Jésus-Christ nous ordonne de lui en demander chaque jour, dans la prière qu'il nous a enseignée. Ne dites-vous pas, tous les matins et tous les soirs, dans votre prière : « Donnez-nous notre pain quotidien, » c'est-à-dire le pain de tous les jours?

JULIA.

Pour moi, je demande toujours au bon Dieu tout ce dont j'ai besoin. Quand je commence mes leçons, je le prie de me faire la grâce de bien apprendre. Lorsque mes parents sont malades, je prie Dieu de les guérir. Si j'ai envie d'avoir quelque chose, je le prie d'inspirer à ma mère de me le donner, et Dieu est si bon, qu'il m'accorde toujours tout ce que je lu demande.

MADEMOISELLE BONNE.

Conservez-bien cette habitude, ma chère. Accoutumons-nous, mes enfants, à regarder Dieu comme notre bon père et notre maître. Mais comme nous ne savons pas nos vrais besoins, et que nous pourrions demander des choses qui ne seraient pas bonnes pour nous, disons toujours : « Accordez-moi cette chose, Seigneur, si elle est bonne pour votre gloire et mon salut. » A présent, parlons de la géographie. La dernière fois, nous avons dit comment on désignait les différentes parties de la terre ; il faut apprendre aujourd'hui les noms qu'on donne aux différentes parties de l'eau.

Voyez-vous ce grand amas d'eau? on l'appelle *Océan*; on l'appelle aussi *Mer*, de l'amertume de son eau : il y en a quatre qui prennent leur nom des côtes ou points du monde où ils sont situés; ce sont l'Océan septentrional, l'Océan méridional, l'Océan oriental et l'Océan occidental. On appelle *Golfe* une portion de l'Océan qui s'avance dans les terres. *Baie*, c'est un petit golfe. *Archipel*, une réunion d'îles. *Isthme* est une langue de terre qui joint une presqu'île au continent. *Détroit* est un passage d'une mer à une autre. *Lac*, est un amas d'eau entouré de terre; et *Rivière*, une eau qui coule toujours. Comprenez-vous cela?

CHARLOTTE.

Parfaitement : un golfe est une mer qui s'avance dans la terre, comme le golfe de Venise; un détroit est une rue de mer qui joint deux mers ensemble, comme le détroit de Gibraltar, qui réunit le grand Océan à la mer Méditerranée.

MADEMOISELLE BONNE.

Fort bien : on appelle aussi détroit une mer resserrée entre deux terres, voyez sur cette carte. Entre l'île de Corse et l'île de Sardaigne, il y a une petite rue de mer, on la nomme le *Détroit de Boniface*.

EUGÉNIE.

Pourquoi appelle-t-on la petite rue de mer qui est entre l'Italie et la Sicile le *Phare de Messine?* Que veut dire ce mot de *Phare?*

MADEMOISELLE BONNE.

Je ne sais pas le grec, ma chère, et ce mot vient du grec : mais nous pouvons deviner ce qu'il veut dire. Les vaisseaux qui sont sur la mer ne peuvent sans danger s'approcher de la terre. Pour avertir que la terre n'est pas loin, on met du feu ou de la lumière sur le bord de la mer. Or il y avait un roi en Egypte, nommé Ptolémée, qui fit bâtir une tour de marbre et elle était si belle, qu'on a dit qu'elle était une des sept merveilles du monde. On mettait une lumière au haut de cette tour, qu'on appela *Pharos*, pour avertir les vaisseaux ; et, depuis ce temps, on a nommé *Phares* les endroits élevés où l'on place de la lumière la nuit pour les bâtiments qui sont sur la mer ; et c'est une de ces tours qui s'appelait le phare de Messine, qui a donné un nom à ce détroit. Nous pouvons donc penser que le mot de *phare* veut dire *une lumière qui conduit pendant la nuit*.

AUGUSTINE.

Ainsi les lanternes qui sont aux portes sont des phares ?

MADEMOISELLE BONNE.

Oui, ma chère.

SIDONIE.

Vous nous avez dit qu'il y avait sept merveilles dans le monde, apprenez-nous quelles sont les autres ?

MADEMOISELLE BONNE.

Je vais vous les dire comme je les sais : les *murailles* et les *jardins de Babylone*, le *phare d'Alexandrie*, le *tombeau de Mausole*, le *colosse de Rhodes*, le *temple de Diane* à Ephèse, le *labyrinthe de Minos* dans l'île de Crète, les *pyramides d'Egypte* ? Julia, dites-nous ce que c'était que le tombeau de Mausole ?

JULIA.

Il y avait une reine de Carie, nommée Artémise, qui aimait beaucoup son mari Mausole ; il mourut et elle lui fit faire un tombeau magnifique. Depuis ce temps, on a appelé *mausolées* les ouvrages que l'on fait pour honorer la mémoire des morts.

Quoique ce tombeau qu'Artémise avait fait bâtir fût admirable, elle ne le trouva pas digne de recevoir les cendres de Mausole ; elle les mêla chaque jour avec ce qu'elle buvait et mangeait, et les avala tout à fait.

EUGÉNIE.

N'est-ce pas cette Artémise qui combattit pour Xerxès, roi de Perse, contre les Grecs, à Salamine?

MADEMOISELLE BONNE.

Non, ma chère; celle-là vivait auparavant. Mais l'heure est avancée, il faut nous séparer, nous reparlerons des merveilles du monde une autre fois.

DIALOGUE IX.

SEPTIÈME JOURNÉE.

MADEMOISELLE BONNE.

A la place d'un conte de fée, mademoiselle Julia vous dira la fable du Labyrinthe, qui était une des sept merveilles du monde. Quand je dis une fable, ce n'est pas qu'il n'y ait eu un labyrinthe, un Minos, un Thésée, et les autres personnages dont nous allons parler, mais c'est qu'on a mêlé des fables aux actions véritables de ces personnages.

JULIA.

Il y avait un roi de Crète, nommé Minos. Les Athéniens ayant tué son fils, il leur déclara la guerre, fut victorieux et les condamna à lui donner tous les ans sept garçons et sept filles pour être dévorés par le Minotaure. Ce Minotaure était un monstre, moitié homme et moitié taureau. Il habitait une demeure qu'on nommait le Labyrinthe. Dans cette demeure, on ne pouvait retrouver son chemin quand on y était entré, car il y avait mille tours et détours. Ainsi, les pauvres Athéniens qu'on mettait dans cette maison y seraient morts de faim, quand même ils n'auraient pas été mangés par le monstre. Thésée, fils du roi d'Athènes, résolut d'aller en Crète avec les jeunes gens qu'on y envoyait, afin de tuer le Minotaure. Quand il fut arrivé dans ce pays, il y vit Ariane, fille de Minos, à laquelle il promit de la prendre pour femme : Ariane lui donna un peloton de fil et dit au jeune Athénien d'en attacher le bout à la porte du Labyrinthe. Il tenait le peloton dans sa main, et dévidait le fil à mesure qu'il avançait. Ayant rencontré le Minotaure, Thésée le tua. Grâce au fil, il trouva la porte et sortit. Ainsi, les Athéniens ne furent plus obligés d'envoyer personne pour être mangé. Quand Thésée retourna dans Athènes, Ariane s'enfuit avec lui ; mais il la méprisa, parce qu'une fille qui s'en va avec un homme ne mérite pas d'être estimée. Il se leva donc de grand matin, pendant qu'elle dormait dans une île où ils étaient des-

cendus pour passer la nuit. Dès qu'Ariane se réveilla et qu'elle vit que le vaisseau était parti, elle pleura ; elle avait bien du regret d'avoir quitté la maison de son père ; mais ses regrets étaient inutiles. Bacchus, dieu du vin, passa par là, et comme Ariane était belle, il en eut compassion et l'épousa. Elle avait une couronne sur la tête ; Bacchus la jeta au ciel, et changea cette couronne en étoiles. En partant d'Athènes

Thésée avait promis à son père Egée, s'il était victorieux, de mettre un drapeau blanc au haut de son vaisseau : il l'oublia. Egée ne voyant pas le drapeau crut que son fils était mort, et se jeta dans la mer. Thésée envoya des présents au dieu Apollon, pour le remercier de sa victoire, et il ordonna que tous les ans on agirait de même. Tout le temps que ce vaisseau était hors d'Athènes, on ne pouvait faire mourir personne, et on attendait qu'il fût revenu.

EUGÉNIE.

J'ai une grande envie de savoir ce qu'il y a de vrai dans ce que Julia vient de nous dire.

MADEMOISELLE BONNE.

Presque tout, ma chère. Au lieu du monstre, c'était un capitaine crétois, nommé Taurus. Au lieu du peloton de fil, Ariane donna à Thésée la carte du Labyrinthe; et au lieu de Bacchus, cette princesse épousa un prêtre de ce dieu. Je vais vous expliquer les quatre autres merveilles du monde.

Les *Murailles de Babylone* entouraient cette ville, la capitale du plus ancien empire du monde. Elles avaient soixante kilomètres d'étendue et soixante mètres de haut; elles étaient si larges que six chevaux pouvaient y marcher de front. Les *Jardins suspendus* de Babylone ont été un ouvrage aussi merveilleux que ses murailles.

Le *Colosse de Rhodes* était une statue d'airain, d'une grandeur démesurée, qui avait la figure d'un homme. Les Rhodiens la consacrèrent au dieu Apollon, et la placèrent à l'entrée du port de la ville de Rhodes, dans l'île de ce nom. Cette statue était si haute, et ses pieds étaient posés sur deux rochers si écartés, que les vaisseaux passaient à pleines voiles entre ses jambes. Elle fut renversée par un tremblement de terre.

Le *Temple de Diane* était un superbe édifice situé

dans la ville d'Ephèse, et qui avait été dédié à cette déesse. L'extravagant Erostrate le brûla pour se rendre fameux dans l'histoire.

Les *Pyramides d'Egypte* sont des ouvrages bâtis depuis quatre mille ans et que l'on voit encore dans le voisinage du Grand-Caire. Elles servaient de sépulture aux rois d'Egypte. On fut vingt ans à construire la plus grande, et on y employa trois cent soixante mille ouvriers. On a remarqué qu'il en avait coûté seulement, pour les légumes fournis aux ouvriers, dix-huit cents talents, qui font plusieurs millions de notre monnaie. Mais en voici assez pour la fable, aujourd'hui. Disons un mot de la géographie. Prenons notre carte. Nous allons diviser l'Europe en trois principales parties : en partie du nord, en partie du milieu, en partie du sud.

La partie du nord comprend de l'ouest à l'est, les Iles Britanniques, qui se composent de deux grandes îles et de beaucoup de petites. La plus considérable est la Grande-Bretagne. Dans celle-ci, il y a deux royaumes : l'Angleterre au sud, et l'Ecosse au nord. L'autre île, qui est plus petite, s'appelle Irlande.

Londres est la principale ville ou la capitale de l'Angleterre. Edimbourg est la capitale de l'Ecosse et Dublin est la capitale de l'Irlande. A l'est de l'Angleterre, on trouve le Danemark, dont la capitale est Copenhague, dans l'île de Zélande. La Norwége, qui est au nord du Danemark, appartient au roi de Suède : sa ville capitale est Christiania. Ce roi possède aussi l'Islande, et cette île est encore plus au nord de l'Europe que l'Angleterre. A l'est de la Norwége on trouve la Suède, autour du golfe de Bothnie, dans la mer Baltique. La capitale de la Suède est Stockholm. Enfin, à l'est de la Suède, on voit la Russie, ou Moscovie, qui est un très-grand pays : sa ville capitale était Moscou, mais aujourd'hui c'est Pétersbourg, qui en est la plus belle ville, et la résidence de l'empereur ainsi que de la cour de Russie. Voilà donc cinq parties principales de l'Europe au nord : retenez-les bien. Bientôt nous apprendrons les parties du milieu.

EUGÉNIE.

J'ai lu hier dans *le Magasin français* l'histoire de Pierre le Grand, qui a bâti la ville de Pétersbourg. J'ai trouvé cette histoire toute semblable au conte du prince Charmant, que vous avez raconté l'autre jour.

MADEMOISELLE BONNE.

C'est presque la même chose, ma chère, et le roi Absolu ressemble un peu à Charles XII, roi de Suède. Allons, mesdemoiselles, voyons ce que vous avez appris de l'histoire sainte.

AUGUSTINE.

Quand Isaac eut épousé Rebecca, il pria Dieu de lui envoyer des enfants; elle eut deux fils; l'aîné fut nommé Ésaü, et le second Jacob. Vous savez bien, mesdemoiselles, qu'en Angleterre, par exemple, il n'y a parmi les nobles que l'aîné qui ait un titre.

Un jour Ésaü alla à la chasse, et quand il revint à la maison, il avait une grande faim; il trouva Jacob qui venait de faire une soupe aux lentilles, et qui allait la manger. Ésaü lui dit: « Mon frère, donnez-moi votre soupe. — Je l'ai faite pour moi, répondit Jacob; mais si vous voulez me céder votre droit d'aînesse, je vous donnerai mes lentilles. » Ésaü, qui était un gourmand, vendit son titre pour cette soupe. Ainsi, Jacob devint l'aîné.

MADEMOISELLE BONNE.

Vous voyez combien la gourmandise fait faire de sottises. C'est un vilain défaut. Non-seulement c'est un péché, mais cela rend malade, stupide et fait mourir jeune. C'est un vice si bas, si honteux, que je ne voudrais pas souffrir en votre compagnie une jeune personne que je croirais gourmande. Vous rougissez, Sidonie: auriez-vous eu le malheur d'être gourmande.

SIDONIE.

Oui, il y a quelques jours que ma servante ne voulut pas me donner du thé le soir, et j'ai pleuré pendant plus d'une heure.

MADEMOISELLE BONNE.

Il faut vous corriger de ce vilain défaut, ma chère, réparer votre faute. Voyons, que ferez-vous pour cela?

SIDONIE.

Je serai huit jours sans prendre de thé, mais aussi vous ne penserez plus à la sottise que j'ai commise.

MADEMOISELLE BONNE.

Pourquoi y penserai-je, ma bonne amie? Quand nous sommes fâchées de nos fautes et que nous les réparons, le bon Dieu les oublie; je n'ai garde de m'en souvenir. Dites votre histoire, ma chère.

SIDONIE.

Ésaü n'aimait pas son frère Jacob, qui lui avait acheté son titre, et qui lui avait pris la bénédiction de son père. Rebecca dit à Jacob: « J'ai peur que votre

10.

frère Esaü ne se venge de vous ; ainsi, mon fils, allez trouver votre oncle Laban, et demeurez avec lui jusqu'à ce que la colère d'Ésaü soit passée. » Laban avait deux filles. Lia, l'aînée, était laide, et Rachel, la seconde, était belle. Jacob demanda celle-ci en mariage à Laban, qui lui dit :« Je vous donnerai ma fille Rachel, si vous voulez être mon domestique pendant sept ans. »Jacob y consentit, et au bout de ce temps, il croyait épouser Rachel ; mais Laban le trompa et mit sa fille Lia à la place de cette dernière. Quand Jacob connut la supercherie, sa colère fut égale à sa surprise. Laban lui dit : « Ce n'est pas la coutume de marier la plus jeune avant l'aînée, mais si vous voulez me servir encore pendant sept ans, je vous donnerai Rachel dans huit jours. »Jacob y consentit, et après ce temps, Laban, qui voyait que Dieu le bénissait à cause de Jacob, le pria de rester chez lui, et il lui promit une bonne récompense ; mais il cherchait à le tromper, ce qui n'empêcha pas Jacob de devenir très-riche. Il n'aimait point sa femme Lia, et Dieu eut pitié d'elle ; il lui donna un grand nombre d'enfants et Rachel n'en avait point. A la fin, pourtant, elle eut un fils qui fut nommé Joseph. Cependant, Jacob quitta son beau-père Laban, et revint dans son pays. Comme Jacob approchait, il apprit que son frère Ésaü marchait au-devant de lui avec un grand nombre d'hommes armés. Il eut peur, mais Dieu lui envoya un ange pour le rassurer, et les deux frères se réconcilièrent.

MADEMOISELLE BONNE.

Allons, Charlotte, dites-nous votre histoire.

CHARLOTTE.

Jacob s'arrêta avec sa famille près de la ville de Sichem. Il avait douze garçons et une fille nommée Dina. Cette fille, qui était curieuse, voulut voir les filles de Sichem. Elle sortit donc, et le fils du roi, l'ayant aperçue, s'en empara. Les fils de Jacob ayant appris cela furent fort en colère; le roi leur dit : « Ne vous fâchez pas, donnez-moi votre sœur pour être la femme de mon fils, et devenons amis, les uns et les autres. » Les frères de Dina y consentirent; mais deux d'entre eux, qu'on nommait Siméon et Lévi, résolurent de se venger. Ils tuèrent en trahison le roi, son fils et tous les hommes de Sichem, et firent leurs femmes prisonnières. Jacob fut bien fâché quand il sut cette mauvaise action, et il avait peur que les peuples des villes voisines ne leur fissent la guerre. Dieu le rassura et lui promit, comme il avait fait à Abraham et à Isaac, de donner à ses enfants le pays dans lequel ils se trouvaient actuellement. Jacob quitta cet endroit et vint demeurer à Béthel, qu'on a depuis appelé Bethléem. Quand ils furent arrivés, Rachel eut encore un fils, et elle mourut quand il vint au monde. Elle le nomma Benoni, c'est-à-dire l'enfant de ma douleur; mais Jacob l'appela Benjamin. Rachel fut enterrée auprès de Bethléem.

EUGÉNIE.

Ce Siméon et ce Lévi étaient bien cruels.

MADEMOISELLE BONNE.

Presque tous les enfants de Jacob étaient remplis de vices, comme vous le verrez bientôt. Juda, l'aîné, a commis de grands crimes; mais il y en avait un qui était plein de vertus.

JULIA.

Pour moi, Quand j'ai fait une faute, je suis si tourmentée, qu'il ne m'est pas possible de dormir de toute la nuit. Est-ce que Lévi et Siméon, qui tuèrent tant de gens, n'étaient pas aussi tourmentés?

MADEMOISELLE BONNE.

Oui, ma chère. Dans le commencement qu'on est méchant, la conscience tourmente; mais quand on continue à commettre le crime, petit à petit les remords diminuent, et, à la fin, la conscience ne dit plus mot, ce qui est le plus grand de tous les malheurs. Remarquez aussi, mes enfants, combien il est dangereux pour une jeune personne d'être curieuse. Si Dina était restée chez elle, elle n'aurait pas causé les effroyables malheurs dont nous venons d'entendre le récit. Les femmes sont faites pour la retraite ; il faut qu'elles s'accoutument à l'aimer, et j'ai très-mauvaise opinion d'une fille qui aime à courir et à se faire voir partout. Je vous disais, il y a quelque temps, que les femmes étaient destinées à veiller sur leur famille. Comment le peuvent-elles faire, si elles sont toujours hors de leur maison ?

EUGÉNIE.

Mais quand on est riche, on a des domestiques pour veiller sur sa famille.

MADEMOISELLE BONNE.

Dieu n'a pas dit que les riches ne mangeraient pas leur pain à la sueur de leur front. Tout le monde doit travailler, et le travail d'une grande dame, comme celui d'une marchande, est d'avoir soin de sa famille et de sa maison. Retenez bien ceci, mes enfants, quand vous seriez beaucoup plus riches que vous ne l'êtes, si vous ne prenez pas garde à vos affaires, vos domestiques vous voleront, les marchands seront d'accord avec eux pour vous vendre trop cher, vous deviendrez pauvres. Or, il n'y a rien de plus honteux que de devenir pauvre par sa faute; tout le monde se moque de ces pauvres-là, et loin d'en avoir pitié, on les méprise.

AUGUSTINE.

Vous dites que tout le monde est obligé de travailler, mais les rois et les reines n'y sont pas obligés.

MADEMOISELLE BONNE.

Je vous demande pardon, ma chère; un bon roi, une bonne reine, travaillent beaucoup plus que le plus pauvre de leurs sujets. Il y a deux manières de travailler : un paysan travaille à la terre, un menuisier travaille sur le bois, une couturière fait des habits; mais ce travail-là n'est pas fort difficile. Celui où l'esprit travaille l'est bien davantage, et voilà l'ouvrage des rois et des reines. Comme Dieu leur demandera compte de tout le mal qui se fait par leur faute ou leur négligence, ils doivent penser, jour et nuit, à s'instruire de tout ce qui se fait dans leur royaume; et je vous assure qu'un bon roi, un grand roi, n'a pas un moment de repos.

EUGÉNIE.

Si cela est, il n'y a pas beaucoup de plaisir à être roi.

MADEMOISELLE BONNE.

Pardonnez-moi, un roi peut être le plus heureux de tous les hommes; mais, pour le devenir, il faut qu'il ne se donne pas un moment de repos. Ce travail que vous regardez comme une peine, fait le bonheur et la gloire de sa vie. Dites-moi, je vous prie, une bonne mère trouve-t-elle de la peine à prendre soin de ses enfants? Non, sans doute. Eh bien, un bon roi est le père de ses sujets. Loin de trouver de la peine à s'occuper des choses qui peuvent les rendre heureux, cela lui donne une satisfaction infinie.

Adieu, mes enfants; la leçon a été un peu courte

aujourd'hui ; je suis incommodée ; nous compenserons cela la prochaine fois.

DIALOGUE X.

HUITIÈME JOURNÉE.

MADEMOISELLE BONNE.

Bonjour, mesdemoiselles, j'ai lu hier un fort joli conte, je vais vous le raconter :

Il y avait une fois un roi qui désirait ardemment une princesse ; mais elle ne pouvait se marier, parce qu'elle était enchantée. Il alla trouver une fée, pour savoir comment il devait faire pour plaire à cette princesse. La fée lui dit : «Vous savez que la personne dont vous vous occupez a un gros chat qu'elle aime beaucoup ; elle doit épouser celui qui sera assez adroit pour marcher sur la queue de ce chat. » Le prince pensa que cela ne serait pas fort difficile. Il quitta donc la fée, déterminé à écraser la queue du chat, plutôt que de manquer de marcher dessus. Il courut au palais de la princesse. Minon vint au-devant de lui, faisant le gros dos, comme il avait coutume. Le roi leva le pied ; mais, lorsqu'il croyait l'avoir mis sur la queue de l'animal, Minon se retourna si vite que le roi ne prit rien sous son pied. Pendant huit jours, celui-ci chercha à marcher sur cette fatale queue ; il semblait qu'elle fût pleine de vif-argent, car elle remuait toujours. Enfin, le roi eut le bonheur de surprendre Minon pendant qu'il était endormi, et lui appuya le pied sur la queue de toute sa force. Minon se réveilla en miaulant horriblement ; puis, tout à coup, il prit la figure d'un grand homme, et regardant le prince avec des yeux pleins de colère, il lui dit : « Tu épouseras la princesse, puisque tu as détruit l'enchantement qui t'en empêchait ; mais je m'en vengerai. Tu auras un fils qui sera toujours malheureux, jusqu'au moment où il connaîtra qu'il aura le nez trop long, et si tu parles de la menace que je te fais, tu mourras sur-le-champ. » Quoique ce grand homme fût un enchanteur, le roi ne put s'empêcher de rire de cette menace, et il alla trouver la princesse, qui consentit à l'épouser; il mourut au bout de huit mois. Un mois après, la reine mit au monde un petit prince qu'on nomma *Désir*. Il avait de grands yeux bleus, les plus beaux yeux du monde, une jolie petite bouche; mais son nez était si grand qu'il lui couvrait la moitié du visage. Les dames d'honneur dirent que ce nez n'était pas aussi grand qu'il le paraissait, que c'était un nez à la romaine, et qu'on voyait par les histoires que tous les héros avaient eu un grand nez. La reine, qui aimait son fils à la folie, fut charmée de ce discours, et, à force de regarder Désir, le nez de l'enfant ne lui parut plus si grand. Le prince fut élevé avec soin. Aussitôt qu'il sut parler, on fit devant lui toutes sortes de mauvais contes sur les personnes qui avaient le nez court. On ne souffrait auprès de lui que ceux dont le nez ressemblait un peu au sien, et les courtisans, pour faire leur cour à la reine et à son fils, tiraient plusieurs fois par jour le nez de leurs petits enfants, afin de le faire allonger. Malgré cela, ils paraissaient camards auprès du prince Désir. Quand il fut raisonnable, on lui apprit l'histoire, et quand on lui parlait de quelque grand prince ou de quelque belle princesse, on disait toujours qu'ils avaient le nez long. Toute sa chambre était pleine de tableaux où il y avait de grands nez, et Désir s'accoutuma si bien à regarder la longueur du nez comme une perfection, qu'il n'eût pas voulu pour une couronne faire ôter une ligne du sien. Lorsqu'il eut vingt ans, et qu'on pensa à le marier, on lui présenta les portraits de plusieurs princesses. Il fut enchanté de celui de *Mignonne*. C'était la fille d'un grand roi, et elle devait avoir plusieurs royaumes. Cette princesse, qu'il trouvait charmante, avait pourtant un petit nez retroussé, qui faisait le plus joli effet du monde sur son visage, mais qui jeta les courtisans dans le plus grand embarras. Ils avaient pris l'habitude de se moquer des petits nez, et il leur échappait quelquefois de rire de celui de la princesse. Or Désir n'entendait pas raillerie sur cet article, et il chassa de sa cour deux courtisans qui avaient osé parler mal du nez de Mignonne. Les autres, devenus sages par cet exemple, se corrigèrent, et il y en eut un qui dit au prince, qu'à la vérité un homme ne pouvait pas être aimable sans avoir un grand nez, mais que la beauté des femmes était différente, et qu'un savant lui avait dit avoir lu dans un vieux manuscrit grec que la belle Cléopâtre avait le bout du nez retroussé. Le prince fit un présent magnifique à celui qui lui apprit cette bonne nouvelle, et fit partir des ambassadeurs pour demander Mignonne en mariage. On la lui accorda et il alla au-devant d'elle, mais lorsqu'il s'avançait pour lui baiser la main, on vit descendre l'enchanteur, qui enleva la princesse à ses yeux et le rendit inconsolable. Désir résolut de ne point rentrer dans son royaume qu'il n'eût retrouvé Mignonne. Il ne voulut permettre à aucun de ses courtisans de le suivre ; et, étant monté sur un bon cheval, il lui laissa prendre le chemin qu'il voulut. Le cheval entra dans une grande plaine, où il marcha toute la journée sans trouver une seule maison. Le maître et l'animal mouraient de faim. Sur le soir, le cavalier aperçut une caverne où il y avait de la lumière. Il y entra et vit une petite vieille qui paraissait avoir plus de cent ans. Elle mit ses lunettes pour regarder le prince, mais elle fut longtemps sans pouvoir les faire tenir, parce que son nez était trop court. Le prince et la fée (car c'en était une) laissèrent échapper chacun un éclat de rire en se regardant, et s'écrièrent tous deux en même temps : « Ah! quel drôle de nez!—Madame, dit Désir, laissons nos nez pour ce qu'ils sont et soyez

assez bonne pour nous donner quelque chose à manger; car je meurs de faim, aussi bien que mon pauvre cheval.—De tout mon cœur! répondit la fée. J'aimais le roi votre père comme mon frère; il avait le nez fort bien fait, ce prince.—Et que manque-t-il au mien? demanda Désir.—Oh! il n'y manque rien, dit la fée; au contraire, il n'y a en lui que trop d'étoffe. Je vous apprenais donc que j'étais l'amie de votre père; il venait me voir souvent dans ce temps-là. Il faut que je vous conte une conversation que nous eûmes ensemble, la dernière fois qu'il me vit.—Eh! madame, reprit Désir, je vous écouterai avec bien du plaisir quand j'aurai soupé : pensez, s'il vous plaît, que je n'ai pas mangé d'aujourd'hui.—Le pauvre garçon ! dit la fée, il a raison, je n'y songeais pas. Je vais donc vous donner à souper, et pendant que vous mangerez, je vous dirai mon histoire en quatre paroles, car je n'aime pas les discours démesurés : une langue trop longue est encore plus insupportable qu'un grand nez, et je me souviens, quand j'étais jeune, qu'on m'admirait parce que je n'étais pas une grande parleuse; on le disait à la reine ma mère. Car, telle que vous me voyez, je suis la fille d'un grand roi. Mon père...—Votre père mangeait quand il avait faim, interrompit le prince.—Oui, sans doute répliqua la fée, et vous souperez aussi tout à l'heure. Je voulais vous dire seulement que mon père...—Et moi, je ne veux rien écouter que je n'aie soupé ! s'écria le prince. Je sais que le plaisir que j'aurais en vous écoutant pourrait me faire oublier ma faim ; mais mon cheval, qui ne vous entendra pas, a besoin de prendre quelque nourriture. » La fée se rengorgea à ce compliment et appela ses domestiques. « En vérité, reprit-elle, malgré la grandeur énorme de votre nez, vous êtes fort aimable.—Peste soit de la vieille avec son nez ! murmura le prince en lui-même ; on dirait que ma mère lui a volé l'etoffe qui manque au sien. Si je n'avais pas besoin de manger, je laisserais là cette babillarde, qui croit être une petite parleuse. Il faut être bien sot pour ne pas connaître ses défauts ! Voilà ce que c'est d'être né sur un trône ; les flatteurs l'ont gâtée et lui ont persuadé qu'elle parle peu. » Pendant que le prince songeait à cela, les servantes mettaient la table, et il admirait la fée, qui leur faisait mille questions, seulement pour avoir le plaisir de babiller. Il admirait surtout une femme de chambre qui, à propos de tout ce qu'elle voyait, louait la discrétion de sa maîtresse. « Parbleu, pensait-il en mangeant, je suis charmé d'être venu ici. Cet exemple me fait voir combien j'ai fait sagement de ne pas écouter les flatteurs. Ces gens-là nous louent effrontément, nous cachent nos défauts, et les changent en qualités. Pour moi, je ne serai jamais leur dupe ; je connais mes imperfections, Dieu merci! » Le pauvre Désir le croyait bonnement, et ne sentait pas que ceux qui avaient vanté son nez se moquaient de lui, comme la femme de chambre raillait la fée. Pour lui, il ne soufflait mot, et mangeait de toutes ses forces. « Mon prince, lui dit la vieille quand il commençait à être rassasié, tournez-vous un peu, je vous prie, votre nez fait une ombre qui m'empêche de voir ce qui est sur mon assiette... Ah çà! parlons de votre père. J'allais à sa cour dans le temps qu'il n'était qu'un petit garçon, mais il y a quarante ans que je suis retirée dans cette solitude. Dites-moi un peu comment on vit à la cour à présent... Que votre nez est long! Je ne puis m'accoutumer à le voir.—En vérité, lui répondit Désir, cessez de parler de mon nez ; j'en suis content, je ne voudrais pas qu'il fût plus court : chacun l'a comme il peut. — Oh! je vois bien que cela vous fâche, mon pauvre Désir, poursuivit la fée ; ce n'est pourtant pas mon intention. Au contraire, je suis de vos amies, et je veux vous rendre service ; mais, malgré cela, je ne puis m'empêcher d'être choquée de votre nez ; je ferai pourtant en sorte de ne vous en plus parler ; je m'efforcerai même de penser que vous êtes camard, quoiqu'à dire la vérité il y avait assez d'étoffe dans ce nez pour en faire trois raisonnables. » Désir, qui avait soupé, s'impatienta tellement des discours sans fin que la fée faisait sur son nez, qu'il remonta à cheval et partit. Il continua son voyage, et partout où il passait, il croyait que tout le monde était fou, parce que tout le monde parlait de son nez, mais toutefois, on l'avait si bien accoutumé à s'entendre dire que cette partie de sa figure était belle, qu'il ne put jamais convenir avec lui-même qu'elle était trop longue. La vieille fée, qui voulait lui rendre service malgré lui, s'avisa d'enfermer Mignonne dans un palais de cristal, et mit ce palais sur le chemin du prince. Désir, transporté de joie, s'efforça de le casser; mais il n'en put venir à bout. Désespéré, il voulut s'approcher pour parler du moins à la princesse, qui, de son côté, approchait aussi sa main de la glace. Il essayait de baiser cette main; mais, de quelque côté qu'il se tournât, il ne pouvait y porter la bouche.

Il s'aperçut, pour la première fois, de l'extraordinaire longueur de ce nez, et le prenant avec la main pour le ranger de côté : « Il faut avouer, dit-il, que mon nez est trop long. » Dans le moment, le palais de cristal tomba par morceaux, et la vieille, qui tenait Mignonne par la main, dit au prince : « Avouez que vous m'avez beaucoup d'obligation. J'avais beau vous parler de votre nez, vous n'en auriez jamais reconnu le défaut, s'il ne fût devenu un obstacle à ce que vous souhaitiez. C'est ainsi que l'amour-propre nous cache les difformités de notre âme et de notre corps. La raison a beau chercher à nous les dévoiler, nous n'en convenons qu'au moment où ce même amour-propre les trouve contraires à ses intérêts. » Désir, dont le nez était devenu un nez ordinaire, profita de cette leçon : il épousa Mignonne, et vécut heureux avec elle un fort grand nombre d'années.

EUGÉNIE.

Est-il possible qu'on ne connaisse pas ses défauts ! J'ai toujours bien cru que je n'étais pas belle, et si on me disait le contraire, je penserais qu'on se moque de moi.

MADEMOISELLE BONNE.

Votre amour-propre vous a dit que vous n'étiez pas belle ; mais je gage que vous ne croyez pas non plus être laide.

Si quelque flatteur affirmait que vous êtes jolie, d'abord vous penseriez qu'il se moque de vous ; mais s'il vous répétait cela plusieurs fois, vous commenceriez à le croire. Il est fort aisé d'oublier ses défauts, à moins qu'on n'ait une bonne amie qui vous en avertisse. Présentement, récitons nos histoires. Commencez, Sidonie.

SIDONIE.

Jacob préférait Joseph à ses autres enfants, parce qu'il était plus honnête homme que ces derniers, et parce qu'il était fils de Rachel ; mais il fut haï par ses frères pour plusieurs motifs. Un jour, Joseph leur vit faire une mauvaise action, il en avertit son père Jacob, ce qui les irrita. Un autre jour, il leur dit : « J'ai rêvé que nous étions dans un champ, et que nous faisions des gerbes de blé, mais toutes vos gerbes se sont abaissées devant la mienne. J'ai rêvé une autre fois que le soleil, la lune et onze étoiles se prosternaient devant moi. » Quoique Jacob pensât que Dieu avait envoyé ces rêves à Joseph, il le gronda pourtant de ce qu'il les racontait, et lui dit : « Crois-tu que ta mère et tes frères seront tes serviteurs ? » Les autres enfants de Jacob étaient donc bien en colère contre Joseph ; et un jour qu'ils étaient allés très-loin mener leurs troupeaux, ils virent venir Joseph, que Jacob avait envoyé pour savoir comment ils se portaient ; et ils dirent : « Voici notre rêveur, il faut le tuer. » Ruben, qui n'était pas si méchant que les autres, répondit : « Ne le tuons pas, mais jetons-le dans un grand trou ; » car Ruben avait envie de revenir la nuit pour le tirer de ce trou ; mais dès que celui-ci fut parti, les enfants de Jacob virent arriver des marchands qui allaient en Egypte. Ils tirèrent Joseph de la fosse, et le vendirent à ces marchands comme esclave. Quand Ruben accourut le soir pour sauver Joseph, il fut bien fâché de ne le point trouver, et il pleura. Ses frères prirent la robe de Joseph, et l'ayant toute remplie de sang, ils la renvoyèrent à Jacob, qui crut qu'une bête sauvage avait dévoré le fils de Rachel, ce qui donna beaucoup de chagrin au malheureux père.

CHARLOTTE.

Est-ce qu'il faut croire aux rêves ?

MADEMOISELLE BONNE.

Non, ma chère ; c'est la plus grande sottise du monde. Il est vrai que Dieu s'est servi quelquefois des rêves pour découvrir sa volonté à ses serviteurs, mais nous ne sommes pas assez bonnes pour espérer de pareilles faveurs.

SIDONIE.

Je connais une dame qui explique les rêves de tout le monde. Elle verse aussi du café sur la table, et puis elle y lit l'avenir.

MADEMOISELLE BONNE.

Il ne faut jamais nommer les gens, ma chère, quand on dit d'eux des choses qui ne sont pas à leur avantage; comme cette dame est une sotte, il faut bien se garder de nous dire son nom. Il n'y a que Dieu qui connaisse l'avenir : or, il faut être bien niaise pour croire qu'on obligera Dieu à le découvrir, toutes les fois qu'on répandra une tasse de café.

EUGÉNIE.

Mais, pourtant, ce que l'on explique des rêves arrive quelquefois.

MADEMOISELLE BONNE.

Oui, par hasard ; une fois sur mille. Allons, Charlotte, continuez l'histoire de Joseph.

CHARLOTTE.

Les marchands qui avaient acheté Joseph le vendirent à un grand seigneur d'Egypte. Il servit fidèlement son maître *Putiphar,* dont il gagna l'affection. Putiphar avait une très-méchante femme ; elle voulut engager Joseph à trahir ce seigneur. Joseph ne voulut jamais faire une aussi mauvaise action, et la femme de Putiphar, outrée de son refus, dit à celui-ci que le fils de Jacob était un méchant qui le trompait, Putiphar, pour se venger, fit mettre Joseph en prison. Il y demeura longtemps; mais le maître de la prison, touché de sa vertu, avait beaucoup d'amitié pour lui. Il y avait dans cette prison deux officiers du roi d'Egypte, qui s'appelait *Pharaon.* L'un était son échanson, c'est-à-dire, celui qui lui versait à boire ; l'autre était son panetier, c'est-à-dire, celui qui lui fournissait son pain. Un jour l'échanson dit à Joseph:

« J'ai rêvé que j'avais de fort beaux raisins ; je les ai écrasés dans une coupe, et le roi a bu le jus de ces raisins. » Joseph lui dit : « Ce rêve signifie que le roi vous pardonnera et vous rendra votre charge. Quand vous serez revenu à la cour, je vous prie de parler au roi pour me faire sortir de prison, car je suis innocent. » Le panetier dit à Joseph : « Et moi, j'ai rêvé que je portais sur ma tête une corbeille pleine de gâteaux, et que les oiseaux venaient les manger. » Joseph lui répliqua : « Votre songe veut dire que vous serez pendu, et que les oiseaux mangeront votre corps. » Toutes ces choses arrivèrent comme Joseph l'avait prédit ; mais quand l'échanson fut à la cour, il oublia celui-ci, qui resta en prison.

MADEMOISELLE BONNE.

Vous voyez que Dieu envoyait ces rêves, et les autres dont nous parlerons, pour faire connaître l'innocence de Joseph. C'était un miracle que Dieu faisait pour le récompenser et le rendre heureux : or il ne faut pas croire que Dieu accomplisse des miracles pour rien et qu'il veuille sans nécessité découvrir l'avenir aux hommes ; ainsi, je vous le répète, c'est une grande folie que de chercher à expliquer les rêves.

JULIA.

Je suis en colère contre l'échanson, qui a oublié le pauvre Joseph qui était son ami.

MADEMOISELLE BONNE.

Les gens qui vivent à la cour n'ont guère d'amitié, ma chère ; ils ne sont occupés que du désir de plaire au roi, pour faire leur fortune.

EUGÉNIE.

Comment ! toutes ces dames qui vont à la cour sont des trompeuses ?

MADEMOISELLE BONNE.

Non, ma chère : tous ceux qui vont à la cour ne

sont pas des gens de cour. On appelle ainsi les personnes qui désirent faire fortune et qui sont jalouses de tous les gens qui approchent de leur maître. Mais l'amitié des princes change le cœur ; aussi, pour conserver un bon cœur à la cour, il faut être quatre fois plus

vertueuse qu'une autre. Mais revenons à notre histoire. Remarquez, mes enfants, que Joseph obéit fidèlement à son maître et à l'homme qui commandait dans la prison, quoiqu'il ne fût pas né pour être esclave ; et, par cette conduite, il gagna leur amitié. Sidonie, continuez l'histoire.

SIDONIE.

Pharaon rêva un jour qu'il voyait sept belles vaches qui étaient si grasses, qu'elles faisaient plaisir à regarder. Tout à coup il aperçut sept vaches tellement maigres qu'elles n'avaient que la peau et les os. Ces sept vaches maigres mangèrent les sept grasses. Le roi s'étant éveillé envoya chercher les hommes les plus savants de l'Egypte, pour lui expliquer son rêve, mais ils ne purent pas le faire, parce que Dieu ne les inspirait pas. Alors l'échanson se souvint de Joseph, et dit au roi qu'il lui avait expliqué un songe ainsi qu'au panetier. On fit venir le prisonnier, qui dit au roi : « Les sept vaches grasses signifient que pendant sept ans, il y aura beaucoup de blé ; mais, après ce temps, il viendra sept années pendant lesquelles il n'y aura point de blé, et ce sont les vaches maigres qui mangeront les grasses. » Le roi répondit : « Puisque tu as connu le mal, il faut que tu donnes le remède ; je te laisse le maître de faire tout ce que tu voudras dans mon royaume. » Alors Joseph fit bâtir de grandes maisons, et quand tout le monde eut sa provision de blé, il acheta ce qui en restait, et le mit dans les maisons qu'il avait fait bâtir ; et, au bout de sept ans, ces greniers furent pleins de blé. On ne savait pas pourquoi Joseph faisait cela ; mais on le connut bientôt. Après les sept ans, le blé ne poussa point et les Egyptiens furent obligés d'aller acheter le blé du roi, dont Joseph avait la charge. Pharaon connut donc la sagesse de Joseph, et il le fit le plus grand seigneur du royaume.

MADEMOISELLE BONNE.

Passons à la géographie. Vous vous souvenez bien que nous avons trouvé cinq grandes parties au nord de l'Europe ; il y en a quatre au milieu. Dites-les à ces demoiselles, Julia.

JULIA.

A l'ouest, on trouve la France, dont la capitale est Paris. A l'est de la France, est la Confédération germanique, qui se compose de trente-neuf États, y compris une partie de l'Autriche, de la Prusse et les quatre royaumes de Saxe, de Bavière, de Hanovre et de Wurtemberg. C'est à Francfort-sur-le-Mein que se tient la diète à laquelle préside l'empereur d'Autriche. Au nord est de la confédération est la Pologne. Au sud de la Pologne est la Hongrie, dont Bude est la capitale.

MADEMOISELLE BONNE.

Dans le milieu de l'Europe se trouve, autour de la France; la Belgique au nord, capitale Bruxelles; la Hollande, au nord de la Belgique, capitale Amsterdam ; à l'est de la France on voit la Suisse ; au sud-est de la France est située la Savoie, sa capitale est Chambéry.

EUGÉNIE.

Mademoiselle Bonne, qu'est-ce qu'on appelle Pays-Bas?

MADEMOISELLE BONNE.

On a connu ainsi l'étendue de pays qui est entre la mer du Nord, la France et la Confédération germanique. Autrefois il comprenait plusieurs provinces, qui, réunies aujourd'hui, ont formé les royaumes de Hollande et de Belgique.

AUGUSTINE.

La Savoie est-elle un beau pays ?

MADEMOISELLE BONNE.

Ce pays est plein de montagnes, dont les sommets sont toujours couverts de neige, et où l'on voit des vallons toujours remplis de glace : il appartient à un prince nommé le roi de Sardaigne. Berne est la capitale de la Suisse, le plus haut pays de l'Europe. C'est un État composé de vingt-deux cantons, tous indépendants les uns des autres, lesquels forment une puissante république. Adieu, mesdemoiselles, apprenez bien vos leçons, et je tâcherai de vous trouver un conte pour notre première réunion.

DIALOGUE XI.

NEUVIÈME JOURNÉE.

EUGÉNIE.

J'ai une jolie histoire à dire à ces demoiselles. Ce n'est pas un conte, au moins, cela est arrivé à Londres, à une dame que ma mère connaît.

MADEMOISELLE BONNE.

Nous serons charmées d'entendre votre histoire.

EUGÉNIE.

Cette dame a une fille nommée Julie, et qui a un très-bon cœur. Elle n'a jamais fait de mal à personne, pas même aux bêtes, et elle est fâchée quand elle voit tuer une mouche. Un jour que mademoiselle Julie se promenait, elle vit un chien que les petits garçons traînaient avec une corde, pour le jeter dans la rivière. Le pauvre animal était très-laid et tout crotté. Julie en eut pitié, et dit à ces petits garçons : « Je vous offre une pièce d'argent en échange de ce chien. » La femme de chambre qui accompagnait Julie lui demande : « Que voulez-vous faire d'un pareil animal ? — Il est vilain, répondit Julie, mais il est malheureux ; si je l'abandonne, personne n'en aura pitié. » Elle fit laver le chien et le mit dans sa voiture. Tout le monde se moqua d'elle quand elle revint à la maison ; mais cela ne l'a pas empêchée de garder cette pauvre bête depuis trois ans. Il y a huit jours, Julie était couchée, et commençait à s'endormir, lorsque l'animal sauta sur le lit de la bonne demoiselle et se mit à la tirer par sa manche ; il aboyait si fort, que Julie s'éveilla et, comme elle avait une lampe dans sa chambre, elle vit son chien qui aboyait en regardant sous le lit. Julie, ayant peur, courut ouvrir sa porte et appela ses domestiques, qui, par bonheur, n'étaient pas encore couchés. Ils vinrent dans sa chambre, et trouvèrent, caché sous le lit, un voleur qui avait un poignard et

qui dit qu'il aurait tué cette demoiselle pendant la nuit pour prendre les diamants de celle-ci ; ainsi ce pauvre chien lui a sauvé la vie.

MADEMOISELLE BONNE.

Vous aviez raison, ma chère, de nous dire que votre histoire était fort jolie. Il est certain que la pitié, même pour les animaux, est la marque d'un cœur généreux. J'aime beaucoup cette pensée de votre demoiselle Julie : *Ce chien n'est pas beau, mais il est malheureux.* Tout ce qui est malheureux devient respectable à une personne d'un bon caractère : c'est par cette raison que les honnêtes gens traitent avec douceur les domestiques et les ouvriers.

AUGUSTINE.

Est-ce que tous ces gens-là sont malheureux?

MADEMOISELLE BONNE.

Mettez-vous à leur place, ma bonne amie. Par exemple : votre gouvernante avait autrefois des domestiques qui lui obéissaient; mais comme elle est devenue pauvre, c'est elle qui doit obéir aux autres. Vous sentez bien que cela doit lui faire de la peine. Les autres domestiques, qui n'ont jamais été riches, ne sont pas malheureux s'ils ont de bons maîtres; mais si on les gronde mal à propos, si on les méprise, si on leur parle rudement, ils disent en eux-mêmes : Que je suis malheureux d'être forcé par la pauvreté de servir ces méchantes gens qui me maltraitent, qui me parlent comme à un esclave, quoiqu'ils soient des créatures de la même nature que moi ! Le meilleur maître a des caprices, qui rendent quelquefois les domestiques misérables; il faut donc avoir pitié de ses serviteurs. Et puis, ma chère, ces pauvres gens-là ont déjà assez de mal. Ils sont exposés dans la rue à la pluie, au vent et au froid, pendant que vous êtes bien chaudement dans un bel appartement ou dans votre voiture. Ils ont mille autres sujets de chagrin : il serait donc bien cruel de leur en donner encore davantage. J'en dis autant de tous ceux qui sont obligés de travailler pour gagner leur vie : il faut bien prendre garde de les rendre plus malheureux qu'ils ne le sont. Par exemple, vous envoyez chercher un pauvre ouvrier, et, quand il est venu, vous le faites attendre deux heures, ou bien vous lui dites qu'il revienne une autre fois, que vous n'avez pas le temps de lui parler. Vous ne pensez pas que pendant qu'il court il ne travaille pas, que vous lui faites perdre son temps, qu'il sera obligé de veiller pour finir son ouvrage, sans quoi il n'aura pas de pain : n'est-il pas bien cruel de faire toutes ces choses ?

EUGÉNIE.

En vérité, on ne pense point à tout cela. D'ailleurs les domestiques sont si impertinents, qu'on a bien de la peine à avoir pitié d'eux.

MADEMOISELLE BONNE.

Ma chère, la plus grande partie du temps, ce sont les mauvais maîtres qui font les mauvais domestiques. Vous ne les aimez pas, ils ne vous aiment pas non plus; ils vous servent, parce qu'ils ont besoin de votre argent; mais, en même temps, ils maudissent leur pauvreté qui les force à vous obéir. Je me souviendrai toujours de ce que madame de Br... disait à une aimable fille qu'elle a perdue, et qui sans doute eût pu, dans la suite, servir de modèle à toutes les dames : « Si vous voulez être bien servie, ma chère, faites en sorte que vos domestiques vous servent avec plaisir et non par intérêt, qu'ils ne pensent pas à l'argent que vous leur donnez, mais à la douceur qu'ils trouvent à vous contenter. Reprochez-vous comme un crime une parole dure à leur égard; qu'ils connaissent sur votre visage et par vos paroles que vous leur êtes obligée quand ils font leur devoir; que vous vous intéressez à leur fortune, à leurs maladies, à leurs chagrins. Si vous suivez mes conseils, vos domestiques vous regarderont comme une mère; ils vous respecteront, et ils aimeront mieux gagner quatre louis dans votre maison que huit chez un autre. La jeune demoiselle pratiquait ces sages leçons et elle était adorée de toute la maison. Elle disait toujours : « Je vous prie, faites cela. » Elle remerciait chacun d'un air doux, content; et quand elle était obligée de reprendre un serviteur, c'était sans gronder, en sorte qu'ils avaient une grande crainte de lui déplaire, et quand elle est morte, tous les domestiques étaient aussi affligés que s'ils eussent perdu leur enfant.

EUGÉNIE.

Allons, je veux être bonne pour mes domestiques ; mais j'aurai de la peine, car ma gouvernante me gronde quand je cause avec eux.

MADEMOISELLE BONNE.

Elle a raison, ma chère. Il faut être bonne pour les domestiques ; mais il ne faut pas être familière avec eux, cela ferait qu'ils vous manqueraient de respect.

Ne leur parlez donc pas sans besoin, gardez-vous de rire avec eux, de leur demander des nouvelles, de leur raconter ce que l'on a fait.

SIDONIE.

Ma mère fait tout ce que vous dites là avec sa femme de chambre, et cette femme la gronde quelquefois comme si elle était une petite fille.

MADEMOISELLE BONNE.

Premièrement, ma chère, il ne faut jamais rapporter ce que fait votre mère, surtout quand vous croyez que cela n'est pas bien. Secondement, elle a raison d'agir ainsi. Il y a vingt ans qu'elle a cette femme de chambre ; et elle sait que celle-ci l'aime plus que toute chose au monde, et qu'elle a refusé d'aller demeurer chez d'autres dames qui lui offraient beaucoup plus d'argent. Quand votre mère est malade, cette pauvre femme ne veut pas se coucher, et elle reste avec la garde. D'ailleurs, elle a pu apprécier toute l'honnêteté de cette personne, qui lui a toujours donné de bons conseils, qui ne l'a jamais flattée. Quand on a le bonheur d'avoir un tel domestique, il ne faut plus le regarder que comme un ami, et il faut lui pardonner la liberté qu'il prend de nous gronder quelquefois, parce qu'on connaît que c'est par affection et pour notre bien ; mais ces sortes de serviteurs sont rares. Les domestiques m'ont fait oublier une jolie histoire que je voulais vous dire. Nous l'avons lue hier soir, Julia et moi. Elle va vous la raconter.

JULIA.

Il y avait un voyageur qui se perdit dans une forêt. La nuit étant venue, il entra dans une caverne

pour y attendre le lendemain ; mais un moment après, il vit venir un lion vers cette caverne. Notre homme eut une grande frayeur, et crut que le lion l'allait manger. Cet animal marchait sur trois pattes et tenait la quatrième levée : il s'approcha du voyageur, et lui montra cette patte, où se trouvait une grande épine. L'homme ôta l'épine, et ayant déchiré son mouchoir de poche, il enveloppa la blessure du lion. Ce dernier, pour le remercier, le caressa avec la douceur d'un chien, et, le lendemain, l'homme continua son voyage.

Quelques années après, cet homme ayant commis un crime fut condamné à être déchiré par les bêtes sauvages. Lorsqu'il fut dans un lieu qu'on nommait l'*arène*, on fit sortir contre lui un lion furieux, qui d'abord courut à lui pour le dévorer ; mais quand l'animal fut proche du condamné, il s'arrêta afin de le regarder, et l'ayant reconnu pour celui qui lui avait ôté l'épine du pied, il s'approcha de lui en remuant la tête et la queue, et en lui témoignant le plaisir qu'il avait de le revoir. L'empereur fut fort surpris de voir cela, et ayant fait venir l'homme, il lui demanda s'il connaissait ce lion : le criminel lui raconta son histoire, et l'empereur accorda la grâce du coupable.

CHARLOTTE.

Est-ce que les empereurs voyaient mourir les criminels ? Il me semble que cela était bien cruel.

MADEMOISELLE BONNE.

Oui, ma chère ; mais ce qu'il y a de plus abominable, c'est que les dames et tous les gens de qualité allaient voir cet affreux spectacle. On se divertissait aussi à regarder combattre des hommes qu'on nommait *gladiateurs*, et qui, pour de l'argent, se déchiraient par morceaux.

AUGUSTINE.

Je vous assure que je suis charmée de n'être point née au milieu de ce vilain peuple-là. L'autre jour, il y eut deux hommes qui se battaient devant ma fenêtre, je ne voulus pas les regarder. D'où vient qu'on n'empêche pas ces gens de se battre ? Si j'étais reine, je les ferais mettre en prison.

MADEMOISELLE BONNE.

Vous avez bien raison d'avoir horreur de ces choses,

mes bons enfants. Mais il est tard, hâtons-nous de dire nos histoires. Commencez, Sidonie.

SIDONIE.

Vous savez que Jacob avait beaucoup d'enfants, et un grand nombre de domestiques; il ne lui restait plus guère de blé pour faire du pain, et ayant appris qu'on en vendait dans l'Égypte, il dit à ses fils : « Prenez de l'argent, allez en Égypte pour acheter du blé. » Les dix enfants de Jacob partirent pour ce pays; mais il garda auprès de lui le petit Benjamin. Lorsque les enfants de Jacob furent devant Joseph, ils ne le reconnurent pas; quant à lui il les reconnut fort bien; et faisant semblant d'être en colère, il leur dit : « Vous êtes des espions, vous êtes venus ici pour trahir le roi. » Ils lui répondirent, en se prosternant devant lui : « Seigneur, nous ne sommes point des espions, mais nous sommes frères et enfants du même père ; nous avons encore un frère à la maison, et un autre qui est mort il y a longtemps. — Vous êtes des menteurs, poursuivit Joseph, et je ne vous croirai point, à moins que vous n'ameniez ici ce jeune frère que vous avez. » Alors les fils de Jacob, croyant que leur interlocuteur n'entendait pas leur langue, dirent : « Dieu nous punit pour avoir tué notre pauvre frère Joseph, qui nous priait d'avoir pitié de lui. » Joseph qui n'avait pas oublié la langue de son pays, les entendit fort bien, et reprit : « Retournez chez votre père pour ramener le petit Benjamin ; je garderai un de vous dans la prison, et, si vous ne revenez pas, je le ferai mourir. » Les neuf enfants de Jacob retournèrent auprès de leur père; mais ils furent bien étonnés de retrouver dans leurs sacs l'argent qu'ils avaient donné pour payer le blé; car Joseph avait commandé qu'on remît cet argent dans les sacs. Cependant ils racontèrent leur aventure à leur père; Jacob cependant ne voulait point laisser aller Benjamin. Quand ils eurent mangé tout leur blé, il fallut pourtant retourner en Égypte; et Juda, l'aîné des enfants de Jacob, lui dit qu'il répondait de son jeune frère, et Jacob les laissa partir.

MADEMOISELLE BONNE.

Continuez, Augustine.

AUGUSTINE.

Joseph fut bien charmé quand il vit son petit frère; et ayant fait sortir Siméon, qui était en prison, il commanda à un intendant de mener ces étrangers dans sa maison, parce qu'il voulait manger avec eux. Ils eurent peur après avoir entendu cela, et dirent à l'intendant : « Nous ne savons pas comment cela s'est fait, mais nous avons trouvé dans nos sacs l'argent que nous avions donné pour le blé lors de notre autre voyage. » L'intendant leur répondit : « Soyez tranquilles, j'ai reçu votre argent, je ne vous demande rien. » Quand Joseph fut venu, il demanda comment se portait Jacob, et regardant son frère, qui était comme lui fils de Rachel, les larmes lui vinrent aux yeux, et il se retira un moment. Ensuite ils se mirent à table, et Benjamin avait une portion cinq fois plus grosse que les autres. Le lendemain, Joseph ordonna à son intendant de leur donner du blé, mais il lui dit en même temps de cacher dans le sac de Benjamin une belle coupe d'or. Aussitôt que les enfants de Jacob furent un peu éloignés, le maître d'hôtel courut après eux et leur dit : « Vous êtes des voleurs et des méchants : mon maître vous a bien reçus dans sa maison; et, pour le récompenser, vous avez emporté sa coupe d'or. Ils répondirent tous : « Nous n'avons point fait cette mauvaise action; et si vous trouvez la coupe parmi nous, nous consentons à être esclaves de votre maître. » Alors ils vidèrent leurs sacs, et on trouva la coupe dans le sac de Benjamin. Ils retournèrent auprès de Joseph, qui leur dit : « Il n'est pas juste que les innocents souffrent pour le coupable; allez chez votre père, et le voleur sera mon esclave. » Juda, se jetant aux pieds de Joseph, lui dit : « Seigneur, ne vous mettez point en colère, je vous prie : permettez-moi d'être votre esclave à la place de Benjamin ; car si mon père nous voit sans ce frère, il mourra de chagrin. Joseph, ne pouvant plus retenir ses pleurs, fit sortir tout le monde, et dit aux fils de Jacob : « Je suis Joseph votre

frère, que vous avez vendu ; mais je vous pardonne. C'est Dieu qui a permis cela pour que je pusse vous donner du pain. Cependant Pharaon ayant appris que Joseph avait retrouvé ses frères, en fut très-content, et lui dit : « Prenez des chariots, et envoyez chercher votre père ; je veux qu'il vienne en Egypte avec sa famille, et je lui donnerai le plus beau pays de toute l'Egypte pour y demeurer. Ensuite Joseph, après avoir beaucoup caressé ses frères, surtout Benjamin, leur fit de grands présents, et les envoya chercher leur père Jacob.

MADEMOISELLE BONNE.

Continuez, Charlotte.

CHARLOTTE.

Quand les enfants de Jacob furent arrivés, ils dirent à leur père : « Réjouissez-vous, votre fils Joseph n'est pas mort, il est devenu un grand seigneur : c'est lui qui a le blé de toute l'Egypte. » Jacob eut bien de la peine à croire cette bonne nouvelle ; mais quand il eut vu les présents, il remercia Dieu en pleurant de joie, et partit avec toute sa famille pour aller revoir son cher fils. Joseph, après l'avoir embrassé, le présenta au roi, qui lui demanda quel âge il avait. « J'ai cent trente ans, répondit Jacob, et les jours de mon voyage sur la terre ont été courts et fâcheux. » Pharaon donna à Jacob et à ses enfants un fort beau pays, et celui-ci vécut encore plusieurs années. Avant de mourir, il prédit à ses enfants tout ce qui devait leur arriver, il affirma à Juda, son fils, que la couronne viendrait dans sa maison, et qu'elle n'en sortirait jamais. La vie de Joseph se prolongea encore longtemps ; et comme il lui avait été révélé que les descendants de Jacob, qu'on nommait *Israélites*, sortiraient un jour de l'Egypte, il fit jurer à ses enfants d'emporter ses os pour les mettre auprès de ceux de Jacob, enseveli à côté de ses pères.

EUGÉNIE.

Joseph était bien honnête homme de faire tant de bien à ses frères qui l'avaient traité si cruellement.

MADEMOISELLE BONNE.

Quand Jacob fut mort, les frères de Joseph eurent peur que celui-ci ne cherchât à se venger ; mais il les rassura, et leur dit toujours que son esclavage était arrivé par la volonté de Dieu, et qu'il le leur avait pardonné de tout son cœur.

JULIA.

Pour moi, j'admire la sagesse de Dieu, qui se sert

de la malice des hommes pour faire réussir ses desseins.

Si tant de malheurs n'étaient pas arrivés à Joseph, il n'aurait pas eu le plaisir de sauver l'Egypte et sa famille, ni de pardonner à ses frères.

CHARLOTTE.

Est-ce qu'il y a du plaisir à pardonner à ceux qui nous ont fait beaucoup de mal?

MADEMOISELLE BONNE.

Oui, ma chère, c'est le plus grand plaisir qu'il y ait au monde; jugez-en par vous-même. Je suppose que vous soyez fort en colère contre moi, que vous me disiez des injures, que vous me preniez mon argent, que vous m'ayez crevé l'œil, et, qu'après tout ce mal que vous m'auriez fait, je vous trouvasse dans un bois prête à mourir de faim, et que je vous donnasse à manger; n'est-il pas vrai que vous diriez : J'étais bien méchante de faire du mal à cette personne qui est si bonne ?

CHARLOTTE.

Vous me faites pleurer seulement en me disant cela; je vous assure que j'aurais bien du regret de vous avoir causé toute cette peine; je vous en demanderais pardon, et je tâcherais de vous faire tant de bien, que vous oublieriez toutes mes méchancetés.

MADEMOISELLE BONNE.

Ne voyez-vous pas, ma chère, combien je serais contente de vous voir devenir bonne? Cela me donnerait beaucoup plus de plaisir que le mal que j'aurais pu vous faire en me vengeant.

EUGÉNIE.

Mais si Charlotte cherchait encore à vous faire du mal, vous n'auriez pas le plaisir de la voir devenir bonne.

CHARLOTTE.

Je vous assure que je ne suis pas si méchante

que vous le pensez, et que jamais je ne voudrais faire du mal à mademoiselle, qui aurait été si bonne pour moi.

EUGÉNIE, *en l'embrassant.*

Je le sais bien, ma chère ; ce que je dis est seulement une supposition.

MADEMOISELLE BONNE.

Supposez donc que Charlotte, ou une autre, continuât d'être encore méchante, après que je lui aurais rendu le bien pour le mal ; il me resterait le plaisir d'être contente de moi, d'avoir fait mon devoir. Ce plaisir est le plus grand de tous ceux qu'on peut avoir, et nos ennemis ne sauraient nous l'ôter.

JULIA.

Voulez-vous me permettre de dire une jolie histoire dont je me souviens ?

MADEMOISELLE BONNE.

Volontiers, ma chère.

JULIA.

Il y avait un homme, nommé Lycurgue, qui donna des lois à une ville qu'on appelait Sparte. Ces lois n'étaient pas du goût d'un jeune homme qui n'aimait pas Lycurgue, et ce jeune homme donna un coup de bâton au législateur et lui creva l'œil. Le peuple de Sparte dit à Lycurgue : « Prenez ce méchant garçon pour le punir selon votre fantaisie. — Je le veux bien, répondit Lycurgue, et je le punirai d'une manière qui étonnera tout le monde. » Il le prit donc, le mena dans sa maison et le traita comme s'il eût été son fils. Tous les jours, il lui disait qu'il y avait beaucoup de plaisir à pardonner, à être doux et honnête. Ce jeune homme fut si touché de la bonté de Lycurgue, qu'il résolut de devenir aussi bon que lui, si cela était possible, et véritablement tout le monde fut étonné de la vengeance que Lycurgue en avait prise. Mais le jeune homme dit au peuple : « Il m'a puni plus sévèrement que vous ne pensez : s'il m'avait fait mourir, je n'aurais souffert qu'un moment, au lieu de cela, je souffrirai toute ma vie du regret de lui avoir crevé l'œil.

MADEMOISELLE BONNE.

Cette histoire est fort belle, et vous l'avez fort bien racontée. Disons à présent un mot de la géographie, car il est tard. Je vous ai promis les noms des parties de l'Europe qui sont au sud ; il y en a cinq principales : au sud-ouest, on trouve le Portugal ; à l'est du Portugal on voit l'Espagne ; à l'est de l'Espagne, il y a une grande mer qu'on appelle *Méditerranée* ; après avoir traversé cette grande mer, on arrive à l'Italie qui est faite comme une botte ; à l'est de l'Italie vient la Turquie d'Europe ; et au nord-est de la Turquie

d'Europe se trouve la petite Tartarie. La capitale du Portugal est Lisbonne ; celle de l'Espagne est Madrid ; celle de l'Italie est Rome ; celle de la Turquie est Constantinople. La petite Tartarie n'en a point, parce que ses peuples vivent sous des tentes comme faisait Abraham.

AUGUSTINE.

Julia a dit un mot que je ne comprends pas. Qu'est-ce qu'un législateur?

MADEMOISELLE BONNE.

C'est un homme qui donne des lois. Ainsi, comme Lycurgue a donné des lois à la ville de Sparte, on dit que c'est un législateur.

DIALOGUE XII.
DIXIÈME JOURNÉE.

CHARLOTTE.

J'ai trouvé dans un livre bien des choses que j'ai apprises par cœur.

MADEMOISELLE BONNE.

Cela est très-bien, ma chère; mais, voyons ce qu'il en est.

CHARLOTTE.

J'ai appris à voyager sur toutes les mers de l'Europe, en passant par les détroits. Je me mets dans une mer qui est à l'est de l'Europe; elle s'appelle la mer d'Azof. Je sors de cette mer par le détroit de Caffa, et j'entre dans la mer Noire. Je sors de la mer Noire par le détroit de Constantinople, et j'entre dans la mer d Marmara. Je sors de la mer de Marmara par le détroi des Dardanelles, et j'entre dans la mer Méditerranée Entre l'Italie et la Sicile, je trouve le détroit ou l phare de Messine. Entre l'île de Corse et la Sardaigne qui sont aussi dans la Méditerranée, se présente le dé troit de Boniface. Je sors de la mer Méditerranée pa le détroit de Gibraltar, et j'entre dans le grand Océan

Entre la France et l'Angleterre, je vois la Manche, ou le canal Britannique ; de là je passe au Pas-de-Calais, ensuite à la mer du Nord ou d'Allemagne ; enfin, je passe par le Sund, et j'entre dans la mer Baltique.

MADEMOISELLE BONNE.

Reposez-vous, ma chère ; car vous avez fait un grand voyage.

Pour vous récompenser, je vais vous dire un joli conte.

LA BELLE AURORE.

CONTE.

Il y avait une fois une jolie dame qui avait deux filles : l'aînée, appelée *Aurore*, était belle comme le jour, et elle avait un assez bon caractère. La seconde, qui se nommait *Aimée*, était bien aussi belle que sa sœur, mais elle n'avait de l'esprit que pour faire du mal. La mère avait été aussi fort belle, seulement, elle commençait à n'être plus jeune, et cela lui donnait beaucoup de chagrin. Aurore avait seize ans, et Aimée n'en avait que douze ; ainsi la mère, qui craignait de paraître vieille, quitta le pays où tout le monde la connaissait, et envoya sa fille aînée à la campagne, parce que cette dame ne voulait pas qu'on sût qu'elle avait une fille aussi âgée. Elle garda la plus jeune auprès d'elle, alla dans une autre ville, et elle disait à tout le monde qu'Aimée n'avait que dix ans, et qu'elle l'avait eue ayant quinze ans. Cependant, comme elle craignait qu'on ne découvrît sa tromperie, elle fit mener Aurore dans un pays éloigné, et celui qui conduisait la jeune fille alla dans un grand bois, où elle s'endormit en se reposant. Quand Aurore se réveilla, elle se vit toute seule dans ce bois, et elle se mit à pleurer. Il était presque nuit : s'étant levée, elle chercha à sortir de cette forêt ; mais au lieu de trouver son chemin, elle s'égara encore davantage. Enfin elle vit de bien loin une lumière, et étant allée de ce côté-là, elle trouva une petite maison. Aurore frappa à la porte ; une bergère vint lui ouvrir, et lui demanda ce qu'elle voulait. « Ma bonne mère, lui dit Aurore, je vous prie, par charité, de me donner la permission de coucher dans votre maison ; car si je reste dans le bois, je serai mangée par les loups.—De tout mon cœur, ma belle fille, lui répondit la bergère. Mais dites-moi, pourquoi êtes-vous dans ce bois si tard ? » Aurore lui raconta son histoire, et ajouta : « Ne suis-je pas bien malheureuse d'avoir une mère aussi cruelle ? Qu'est-ce que j'ai fait au bon Dieu pour être à ce point misérable ?—Ma chère enfant, répliqua la bergère, il ne faut jamais murmurer contre Dieu ; il est tout-puissant, il est sage, il vous aime, et vous devez croire qu'il n'a permis votre malheur que pour votre bien. Confiez-vous en lui, et mettez-vous bien dans la tête que Dieu protége les bons, et que les choses fâcheuses qui leur arrivent ne sont pas toujours des malheurs : demeurez avec moi, je vous servirai de mère. » Aurore consentit à cette proposition, et le lendemain la bergère lui dit : « Je vais vous donner un petit troupeau à conduire ; mais j'ai peur que vous vous ennuyiez, ma belle fille ; ainsi, prenez une quenouille, et vous filerez, cela vous amusera.—Ma mère, répondit Aurore, je suis une fille de qualité, ainsi je ne sais pas travailler.—Prenez donc un livre, lui dit la bergère.—Je n'aime pas la lecture, répartit Aurore en rougissant. » C'est qu'elle était honteuse d'avouer qu'elle ne savait pas lire comme il faut. Il fallut pourtant avouer qu'elle n'avait jamais voulu apprendre à lire quand elle était petite, et qu'elle n'en avait pas eu le temps quand elle était devenue grande. « Vous aviez donc d'importantes affaires ? demanda la bergère.—Oui, ma mère, répondit Aurore. J'allais me promener tous les matins avec mes bonnes amies ; après dîner je me coiffais ; le soir je restais à notre réunion, puis j'allais à l'Opéra, à la comédie, et la nuit au bal. — Véritablement, poursuivit la bergère, vous aviez de grandes occupations, et sans doute vous ne vous ennuyiez pas.—Je vous demande pardon, ma mère, continua Aurore. Dès que j'étais un quart d'heure toute seule, je m'ennuyais à mourir ; mais quand nous allions à la campagne, c'était bien pire, je passais toute la journée à me coiffer et à me décoiffer, pour m'amuser. — Vous n'étiez donc pas heureuse à la campagne ? demanda encore la bergère. Je ne l'étais pas à la ville non plus,

répondit Aurore. Si je jouais, je perdais mon argent ; si j'étais dans une réunion, je voyais mes compagnes mieux habillées que moi, et cela me chagrinait beaucoup ; si j'allais au bal, je n'étais occupée qu'à cher-

13.

cher des défauts à celles qui dansaient mieux que moi, enfin je n'ai jamais passé un jour sans avoir du chagrin. — Ne vous plaignez donc plus de la Providence, dit la paysanne; en vous conduisant dans cette solitude, elle vous a ôté plus de chagrins que de plaisirs. Vous auriez été par la suite encore plus malheureuse; car, enfin, on n'est pas toujours jeune; le temps du bal, de la comédie, passe quand on devient vieille, et les jeunes gens se moquent de vous : d'ailleurs, on ne peut plus danser, on n'oserait plus se coiffer; **il faut donc s'ennuyer à mourir, et être fort malheureuse.** —Mais, ma bonne mère, reprit Aurore, on ne peut pourtant pas rester seule ; la journée paraît longue comme un an, quand on n'a pas de compagnie.—Je vous demande pardon, ma chère, répondit la bergère ; je suis seule ici, et les années me paraissent courtes comme les jours. Si vous voulez, je vous apprendrai le secret de ne vous ennuyer jamais.—Je le veux bien, répartit Aurore ; vous pouvez me gouverner comme vous le jugerez à propos ; je promets de vous obéir. La bergère, profitant de la bonne volonté d'Aurore, lui écrivit sur un papier tout ce qu'elle devait faire. La journée entière était partagée entre la prière, la lecture, le travail et la promenade. Il n'y avait point d'horloge dans ce bois, et Aurore ne savait pas quelle heure il était ; mais la bergère connaissait l'heure par le soleil ; elle engagea Aurore à venir dîner : « Ma mère, dit cette belle fille, vous dînez de bonne heure, il n'y a pas longtemps que nous sommes levées. Il est pourtant deux heures, reprit la bergère en souriant, et nous sommes levées depuis cinq heures ; mais, ma fille, quand on s'occupe utilement, le temps passe bien vite. « Aurore s'appliqua de tout son cœur à la lecture et au travail ; et elle se trouvait mille fois plus heureuse au milieu de ses occupations champêtres qu'à la ville. » Je vois bien, répétait-elle souvent, que Dieu fait tout pour notre bien. Si ma mère n'avait pas été injuste et cruelle à mon égard, je serais restée dans mon ignorance ; alors, la vanité, l'oisiveté, le désir de plaire, m'auraient rendue méchante et malheureuse. » Il y avait un an qu'Aurore était chez la bergère, lorsque le frère du roi vint chasser dans le bois. Ce prince se nommait *Ingénu*, et c'était le meilleur homme du monde : mais le roi son frère, qui s'appelait *Fourbin*, ne lui ressemblait pas, car il n'avait de plaisir qu'à tromper ses voisins, et à maltraiter ses sujets. Ingénu fut charmé de la beauté d'Aurore, et lui dit qu'il se croirait fort heureux, si elle voulait l'épouser. Aurore le trouvait très-aimable ; mais elle savait qu'une fille qui est sage n'écoute point les hommes qui tiennent de pareils discours : « Monsieur, répliqua-t-elle à Ingénu, si ce que vous dites est vrai, vous irez trouver ma mère, qui est une bergère ; si elle consent à ce que vous soyez mon mari, je le voudrai bien aussi, car elle est si sage, si raisonnable, que je ne lui désobéis jamais. —Ma belle fille, reprit Ingénu, j'irai de tout mon cœur vous demander à votre mère. Il quitta Aurore et alla trouver la bergère, qui connaissait la vertu de ce prince et qui consentit de bon cœur au mariage. Ingénu promit de revenir dans trois jours, et partit le plus content du monde, après avoir donné sa bague pour gage. Cependant Aurore avait beaucoup d'impatience de retourner à la petite maison : Ingénu lui avait paru si aimable, qu'elle craignait que celle qu'elle appelait sa mère ne l'eût rebuté ; mais la bergère lui dit : « Ce n'est pas parce qu'Ingénu est prince que j'ai consenti à votre mariage avec lui, mais parce qu'il est le plus honnête homme du monde. » Aurore attendait avec impatience le retour de celui-ci ; mais le second jour, après le départ de son fiancé, comme Aurore ramenait son troupeau, elle se laissa tomber si malheureusement dans un buisson, qu'elle se déchira tout le visage. Elle se regarda bien vite dans un ruisseau, et elle se fit peur, car le sang lui coulait de tous les côtés. « Ne suis-je pas bien malheureuse, dit-elle à la bergère en rentrant dans la maison ; Ingénu viendra demain matin, et il ne m'aimera plus, tant il me trouvera horrible. » La bergère lui répondit en souriant : « Puisque le bon Dieu a permis que vous soyez tombée, sans doute que c'est pour votre bien ; vous savez qu'il vous aime, et qu'il sait mieux que vous ce qui vous est bon. « Aurore reconnut sa faute, car c'en est une de murmurer contre la Providence, et elle dit en elle-même : « Si le prince Ingénu ne veut plus m'épouser parce que j'aurai cessé d'être belle, apparemment que j'aurais été malheureuse avec lui. » Le lendemain matin, Aurore était effroyable, car son visage était horriblement enflé, et on ne lui voyait pas les yeux. Sur les dix heures du matin, on entendit un carrosse s'arrêter devant la porte ; mais, au lieu d'Ingénu, on en vit descendre le roi Fourbin ; un des courtisans qui étaient à la chasse avec le prince avertit le roi qu'Ingénu avait rencontré la plus belle fille du monde, et qu'il voulait l'épouser. « Vous êtes bien hardi de vouloir vous marier sans ma permission ! dit Fourbin à son frère ; pour vous punir, je veux épouser cette fille si elle est aussi belle qu'on le prétend. » Fourbin, en entrant chez la bergère, lui demanda où était sa fille. « La voici, répondit la bergère en montrant Aurore. — Quoi ! ce monstre-là ? dit le roi et n'avez-vous point une autre fille à laquelle mon frère a donné sa bague ? — Voici cette bague à mon doigt, répondit Aurore. » A ces mots, le roi fit un grand éclat de rire, et reprit : « Je ne croyais pas mon frère de si mauvais goût, mais je suis charmé de pouvoir le punir. » En même temps il commanda à la bergère de mettre un voile sur la tête d'Aurore, et ayant envoyé chercher le prince Ingénu, il lui dit : « Mon frère, puisque vous aimez la belle Aurore, je veux que vous l'épousiez tout à l'heure. — Et moi, je ne veux tromper personne, interrompit Aurore en arrachant son voile; regardez mon visage, Ingénu; je suis devenue bien horrible depuis trois jours; voulez-vous encore m'épouser? — Vous paraissez plus aimable que jamais à mes yeux, répliqua le prince, car je reconnais que vous êtes encore plus vertueuse que je ne croyais. « En même temps il lui donna la main. Fourbin riait de

tout son cœur. Ce dernier ordonna donc qu'ils fussent mariés sur-le-champ, mais ensuite il dit à Ingénu : « Comme je n'aime pas les monstres, vous pouvez demeurer avec votre femme dans cette cabane, je vous défends d'amener Aurore à la cour. » En même temps il remonta dans son carrosse, et laissa Ingénu transporté de joie. « Eh bien, demanda la bergère à Aurore, croyez-vous encore être malheureuse d'être tombée? Sans cet accident, le roi serait devenu épris de vous, et si vous n'aviez pas voulu l'épouser, il eût fait mourir Ingénu.—Vous avez raison, ma mère, reprit Aurore, mais pourtant je suis devenue laide à faire peur, et je crains que le prince n'ait du regret de m'avoir épousée. — Non, je vous assure, reprit Ingénu, on s'accoutume au visage d'une laide, mais on ne peut s'accoutumer à un mauvais caractère.—Je suis charmé de vos sentiments, dit la bergère, mais Aurore sera encore belle, j'ai une eau qui guérira son visage. « Effectivement, au bout de trois jours, le visage d'Aurore devint comme auparavant. Cependant Fourbin, qui voulait se marier, fit partir plusieurs peintres pour lui apporter les portraits des plus belles filles. Il fut enchanté de celui d'Aimée, sœur d'Aurore, et ayant fait venir celle-ci à sa cour, il l'épousa. Aurore eut beaucoup d'inquiétude, quand elle sut que sa sœur était reine; elle n'osait plus sortir, car elle savait combien Aimée était méchante, et combien elle la haïssait. Au bout d'un an, Aurore eut un fils qu'on nomma *Beaujour*, et qu'elle aimait uniquement. Ce petit prince, lorsqu'il commença à parler, montra tant d'esprit, qu'il faisait tout le plaisir de ses parents. Un jour qu'il était devant la porte avec sa mère, elle s'endormit, et quand elle se réveilla, elle ne le trouva plus. Elle jeta de grands cris, et courut par toute la forêt pour le chercher vainement. La bergère avait beau la faire souvenir qu'il n'arrive rien que pour notre bien, elle eut toutes les peines du monde à consoler Aurore ; mais le lendemain, cette dernière fut contrainte d'avouer que la bergère avait raison. Fourbin et sa femme, enragés de n'avoir point d'enfants, envoyèrent des soldats pour tuer leur neveu ; et, voyant qu'on ne pouvait le trouver, ils mirent Ingénu, sa femme et la bergère dans une barque, et les firent exposer sur la mer, afin qu'on n'entendît jamais parler d'eux. Pour cette fois, Aurore crut qu'elle devait se croire fort malheureuse ; mais la bergère lui répétait toujours que Dieu faisait tout pour le mieux. Comme le temps était très-beau, la barque vogua tranquillement pendant trois jours, et aborda à une ville qui était sur le bord de la mer. Le roi de cette ville avait une grande guerre, et les ennemis se montrèrent le lendemain. Ingénu, qui avait du courage, demanda quelques troupes au roi ; il fit plusieurs sorties, et eut le bonheur de tuer l'ennemi qui assiégeait la ville. Les assaillants, ayant perdu leur commandant, s'enfuirent, et le roi qui était attaqué n'ayant point d'enfants adopta Ingénu pour son fils, afin de lui marquer sa reconnaissance. Quatre ans après, on apprit que Fourbin était mort de chagrin d'avoir épousé une méchante femme. Le peuple, qui la haïssait, la chassa honteusement et envoya des ambassadeurs à Ingénu pour lui offrir la couronne. Il s'embarqua avec sa femme et la bergère ; mais une grande tempête étant survenue ils firent naufrage et se trouvèrent dans une île déserte. Aurore, devenue sage par tout ce qui lui était arrivé, ne s'affligea point, et pensa que c'était pour leur bien que Dieu avait permis ce naufrage : ils mirent un grand bâton sur le rivage, et le tablier blanc de la bergère au bout de ce bâton, afin d'avertir les vaisseaux qui passeraient par là de venir à leur secours. Sur le soir, ils virent paraître une femme qui portait un petit enfant, et Aurore ne l'eut pas plus tôt regardé qu'elle reconnut son fils Beaujour. Elle demanda à la femme où elle avait pris cet enfant ; celle-ci lui répondit que son mari, qui était un corsaire, l'avait enlevé, mais qu'ayant fait naufrage proche de cette île, elle s'était sauvée avec l'enfant qu'elle tenait alors dans ses bras. Deux jours après, les vaisseaux qui cherchaient les corps d'Ingénu et d'Aurore, qu'on croyait morts, virent le signal de détresse, et, étant venus dans l'île, ils menèrent leur roi et sa famille dans leur royaume. Quelque accident qu'il arrivât à Aurore, elle ne murmura jamais; parce qu'elle savait par son expérience que les choses qui nous paraissent des malheurs sont souvent la cause de notre félicité.

CHARLOTTE.

Je connais maintenant la raison qui me fait trouver la journée si longue : c'est que je suis paresseuse.

MADEMOISELLE BONNE.

Vous avez raison, ma chère ; la journée n'est longue que pour les paresseuses. Si vous voulez ne vous ennuyer jamais, il faut avoir un papier comme Aurore, où toutes les heures du jour seront employées utilement : si vous voulez, mes enfants, je vous donnerai à chacune un petit règlement, qui fera paraître les jours fort courts.

TOUTES ENSEMBLE.

Nous le voulons bien.

MADEMOISELLE BONNE.

Nous y travaillerons bientôt. En attendant, Augustine nous dira son histoire.

AUGUSTINE.

Les descendants de Jacob, appelés *Israélites*, eurent une grande quantité d'enfants, et cela fit un peuple nombreux. Longtemps après, un autre roi portant aussi le nom de *Pharaon*, et qui était né après la mort de Joseph, monta sur le trône. Ce méchant prince voulut faire périr les Israélites, et il les forçait de travailler à lui bâtir des villes ; mais plus ils travaillaient, plus ils se portaient bien, et plus ils avaient d'enfants. Pharaon, qui voulait les détruire, commanda qu'on jetât dans le Nil tous les enfants mâles des Israélites. Un homme de la tribu de Lévi eut un petit garçon qui était très-beau, et que sa mère cacha pendant trois mois ; mais, comme elle avait peur qu'on ne découvrît l'enfant, elle fit un petit panier ; ayant mis son fils dedans, elle le porta sur le Nil, et laissa Marie, la sœur du pauvre petit, pour voir ce qu'il deviendrait. La fille de Pharaon vint pour se baigner, et, ayant vu cette corbeille, elle commanda à une de ses servantes de la prendre. Quand elle vit ce bel enfant, elle en

eut pitié, et dit : « Je veux le sauver. » Marie qui entendit cela lui dit : « Madame, si vous voulez, j'irai vous chercher une nourrice. » Alors Marie alla chercher sa mère ; et la princesse, ayant nommé le petit Israëlite *Moïse*, donna à nourrir à sa propre mère, qu'elle ne connaissait pas.

MADEMOISELLE BONNE.

Continuez, Charlotte.

CHARLOTTE.

Quand Moïse fut grand, la fille de Pharaon le prit pour son fils ; mais les richesses et les plaisirs de la cour ne lui firent point oublier les Israélites, ses frères. Un jour, il en vit un qui était menacé de mort par un Egyptien, et Moïse tua cet Egyptien : il le cacha dans du sable, et croyait fermement ne pas avoir été vu. Le lendemain il trouva deux Israélites qui se querellaient, il leur dit : « Pourquoi vous querellez-vous ? Vous êtes frères, il faut vivre en paix. » Un de ces Israélites lui dit: «De quoi vous mêlez-vous? voulez-vous aussi me tuer, comme vous avez tué hier un Égyptien? » Moïse fut très-effrayé, et ayant appris que le roi voulait le faire mourir, il s'enfuit dans un autre pays. Quand il eut beaucoup marché, il s'assit près d'un puits pour se reposer, et il vit là sept filles qui étaient sœurs, et dont le père se nommait *Jéthro*. Ces filles ayant tiré de l'eau pour faire boire leurs troupeaux, il vint des bergers qui voulaient les chasser : Moïse défendit les premières, et quand elles furent retournées chez leur père, elles lui racontèrent ce qui s'était passé..... Jéthro leur dit: « Pourquoi n'avez-vous pas prié cet honnête homme d'entrer pour manger avec nous? » Jéthro fit donc venir Moïse, et, par la suite, il lui donna en mariage une de ses filles, qui se nommait *Séphora*.

MADEMOISELLE BONNE.

Continuez, Sidonie.

SIDONIE.

Moïse gardait un jour les troupeaux de son beau-père Jéthro, et il vint jusqu'à la montagne d'Horem. Là, il vit un buisson tout en feu, mais pourtant ce buisson ne brûlait pas. Moïse s'approcha pour admirer une telle merveille; alors il entendit une voix qui lui dit: « Otez vos souliers, car ce lieu est saint. » Alors Moïse se prosterna la face contre terre, et la voix lui dit : « Je suis le Dieu d'Abraham, d'Isaac et de Jacob ; j'ai entendu le cri de mon peuple qui est en Égypte, car les Israélites sont mon peuple; c'est pourquoi je te commande d'aller vers eux pour les délivrer, et tu leur diras que tu viens de ma part. Seigneur, répondit Moïse, je ne sais pas votre nom, comment pourrais-je le leur dire?—*Je suis celui qui est*, reprit la voix, va-t'en trouver Pharaon, et tu lui demanderas la permission de mener mon peuple dans le désert, pour sacrifier pendant trois jours.—Seigneur, reprit Moïse, Pharaon ne voudra pas me croire, et il me fera mourir.—Je serai avec toi, poursuivit la voix, et je te donnerai le pouvoir de faire des miracles. Jette à terre la petite baguette que tu as à la main. » Moïse obéit, et cette baguette ou verge fut d'abord changée en serpent. Moïse eut peur et s'enfuit, mais la voix lui dit : « Prends ce serpent par la queue, aussitôt il reviendra baguette. » Cela arriva comme la voix l'avait annoncé, cependant Moïse n'était pas encore rassuré. La voix lui commanda de se mettre la main dans le sein; elle fut subitement couverte de lèpre ; et puis ayant mis une autre fois la main lépreuse au même endroit, elle fut guérie. Quoique Moïse connût par ces miracles que c'était Dieu qui lui parlait, il avait bien de la peine à se résoudre à aller trouver Pharaon, et dit : « Seigneur, vous savez que je n'ai pas la langue fort libre : j'ai eu toute ma vie beaucoup de peine à prononcer, et depuis que je vous ai parlé, j'ai beaucoup plus de peine qu'auparavant. » La voix lui répondit: « Qui a fait la bouche du muet et de celui qui parle? n'est-ce pas moi? Va-t'en, je serai dans ta bouche, et j'enverrai au-devant de toi ton frère Aaron, qui parle aisément; il sera ton interprète. » Moïse quitta donc cette montagne, et retourna en Égypte. Comme il était en chemin, Aaron vint au-devant de lui, comme Dieu le lui avait promis.

CHARLOTTE.

Mon Dieu, que cette histoire de la sainte Écriture est belle !

SIDONIE.

Je vous prie, ma bonne amie, dites-moi ce que cela veut dire : *Je suis celui qui est?*

MADEMOISELLE BONNE.

Cela veut dire : Je suis Dieu par moi-même, et sans le secours de personne. J'ai toujours été. Je serai toujours. Tout ce qui est sur la terre n'est rien en comparaison de moi. Les rois, les empereurs, les conquérants, les riches, les nobles, tout cela ne subsiste que par ma volonté ; le monde entier est moins devant moi qu'un grain de poussière ; je pourrais le détruire dans un instant. Je suis seul, je suis tout ce qu'il y a de bon.

EUGÉNIE.

Mais vous dites qu'il n'y a que Dieu qui est. Il me semble pourtant que je suis aussi quelque chose ; la terre, le soleil, les hommes sont quelque chose aussi.

MADEMOISELLE BONNE.

Vous êtes quelque chose, cela est vrai ; vous avez l'être ; mais cet être que vous avez, Dieu vous l'a prêté, il lui appartient, il peut vous l'ôter dans un moment. Si je vous prêtais ma robe, vous ne pourriez pas dire que cette robe fût à vous : eh bien ! votre corps, votre âme, votre esprit, vos parents, vos richesses, en un mot, tout ce que vous avez est à Dieu. Il n'y a que Dieu à qui on n'a jamais rien donné ni prêté, parce que rien n'était avant lui, et que tout ce qui existe vient de lui. Il est donc le maître de tout ce qu'il a, de tout ce qu'il donne, c'est-à-dire de tout ce qui existe. Voyez, mes enfants, combien il mérite de reconnaissance et d'amour ! Il est notre père, notre maître, notre bienfaiteur, il nous chérit comme ses enfants ; nous serions donc bien méchantes si nous refusions de l'aimer et de lui obéir.

JULIA.

Pour moi, quand je lis les histoires que ces demoiselles viennent de répéter, je ne puis m'empêcher de frémir de respect.

MADEMOISELLE BONNE.

Vous avez raison, ma chère. Nous sommes si petits devant Dieu que nous ne pouvons être assez pénétrés de respect en sa présence. Dieu est partout, mais il est d'une manière particulière dans les temples et dans les lieux où l'on prie. C'est donc un grand péché de lui manquer de respect dans ces lieux, d'y parler, d'y rire, d'y tourner la tête. C'est donc un péché aussi que de faire ses prières sans attention.

AUGUSTINE.

J'ai quelquefois commis ce péché, mais je veux me corriger, et avant ma prière, je prendrai un petit moment pour penser que je vais parler à Dieu.

MADEMOISELLE BONNE.

Je vous assure, si vous faites cela, que vous n'aurez pas envie de tourner la tête. C'est une excellente habitude de se souvenir souvent de la présence de

Dieu. On ne devient méchante que parce qu'on l'oublie. Si, avant de mentir, de se mettre en colère, d'être gourmande, on pensait : je vais commettre ces fautes devant Dieu, il me regarde, il hait les méchants, il peut les punir et peut-être va-t-il me punir tout à l'heure ; si, dis-je, on pensait à cela, on ne serait pas assez téméraire pour faire ces fautes. Adieu, mesdemoiselles, je....

SIDONIE.

Mademoiselle, avant de vous en aller, expliquez-moi, je vous prie, un mot que je n'entends pas. On nous dit que le père de Moïse était de la tribu de Lévi, qu'est-ce qu'une *tribu*.

MADEMOISELLE BONNE.

Tribu veut dire *famille*. Vous savez, mes enfants, que Jacob avait douze fils ; cela faisait douze familles, qu'on appela *tribus*. Je vais vous les nommer : Ruben, Siméon, Lévi, Juda, Issachar, Zabulon, Dan, Gad, Aser, Nephtali, Joseph, Benjamin. C'était donc là les douze tribus d'Israël, c'est-à-dire les douze familles issues de Jacob. Mais comme Jacob adopta deux des fils de Joseph, qui s'appelaient Manassé et Ephraïm, cela fit deux demi-tribus ou familles, pour représenter la tribu de Joseph. Quand vous m'avez interrompue, j'allais vous dire que nous irons dîner à la campagne après-demain, et que, si vous voulez venir le matin, nous partirons toutes ensemble.

DIALOGUE XIII.

ONZIÈME JOURNÉE.

MADEMOISELLE BONNE.

Pendant le chemin, mesdemoiselles, je vais vous raconter un joli conte que j'ai lu quelque part.

Les trois Souhaits

CONTE DES TROIS SOUHAITS

Il y avait une fois un homme qui n'était pas riche; il épousa une jolie femme. Un soir, en hiver, qu'ils étaient auprès de leur feu, ils s'entretenaient du bonheur de leurs voisins, qui étaient plus riches qu'eux. « Oh! si j'étais la maîtresse d'avoir tout ce que je souhaiterais, dit la femme, je serais bientôt plus heureuse que tous ces gens-là.—Et moi aussi, » dit le mari. Au même instant, ils virent dans la chambre une très-belle dame qui leur parla ainsi : « Je suis une fée, je vous promets de vous accorder les trois premières choses que vous demanderez. Mais prenez-y garde, après avoir souhaité trois choses, je ne vous accorderai plus rien. » La fée ayant disparu, cet homme et cette femme furent très-embarrassés. « Pour moi, dit la femme, si je suis la maîtresse, je sais bien ce que je voudrai : je ne souhaite pas encore, mais il me semble qu'il n'y a rien de si bon que d'être belle, riche et grande dame.—Mais, répondit le mari, en étant de la sorte, on peut devenir malade, chagrine; on peut mourir jeune : il serait plus sage de souhaiter de la santé, de la joie et une longue vie.—Et à quoi servirait une longue vie si l'on était pauvre? repartit la femme. En vérité, la fée aurait dû nous promettre de nous accorder une douzaine de dons.—Cela est vrai, dit le mari, mais prenons du temps. Examinons d'ici à demain matin les trois choses qui nous sont le plus nécessaires, et nous les demanderons ensuite. En attendant, chauffons-nous, car il fait froid. » En même temps la femme prit les pincettes et raviva le feu; comme elle vit qu'il y avait beaucoup de charbons bien allumés, elle dit sans y penser : « Voilà un bon feu, je voudrois avoir une aune de boudin pour notre souper, nous pourrions le faire cuire bien aisément. » A peine eut-elle achevé ces paroles, qu'il tomba une aune de boudin par la cheminée. « Peste soit de la gourmande avec son boudin ! s'écria le mari ; ne voilà-t-il pas un beau souhait ! nous n'en avons plus que deux à faire. Pour moi, je suis si en colère, que je voudrais que tu eusses le boudin au bout du nez. » Dans le moment, l'homme s'aperçut qu'il était encore plus fou que la femme ; car, par ce second souhait, le boudin sauta au bout du nez de cette pauvre femme

qui ne put jamais l'arracher. « Que je suis malheureuse ! s'écria-t-elle ; tu es un méchant d'avoir souhaité ce boudin au bout de mon nez.—Je te jure, ma chère femme, que je n'y pensais pas, répondit le mari ; mais que ferons-nous ? Je vais désirer de grandes richesses, et je te ferai faire un étui d'or pour cacher ce boudin.—Gardez-vous en bien, reprit la femme, car je me tuerais s'il fallait vivre avec une pareille chose à mon nez : croyez-moi, il nous reste un souhait à faire, laissez-le moi, ou je vais me jeter par la fenêtre. » En disant ces paroles, elle courut ouvrir la fenêtre ; et son mari, qui l'aimait, cria : « Arrête, ma chère femme ! je te donne la permission de souhaiter tout ce que tu voudras.—Eh bien, dit la femme, je souhaite que le boudin tombe à terre. Dans le moment, le boudin se détacha, et la femme, qui avait de l'esprit, dit à son mari : « La fée s'est moquée de nous, et elle a bien fait. Peut-être aurions-nous été plus malheureux étant riches, que nous le sommes à présent. Crois-moi, mon ami, ne souhaitons rien, et prenons les choses comme il plaira à Dieu de nous les envoyer ; en attendant, soupons avec notre boudin, puisqu'il ne nous reste que cela de nos souhaits. » Le mari pensa que sa femme avait raison : ils soupèrent gaiement, et ne s'embarrassèrent plus des choses qu'ils avaient eu dessein de souhaiter.

JULIA.

Cette femme souhaitait une douzaine de dons ; mais avec tout cela elle aurait pu être encore plus malheureuse. Par exemple, si elle eût désiré un bon dîner, il aurait fallu avoir aussi un bon appétit pour le manger ; et puis de la modération pour n'en point prendre trop, afin de n'être pas malade : voilà trois souhaits pour un dîner.

AUGUSTINE.

Si j'avais la liberté de souhaiter quelque chose, je voudrais être tout d'un coup la plus savante du monde.

MADEMOISELLE BONNE.

Mais, ma chère, cela ne serait pas assez : il faudrait

souhaiter encore faire un bon usage de votre science; car sans cela, elle pourrait servir à vous rendre plus sotte, plus orgueilleuse et plus méchante.

CHARLOTTE.

Et moi je demanderais de devenir la meilleure de toutes les filles; car j'ai beaucoup de peine à n'être plus méchante.

MADEMOISELLE BONNE.

Il n'y a rien à dire à ce souhait, il est parfaitement bon. Mais, ma chère, il y a encore un avantage que vous ne connaissez pas. Je suppose que vous ayez envie d'être belle, d'être riche, ou quelque chose de semblable, vous aurez beau souhaiter toute votre vie, vous ne serez jamais ni plus riche, ni plus belle. Les souhaits que nous faisons ne nous avancent à rien. Mais dès qu'on souhaite véritablement être bonne et vertueuse, on commence à le devenir. Remarquez, mes enfants, ces paroles : *Quand on souhaite véritablement*, c'est-à-dire, quand on travaille à le devenir, et qu'on prend toute la peine nécessaire pour cela. Charlotte, n'est-il pas vrai que vous souhaiteriez être bonne tout d'un coup, pour être débarrassée de la peine de vous corriger de vos défauts ?

CHARLOTTE.

Tout justement; je crois que vous devinez. Je vous assure que je prends beaucoup de peine; et malgré cela, à tous moments je fais des fautes; j'ai peur de ne me corriger jamais.

MADEMOISELLE BONNE.

C'est la paresse qui vous donne cette peur, ma bonne amie. Retenez bien qu'on se corrige toujours quand on répare ses fautes. Si vous vouliez aller d'ici à Versailles, et que vous tombassiez à chaque pas, vous seriez sans doute bien longtemps à faire ce chemin, mais enfin vous y arriveriez, pourvu que vous eussiez soin de vous relever. Si, au contraire, vous disiez : Je tombe trop souvent, et cela me donne trop de peine de me relever, ainsi je veux rester à terre; certainement vous n'arriveriez jamais. Il en est ainsi du voyage que nous faisons pour acquérir la vertu.

CHARLOTTE.

Je ne croyais pas être paresseuse, j'aime à travailler, à apprendre par cœur; et je sais une grande leçon de géographie.

MADEMOISELLE BONNE.

On peut être paresseuse, quoiqu'on aime à travailler et à apprendre, mais d'une paresse d'esprit qui est bien dangereuse, car elle ôte le courage. Voyons donc cette leçon de géographie que vous avez apprise.

CHARLOTTE.

J'ai appris à connaître toutes les montagnes de l'Europe, et les presqu'îles.

On trouve dans la Grande-Bretagne, entre l'Angleterre et l'Ecosse, les monts Cheviot: les montagnes Dofrines sont entre la Norwége et la Suède : les montagnes des Pyrénées sont entre la France et l'Espagne; les Alpes entre la France, la Savoie et l'Italie; les Apennins traversent l'Italie ; et dans la Hongrie, on trouve les monts Krapaks.

Il y a dans l'Europe deux presqu'îles qui ont des isthmes. L'une est la Morée, au sud de l'Europe, dans la Turquie européenne ; elle est jointe à la terre ferme par l'isthme de Corinthe. L'autre est la Crimée, au nord de la mer Noire, et elle est jointe à la terre ferme par l'isthme de Pérékop. On dit que le Jutland, qui est au roi du Danemark, est aussi une presqu'île.

MADEMOISELLE BONNE.

Très-bien, voyons si ces demoiselles savent leur histoire, conmencez Augustine.

AUGUSTINE.

Moïse et Aaron vinrent trouver Pharaon, et lui

dirent. « Le Dieu éternel te commande de laisser aller son peuple dans le désert, afin qu'il lui offre un sacrifice. » Pharaon répondit : « Je ne connais pas le Dieu éternel. » Ce méchant roi envoya chercher ceux qui faisaient travailler les Israélites, et leur dit : « Augmentez le labeur de ce peuple ; c'est parce que vous ne lui en donnez pas assez, qu'il a le temps de souhaiter se rendre au désert. » Les Israélites voyant qu'ils étaient plus malheureux qu'auparavant, dirent à Moïse : « Vous êtes cause de notre malheur ; pourquoi avez-vous dit à Pharaon de nous laisser aller dans le désert ? » Alors Moïse invoqua le Seigneur : « Vous voyez que mes frères sont en colère contre moi. » Le Seigneur lui répondit : « Je suis le Dieu d'Abraham, d'Isaac et de Jacob. Je donnerai aux Israélites la terre de Chanaan, qui est le meilleur pays du monde. Retournez à Pharaon, et Aaron fera des prodiges en sa présence. » Moïse et Aaron allèrent encore trouver le roi ; et Aaron ayant jeté sa verge contre terre, elle fut changée en dragon. Les magiciens de Pharaon changèrent aussi leurs baguettes en dragons ; mais le dragon d'Aaron mangea les dragons des magiciens. Ensuite Aaron frappa de sa baguette les eaux du fleuve, et elles furent changées en sang ; ces eaux étaient puantes, et firent mourir tous les poissons ; mais comme les magiciens changeaient aussi les eaux en sang, Pharaon ne voulut point laisser partir les Israélites.

MADEMOISELLE BONNE.

Continuez, Sidonie.

SIDONIE.

Dieu commanda ensuite à Aaron d'étendre sa verge. Une grande quantité de grenouilles vinrent dans l'Égypte : elles montaient dans les maisons, dans les lits, dans les fours, et jusque dans la chambre du roi. Alors Pharaon dit à Moïse : « Prie ton Dieu qu'il fasse mourir ces grenouilles, et je permettrai aux Israélites de s'éloigner. » Moïse pria Dieu, et les grenouilles disparurent; mais Pharaon ne voulut pas tenir sa promesse. Alors Dieu envoya une grande quantité de poux dans l'Égypte, puis dans les bêtes, ensuite une grosse grêle qui tuait les hommes et les animaux; il envoya aussi des plaies sur tous les hommes, et à midi on ne voyait pas clair, parce que la terre était couverte d'un affreux brouillard; il n'y avait que dans le pays des Israélites où tous ces malheurs n'arrivaient pas : mais cela n'ébranla pas la volonté de Pharaon. Alors Dieu dit à Moïse : « Que chaque famille des Israélites prenne un agneau ou un chevreau ; ils le tueront le quatorzième jour de ce mois, et ils frotteront avec son sang toutes leurs portes. On doit faire rôtir cet agneau ou ce chevreau et le manger avec du pain sans levain et des laitues amères; il faudra tout manger, et s'il en reste quelque chose, le brûler. Vous ferez ce repas debout, à la hâte, ayant des habits de voyageurs, car je vais vous tirer d'Égypte, et, tous les ans, vous célèbrerez votre délivrance pendant sept jours, en mangeant du pain sans levain. »

MADEMOISELLE BONNE.

Continuez, Charlotte.

CHARLOTTE.

Les Israélites firent tout ce qui leur était ordonné. Sur le minuit, Dieu envoya son ange, qui tua les fils aînés des Egyptiens, depuis le fils du roi jusqu'à ceux des esclaves; mais il ne mourut personne dans les maisons dont les portes étaient arrosées du sang de l'agneau. Alors Pharaon et le peuple firent de grands cris, et dirent aux Israélites : « Partez au plus tôt et priez Dieu pour nous. » Quand les Israélites sortirent de l'Égypte, ils étaient six cent mille hommes, sans compter les femmes et les enfants. Dieu leur recommanda de ne jamais oublier de manger l'agneau tous les ans, pour célébrer leur délivrance, et d'en donner à ceux qui ne s'étaient pas soumis aux cérémonies distinguant les Israélites des autres peuples.

CHARLOTTE.

Qu'est-ce qu'une cérémonie?

MADEMOISELLE BONNE.

Il y en a de plusieurs sortes, mes enfants. Par exemple, manger l'agneau pascal debout, en habit de voyageur, avec des laitues amères et un bâton à la main, cela était une cérémonie. Dieu commanda aux Juifs de lui offrir les premiers-nés. Non-seulement on les offrait, mais on les donnait au Seigneur. Les parents, après cela, étaient obligés de les racheter, et ils donnaient, à la place de leurs enfants, un agneau ou deux tourterelles.

EUGÉNIE.

Je suis l'aînée; ainsi, si j'avais vécu dans ce temps-là, on m'aurait offerte au Seigneur.

MADEMOISELLE BONNE.

Vous devez vous offrir vous-même comme les prémices de la famille. Allons dîner, et, après le dîner, nous irons nous promener dans le jardin.

DIALOGUE XIV.

DOUZIÈME JOURNÉE.

CHARLOTTE.

Mademoiselle Bonne, on m'a donné une estampe, et l'on m'a dit qu'en me l'expliquant vous me raconteriez une jolie fable.

MADEMOISELLE BONNE.

Approchez, Julia, et venez expliquer cette estampe.

CHARLOTTE.

Mais vous lui cachez les noms; comment voulez-vous qu'elle les devine?

MADEMOISELLE BONNE.

Elle n'a pas besoin de lire les noms des personnages qui sont représentés là pour les connaître : quand on sait bien l'histoire et la fable, on explique tous les tableaux, toutes les tapisseries et toutes les estampes.

JULIA.

Ce vieillard et cette bonne femme, dont les habits sont si usés, c'est le mari et la femme; on les appelle Philémon et Baucis.

Ce grand homme qui a une oie entre les jambes, c'est Jupiter, que les païens nommaient le dieu du ciel; et cet autre qui est à côté de lui, c'est son fils Mercure, l'ambassadeur des dieux, et le protecteur des marchands et des voleurs.

J'aurais, je crois, reconnu ces deux vieilles gens; mais cette oie qui se sauve entre les jambes de Jupiter suffisait pour me faire comprendre l'estampe. Si mademoiselle Bonne veut me permettre, je vous raconterai la fable dont ils sont les héros, et vous verrez après cela qu'il n'était pas difficile de la deviner.

MADEMOISELLE BONNE.

Je le veux bien, ma chère.

JULIA.

Jupiter et Mercure prirent un jour une figure humaine et allèrent voyager. Ils arrivèrent un soir dans un grand village et demandèrent à coucher par charité; mais personne ne voulut les recevoir. Après avoir frappé à toutes les portes, ils se rendirent à une petite cabane, couverte de paille et de feuilles d'arbre; le maître de cette cabane était un pauvre vieillard nommé Philémon; il vivait en paix avec Baucis, sa femme. Les dieux les prièrent de leur laisser passer la nuit dans la cabane, et ces bonnes gens y consentirent de bon cœur. D'abord Philémon pria Baucis de faire chauffer de l'eau pour laver les pieds des étrangers ; et la vieille femme, pour allumer plus vite le feu, cassa quelques branches de celles qui couvraient leur petite maison ; ensuite elle souffla le feu avec ses lèvres, car elle n'avait pas de soufflet. Lorsque l'eau fut chaude, Philémon prit un plat de bois qui était attaché à la muraille avec une cheville, et pendant qu'il lavait les pieds des voyageurs, Baucis nettoya la table, la frotta avec de la menthe, pour lui donner une bonne odeur ; et mit un morceau de tuile sous un des pieds de cette table, parce qu'il était un peu cassé. Il n'y avait point de chaises dans cette pauvre maison, et il fallait s'asseoir sur un banc ; Baucis, pour le rendre moins dur, le couvrit d'un vieux morceau de tapisserie dont elle ornait son lit les jours de fête ; elle courut aussi au jardin et apporta des prunes sur une feuille de vigne, un peu de miel dans une moitié de plat, et un morceau de fromage. Ils se mirent tous à table, et Philémon demanda pardon aux étrangers de les recevoir si mal. Tout d'un coup, il se souvint qu'il avait une oie, et résolut de la tuer afin de rendre le souper meilleur. Il se leva donc avec sa femme dans le but d'attraper l'oie, mais cet animal se sauvait tantôt dans un coin, tantôt dans un autre ; et les bonnes gens, à force d'avoir couru, étaient tout en sueur. A la fin, l'oie se réfugia entre les jambes de Jupiter, et ce dieu dit à Philémon et à Baucis : « Je suis content de votre charité ; suivez-moi sur cette grande montagne. » En même temps il parut environné de lumière, aussi bien que Mercure. Lorsqu'ils furent sur la montagne, Jupiter leur dit : « Regardez derrière vous. » Ils obéirent, et virent qu'il n'y avait plus de village ; il n'y avait qu'une grande quantité d'eau, car Jupiter, pour punir la dureté des habitants de ce village, les avait tous noyés, en faisant venir un lac dans cet endroit ; mais, au milieu de ce lac, on voyait la petite cabane des vieilles gens, qui avait été conservée. Comme ils étaient charitables, ils s'affligèrent du malheur de leurs voisins, quoique ces gens ne leur eussent jamais fait que du mal. Jupiter dit alors : « Demandez-moi une récompense, et je vous l'accorderai. » Les

deux vieillards se consultèrent ; après quoi Philémon dit à Jupiter : « Puisque vous avez la bonté de vouloir nous récompenser, transportez notre petite maison sur cette montagne, changez-la en un temple où vous soyez adoré ; que je sois votre prêtre et Baucis votre prêtresse, et faites que nous y mourions ensemble le même jour, afin que je n'aie pas la douleur de pleurer ma chère Baucis, et qu'elle n'ait point de larmes à répandre pour son tendre Philémon. » Jupiter accorda ce qui lui était demandé : la maison fut changée en un temple, et les bonnes gens y vécurent en paix plusieurs années. Un jour qu'ils étaient assis devant la porte du temple et qu'ils s'entretenaient de l'amour qu'ils devaient aux dieux, Philémon voulut se lever, mais il s'aperçut qu'il n'avait point de jambes, et qu'elles étaient changées en arbre. Baucis voulut aller pour le secourir : elle connut que le même changement était arrivé en elle. Elle dit donc adieu à son cher Philémon ; il lui parla tant qu'il eut l'usage de la parole ; mais l'écorce, montant petit à petit, les enveloppa entièrement, et ils devinrent deux beaux arbres, qui restèrent toujours à la porte du temple.

Vous voyez qu'après avoir lu cette fable, il n'était pas difficile d'expliquer l'estampe.

EUGÉNIE.

Je vois aussi que Julia n'est jamais fière de ce qu'elle sait. Si j'en avais dit autant, je serais toute glorieuse.

MADEMOISELLE BONNE.

Julia a bien raison de ne pas être glorieuse d'avoir expliqué cette fable : cela prouve qu'elle a de la mémoire ; mais cette mémoire, ce n'est pas elle qui se l'est donnée : c'est un présent de Dieu.

EUGÉNIE.

Je sais que sa mémoire est un présent de Dieu, mais l'application qu'elle met à en profiter mérite des louanges.

JULIA, *embrassant Eugénie.*

Vous êtes bien bonne, ma chère amie, de penser si bien de moi.

MADEMOISELLE BONNE.

J'ai beaucoup de plaisir à voir Eugénie aussi changée. Autrefois, ma chère, vous auriez été chagrine et jalouse de la mémoire et de l'application de votre compagne ; aujourd'hui, cela vous fait plaisir, vous en êtes contente : en corrigeant votre orgueil, vous avez chassé la jalousie et tous les chagrins qu'elle vous causait. Vous vous faites aimer de vos compagnes, qui souhaitent vous voir souvent, parce qu'au lieu de chercher à les mortifier, vous n'êtes occupée qu'à leur dire des choses agréables. N'est-il pas vrai, ma chère, que votre cœur est mille fois plus content qu'il ne l'était autrefois ?

EUGÉNIE.

Cela est bien vrai, mais je fais encore bien des fautes. Par exemple, je n'ai pas encore pardonné à M. de B***, qui a dit que j'étais une peste.

MADEMOISELLE BONNE.

Comment, ma chère ! c'est l'homme du monde auquel vous avez les plus grandes obligations. Rendez-vous justice ; M. de B*** avait raison : ce n'est point par méchanceté qu'il disait cela ; au contraire, il vous aime ; il s'est fort bien aperçu de votre conversion, et il disait, il y a trois jours, que si vous continuez, vous serez la plus aimable femme de Paris ; or, nous devons chercher à plaire à tout le monde, pourvu que ce soit par nos vertus ; et rien n'est si mal que de dire : Il m'est indifférent qu'on me méprise.

CHARLOTTE.

J'ai dit cette sottise-là bien des fois, mais je ne le pensais pas : c'était par dépit et par rage que je parlais ainsi.

MADEMOISELLE BONNE.

C'était une triste vengeance. C'est comme si vous mettiez le feu à une belle maison que vous auriez, pour brûler l'écurie de votre voisin qui serait à côté. Mais ne parlons plus de cela. Nous allons à présent dire nos histoires.

AUGUSTINE.

Ma bonne amie, je vous prie, auparavant, de m'expliquer deux mots que je n'entends pas. Qu'est-ce qu'un hôte? Qu'est-ce qu'un lac?

MADEMOISELLE BONNE.

Ce mot d'*hôte* a deux significations. Quelquefois il veut dire une personne chez laquelle on loge et l'on mange. Ainsi, le maître d'une auberge s'appelle un hôte, et sa femme une hôtesse. Quelquefois aussi il veut dire des personnes qui viennent manger et coucher chez nous; comme dans la fable de Philémon et de Baucis: Jupiter et Mercure étaient leurs hôtes. Julia va nous dire ce que c'est qu'un lac, et la différence qu'il y a entre les mers, les rivières, les fleuves et les lacs.

JULIA.

Une mer est une grande quantité d'eaux qui ne sortent point de leur place et qui ne coulent point comme les rivières.

MADEMOISELLE BONNE.

Celles-ci coulent ou marchent toujours; mettez-vous sur le Pont-Neuf, vous verrez que l'eau ne se tient point tranquille, et qu'elle va toujours du côté des Champs-Elysées. Les rivières sortent ordinairement des montagnes, et coulent sans cesse, jusqu'à ce qu'elles trouvent une autre rivière où elles se perdent; mais si elles ne rencontrent point de rivière dans leur chemin, et qu'elles aillent jusqu'à la mer, alors on les nomme fleuves. Un fleuve est donc une grande rivière, qui ordinairement porte son nom jusqu'à la mer.

CHARLOTTE.

Je n'entends pas bien cela.

MADEMOISELLE BONNE.

Vous le comprendrez en regardant une carte. Voyez-vous cette grande rivière qu'on appelle le Rhône? Voilà plusieurs autres rivières qui viennent se perdre en elle. En voilà surtout deux grandes, la Saône et l'Isère. Quand la Saône et l'Isère ont joint le Rhône, il n'y a plus de Saône et d'Isère, mais seulement le Rhône, qui court encore fort longtemps, et puis va se jeter dans la mer.

Quand le Rhône arrive à la mer, on le nomme encore le Rhône : c'est donc un fleuve. Je dis que cela arrive ordinairement, mais pas toujours; car le Rhin, qui coule à l'ouest de l'Allemagne, ne va pas jusqu'à la mer, mais il se perd dans le sable. Julia, dites-nous

ce que c'est qu'un lac, et combien il y a de grands lacs en Europe.

JULIA.

Un lac est comme une petite mer, car ses eaux ne coulent pas. Il y en a deux dans la Moscovie, le lac Onéga et le lac Ladoga; un au nord-est de la Suisse, qu'on appelle le lac de Constance, et un près de Genève, le lac de Genève. Le fleuve du Rhône passe à travers ce dernier lac.

MADEMOISELLE BONNE.

Augustine voudra bien passer à l'histoire.

AUGUSTINE.

Lorsque Moïse et les Israélites entrèrent dans le désert, le Seigneur ordonna à son ange de les conduire. Le jour, cet ange marchait devant eux dans une nuée, et la nuit dans une colonne de feu qui les éclairait. Cependant Pharaon eut regret d'avoir laissé partir ce peuple; et, ayant assemblé une grande armée, il courut après lui. Quand les Israélites virent les Egyptiens, ils eurent une grande peur. Mais Moïse, en ayant eu connaissance, les exhorta à mettre leur confiance en Dieu, et il pria le Seigneur d'avoir pitié de son peuple. En même temps, l'ange qui était devant les Israélites passa derrière et se mit entre eux et les Egyptiens. Du côté des Israélites, il faisait jour, car la colonne de feu les éclairait; mais du côté des Egyptiens, il n'y avait qu'une nuée : ainsi, ils ne voyaient pas ceux qu'ils poursuivaient, car cette nuée était comme un grand brouillard. Alors Moïse, par ordre du Seigneur, leva sa baguette sur la mer Rouge, et aussitôt cette mer s'ouvrit en deux; en sorte que l'eau formait comme deux murs, et qu'on pouvait passer sans se mouiller au milieu de cette mer ; pendant toute la nuit, les Israélites allèrent en avant, et les Egyptiens crurent qu'ils pouvaient passer de la même manière; mais quand ceux-ci furent dans la mer avec Pharaon, leur roi, les eaux qui étaient suspendues revinrent à leur place, et tous les Egyptiens furent noyés, sans qu'il s'en sauvât un seul. Alors Moïse, Aaron et leur sœur Marie chantèrent, avec le peuple, un cantique de louange au Seigneur, qui les avait sauvés de leurs ennemis.

MADEMOISELLE BONNE.

Continuez, Charlotte.

CHARLOTTE.

Les Israélites arrivèrent dans un lieu où les eaux étaient si amères qu'il n'était pas possible d'en boire. Ils recommencèrent à murmurer contre Moïse ; mais ce saint homme, sans se rebuter de leur ingratitude, pria le Seigneur. Dieu lui commanda de jeter dans ces eaux d'un certain bois, et en même temps elles devinrent douces. Ensuite, les Israélites entrèrent dans un grand désert où il n'y avait rien à manger, et ils se plaignirent encore. Moïse pria le Seigneur, qui fit tomber sur la terre une grande rosée, et sur cette rosée, de petits grains comme de la grêle. Alors Moïse dit au peuple : « Voici le pain que Dieu vous envoie ; qu'on en ramasse une mesure pour chaque personne, mais il ne faut pas en garder pour le lendemain. » Le peuple, qui n'avait jamais rien vu comme ces petits grains, les appela *manne*. Chacun s'empressa d'en ramasser ; mais il y en eut quelques-uns qui désobéirent à Moïse et qui en gardèrent pour le lendemain ; ils furent bien surpris quand ils la voulurent manger le matin ; car cette manne sentait mauvais et était pleine de vers. Cependant Moïse dit au peuple de la part de Dieu : « Vous recueillerez chacun une mesure de manne pendant cinq jours, mais le sixième jour, vous en ramasserez deux mesures ; celle-là se conservera bonne et fraîche pour le lendemain, car il n'en tombera pas le septième jour. Ce septième jour sera consacré au Seigneur, et il ne sera pas permis de travailler ce jour-là. » Les choses arrivèrent comme Moïse les avait prédites, et la manne, qui se gâtait du jour au lendemain pendant la semaine, se conserva bonne le jour du Seigneur, et ce septième jour fut appelé *sabbat*. Moïse commanda aussi à Aaron de prendre une mesure de cette manne et de la garder comme un témoignage du miracle que Dieu avait fait pour les Israélites, qui en mangèrent pendant quarante ans ; mais les paresseux, qui n'aimaient pas à se lever matin en manquaient, car la manne se fondait au soleil.

MADEMOISELLE BONNE.

C'est votre tour, Sidonie.

SIDONIE.

Les Israélites, étant allés dans un autre endroit, manquèrent d'eau ; et, oubliant tous les miracles que Dieu avait faits pour eux, ils dirent à Moïse : « Pourquoi nous as-tu tirés de l'Egypte et nous as-tu menés ici pour mourir de soif avec nos familles et nos troupeaux ? » Moïse leur répondit : « Ce n'est pas contre moi que vous murmurez, mais contre Dieu ; toutefois, je vais le prier qu'il vous donne de l'eau. » Alors Moïse, par ordre du Seigneur, frappa un rocher avec sa baguette, et il en sortit une grande quantité d'eau. Ensuite, il y eut un roi, nommé Amalec, qui vint avec une grande armée pour combattre les Israélites. Moïse commanda à Josué de choisir des soldats parmi le peuple et d'aller combattre Amalec. Pendant la bataille, Moïse, Aaron et Hur montèrent sur la montagne, et Moïse levait les mains au ciel en implorant le Seigneur ; mais comme il avait les bras fatigués, il fut obligé de les baisser. Or, les Israélites, qui avaient été vainqueurs pendant que Moïse avait les mains élevées, furent battus aussitôt qu'il les eut abaissées. Quand il vit cela, il s'assit sur une pierre ; Aaron et Hur lui tenaient chacun un bras, et les Amalécites, sujets d'Amalec, furent contraints de s'enfuir ; Dieu leur déclara une guerre éternelle, et commanda à Moïse d'écrire toutes ces choses.

EUGÉNIE.

Toutes ces histoires sont si surprenantes qu'on a bien de la peine à les croire.

MADEMOISELLE BONNE.

Vous oubliez, ma chère, que rien n'est impossible à Dieu.

EUGÉNIE.

Je le sais. Mais n'est-il pas vrai que Moïse pourrait fort bien avoir écrit des choses qui ne seraient pas exactes? Je vous prie de me dire comment il est permis de s'assurer qu'il a dit la vérité.

MADEMOISELLE BONNE.

Je le ferai de tout mon cœur, ma chère; je suis bien aise de voir que vous écoutez comme une personne raisonnable, et que vous voulez des preuves; c'est le moyen de n'être jamais trompée. Nous savons que Dieu peut faire des miracles, et nous voulons avoir la certitude qu'il a fait ceux que Moïse a racontés. N'est-ce pas cela que vous me demandez?

EUGÉNIE.

Oui, ma bonne amie.

MADEMOISELLE BONNE.

Si Moïse avait écrit des mensonges, les Israélites, qui n'étaient pas complaisants, lui auraient donné un démenti, et lui auraient objecté : « Pourquoi dites-vous que nous avons passé la mer Rouge, que nous avons mangé de la manne qui tombait du ciel? » Et ainsi de suite. « Nous sommes trois cent mille hommes qui aurions vu ces choses, si elles étaient vraies. Allez, vous êtes un fourbe, vous ne méritez pas qu'on vous écoute. »

Si on mettait dans les journaux qu'il est tombé une pluie de feu sur toute la ville, n'est-il pas vrai que vous diriez : L'homme qui a écrit ce papier est un menteur? N'est-il pas vrai que, dans les journaux qui paraîtront demain, on se moquerait de cet imposteur?

AUGUSTINE.

Sans doute.

MADEMOISELLE BONNE.

Mais si cet homme vous disait ensuite : Vous savez que c'est moi qui ai fait tomber ce feu ; ainsi je suis bien puissant, vous devez m'obéir : que lui répondriez-vous ?

AUGUSTINE.

Je lui dirais : Vous êtes un extravagant.

MADEMOISELLE BONNE.

Eh bien ! ma chère, les Israélites, n'ont pas répondu cela à Moïse. Pourquoi ? C'est qu'ils avaient vu les miracles que Dieu avait faits et dont Moïse leur parlait.

JULIA.

Permettez-moi, ma bonne amie, de faire aussi une réflexion. Si Moïse avait écrit une histoire faite à plaisir, il me semble qu'il n'aurait pas mis dans cette histoire ce qui lui arriva quand il vit tout ce buisson en feu qui ne brûlait point. Moïse ne montra pas beaucoup de courage alors : il s'excusa plusieurs fois, et répétait toujours qu'il avait de la peine à parler. Il me semble que s'il n'avait pas voulu écrire la vérité, il eût dit : *D'abord que Dieu m'eut parlé, je n'eus pas de peur, et je dis : J'irai délivrer le peuple, et je ne crains point Pharaon.*

MADEMOISELLE BONNE.

Votre remarque est excellente, ma chère. Quand un homme écrit une histoire, et qu'il avoue les sottises qu'il a faites, on peut juger hardiment que cet homme dit la vérité ; car s'il était un imposteur, il mentirait à son avantage ; vous verrez par la suite que Moïse continue à avouer ses fautes.

EUGÉNIE.

J'ai pourtant entendu un savant qui disait que la mer Rouge se retire de temps en temps, et que Moïse, sachant cela, avait pris ce temps pour la passer.

MADEMOISELLE BONNE.

Il fallait donc qu'il fût bien adroit pour faire durer le passage des Israélites justement jusqu'au temps où la mer devait revenir à sa place, afin de faire noyer les Egyptiens. Il fallait encore que les Egyptiens fussent de grands ignorants, car enfin ils ne demeuraient pas loin de la mer Rouge : si cette mer se retirait, ils devaient le savoir et ils n'auraient eu garde d'y entrer.

SIDONIE.

Pour moi, ma Bonne, je pense que les Israélites étaient bien ingrats de murmurer sans cesse contre Moïse qui leur avait obtenu de si grandes grâces, en priant Dieu.

MADEMOISELLE BONNE.

Cela est vrai, ma chère ; mais nous sommes aussi ingrats que ce peuple, puisque nous désobéissons à Dieu, malgré les miracles que nous voyons tous les jours.

CHARLOTTE.

Mais je n'ai jamais vu de miracles.

MADEMOISELLE BONNE.

Ouvrez les yeux, ma chère, et regardez le soleil, la lune, les étoiles ; regardez la terre et la mer ; regardez-vous vous-même. Nous sommes environnés de miracles auxquels nous ne pensons pas, parce que nous les voyons tous les jours. Ce soleil, qui éclaire les hommes depuis le commencement du monde, est précisément placé comme il le faut pour nous être utile. S'il était plus haut, il ne pourrait pas échauffer la terre. S'il était plus bas, il la brûlerait, et nous aussi. N'est-ce pas un miracle qu'il reste toujours à la même hauteur depuis si longtemps ?

JULIA.

J'ai ouï dire qu'il y a un pays d'où le soleil est bien

plus proche que chez nous, et où il fait une chaleur insupportable.

MADEMOISELLE BONNE.

C'est dans l'Afrique, dans le milieu de l'Amérique et au sud de l'Asie. Cette chaleur est supportable pour les habitants de ces régions, auxquels Dieu a donné des corps faits pour la souffrir, mais les étrangers y sont malades.

Voyez-vous sur la carte d'Afrique ce pays qu'on appelle Egypte? Il y fait très-chaud, et il n'y pleut jamais, ou du moins très-rarement.

Cependant l'Egypte est un pays fertile. Dieu y a placé ce grand fleuve que vous voyez et qu'on nomme le Nil. Tous les ans, il sort de sa place, va couvrir toutes les terres d'Egypte pendant plusieurs mois, et les fertilise par une boue ou limon qu'il leur apporte.

Aussi a-t-on bâti les villes dans les lieux élevés, et l'on a fait des ponts qui mènent d'une cité à une autre. Adieu, mesdemoiselles, je me suis plu à vous entretenir, et il est bien tard.

DIALOGUE XV.

TREIZIÈME JOURNÉE.

AUGUSTINE.

Ma chère demoiselle Bonne, je voudrais savoir d'où vient la pluie.

MADEMOISELLE BONNE.

Des mers, des rivières et de toutes les eaux qui sont sur la terre.

AUGUSTINE.

Comment! est-ce que l'eau qui est dans la mer et les rivières peut monter au ciel?

MADEMOISELLE BONNE, *découvrant une théière.*

Comment l'eau qui est dans cette théière a-t-elle monté au couvercle? Vous voyez qu'il en est tout plein quoique la théière ne soit pas à moitié remplie. Quand l'eau commence à chauffer et surtout à bouillir, vous avez remarqué qu'elle produit de la fumée : eh bien! ce qui vous paraît de la fumée, c'est la partie la plus délicate de l'eau, qu'on appelle *vapeur*, et elle est fort subtile. Or, la chaleur du soleil attire perpétuellement les parties de l'eau les plus subtiles ; elles s'élèvent en vapeurs et l'air les soutient quand il n'y en a guère, mais quand il y en a une grande quantité, l'air ne peut plus les supporter ; l'eau crève l'air et retombe en pluie sur la terre.

EUGÉNIE.

Mais je ne croyais pas que l'air pût soutenir quelque chose ; l'air est comme rien, car j'ai beau regarder autour de moi, je ne le vois pas.

MADEMOISELLE BONNE.

Cela vient, ma chère Eugénie, de ce que vos yeux ne sont pas assez bons pour le voir. Il y a bien des choses que nous ne distinguons pas et qui sont pourtant. Par exemple, voyez-vous une grande poussière dans cette chambre?

EUGÉNIE.

Non, mademoiselle, mais c'est qu'il n'y en a pas.

MADEMOISELLE BONNE.

Allez regarder au bout de la chambre, dans l'endroit où il fait soleil, et vous verrez s'il n'y a pas de poussière.

EUGÉNIE.

Il y a là un grand nombre de petites choses qui remuent toujours.

MADEMOISELLE BONNE.

Ces petites choses se nomment des *atomes*. Tout l'air en est plein ; mais les parties de l'air sont beaucoup plus fines et plus petites, c'est pour cela que vous ne les voyez pas.

SIDONIE.

Est-ce que l'air, dont les parties sont si petites, a une couleur?

MADEMOISELLE BONNE.

Oui, mes enfants. Levez les yeux au ciel : de quelle nuance est-il?

AUGUSTINE.

Il est bleu.

MADEMOISELLE BONNE.

Eh bien! ma chère, ce que vous appelez le ciel, c'est l'air qui se rassemble et qui se presse là-haut. Vous ne voyez pas les atomes à l'endroit où il ne fait pas soleil, parce qu'ils sont trop éloignés les uns des autres et trop petits ; mais je vais vous en faire venir une grande quantité ; ils seront alors plus pressés, et vous les verrez. (*Mademoiselle Bonne prend un balai et balaye la chambre.*)

EUGÉNIE.

Ah! ma bonne amie, quelle poussière! Je ne vois plus clair, elle m'aveugle.

MADEMOISELLE BONNE.

Vous distinguez donc la poussière ou les atomes, car c'est la même chose, parce que j'en ai fait lever une grande quantité et que tous ces grains se touchent ; par la raison contraire, vous n'apercevez pas l'air qui nous environne, parce que ses parties ne sont pas pressées les unes contre les autres ; mais elles se rassemblent là-haut, et alors vous les voyez. Je vais vous faire comprendre cela par un exemple : en versant du vin dans un verre, vous remarquez qu'il est bien rouge ; j'en vais prendre une goutte avec mon doigt et la jeter sur mon mouchoir. Regardez, mes enfants, ce vin sur mon mouchoir n'est pas si rouge que le vin qui est dans le verre, parce que, dans le verre, il y a une plus grande quantité de parties et qu'elles sont plus rapprochées, mieux jointes ensemble que sur mon mouchoir. Voyez aussi cette aiguillée de soie rouge ; elle paraît moins rouge toute seule que dans l'écheveau, et cela par la même raison.

EUGÉNIE.

Eh bien ! ma bonne, je suppose que l'air soit un corps composé d'un grand nombre de petites parties bleues ; mais je ne conçois pas que ces petits corps, dont les parties sont si faibles, puissent soutenir l'eau qui est plus pesante puisque ses parties sont assez grosses pour que je les voie.

MADEMOISELLE BONNE.

Vous allez devenir physicienne : un oiseau est plus lourd que l'air, cependant l'air le soutient bien. N'avez-vous jamais été dans un jardin après une grande pluie ?

EUGÉNIE.

Oui, ma bonne amie.

MADEMOISELLE BONNE.

N'avez-vous point remarqué qu'il pend des gouttes d'eau à tous les petits bouts des branches ou des feuilles ?

EUGÉNIE.

Cela est vrai, et je m'arrête toujours à les regarder, surtout quand le soleil donne sur ces gouttes ; cela me paraît comme des diamants qui sont à toutes les feuilles.

MADEMOISELLE BONNE.

Qu'est-ce qui soutient ces diamants au bout des feuilles ? C'est l'air qui, par conséquent, est plus lourd qu'eux ; mais à la fin la petite boule d'eau grossit, parce que le reste de l'eau qui est sur la feuille ou la branche se joint à cette petite boule, alors elle devient plus lourde que l'air, elle crève et tombe à terre.

EUGÉNIE.

Je comprends fort bien cela à présent. L'eau sans doute est plus lourde que l'air, quand il y a une égale quantité d'eau et d'air; mais cela n'empêche pas qu'une grande quantité d'air puisse porter une petite quantité d'eau. C'est comme le vaisseau dont vous

nous parliez il y a quelque temps : par lui-même, il est plus pesant que l'eau, mais pourtant il y a une si grande quantité d'eau sous le vaisseau qu'elle le porte et le soutient.

MADEMOISELLE BONNE.

Justement, ma chère.

AUGUSTINE.

Mais, ma bonne amie, vous avez dit qu'Eugénie allait devenir physicienne ; est-ce que les dames doivent savoir la physique ?

MADEMOISELLE BONNE.

Ma chère, le mot *physique* veut dire une science qui apprend à connaître tous les corps. Un physicien est donc un homme qui connaît la nature de l'air, du feu, de l'eau, de la terre; il connaît aussi les arbres, les plantes, les fleurs, les minéraux et les métaux ; et les dames peuvent savoir tout cela.

CHARLOTTE.

Qu'est-ce que les minéraux et les métaux ?

MADEMOISELLE BONNE.

L'or, l'argent, le cuivre et les autres choses qui viennent dans la terre.

AUGUSTINE.

Est-ce que l'or vient de la terre ?

MADEMOISELLE BONNE.

Oui, ma chère. Je veux à présent vous raconter une petite fable, après quoi nous répéterons nos histoires.

CONTE DU PÊCHEUR ET DU VOYAGEUR

Il y avait une fois un homme qui n'avait pour tout bien qu'une pauvre cabane sur le bord d'une petite rivière : il gagnait sa vie à prendre du poisson, mais cet homme ne gagnait pas grand'chose et ne vivait guère que de pain et d'eau. Cependant, il était content dans sa pauvreté, parce qu'il ne souhaitait rien de plus que ce qu'il avait. Un jour, il lui prit fantaisie de voir la ville ; comme il pensait à s'y rendre, il rencontra un voyageur qui lui demanda s'il y avait bien loin jusqu'à un village pour trouver une maison où l'on pût coucher. « Il y a six lieues, répondit le pêcheur, et il est bien tard ; si vous voulez passer la nuit dans ma cabane, je vous l'offre de bon cœur. » Le voyageur accepta, et le pêcheur, qui voulait le régaler, alluma du feu pour faire cuire quelques petits poissons. Pendant que ce dernier apprêtait le souper, il riait, il chantait et paraissait de fort bonne humeur. « Que vous êtes heureux, lui dit son hôte, de pouvoir vous divertir ! je donnerais tout ce que je possède au monde pour être aussi gai que vous. — Et qui vous en empêche ? demanda le pêcheur. Ma joie ne me coûte rien. Est-ce que vous avez quelque grand chagrin qui ne vous permet pas de vous réjouir ? — Hélas ! reprit le voyageur, tout le monde me croit le plus heureux des hommes. J'étais marchand et je gagnais une grande fortune, mais je n'avais pas un moment de repos ; je craignais toujours qu'on ne me fit banqueroute, que mes marchandises ne se gâtassent, que les vaisseaux que j'avais sur la mer ne fissent naufrage ; aussi j'ai quitté le commerce pour essayer d'être plus tranquille, et j'ai acheté une charge chez le roi. D'abord, j'ai eu le bonheur de plaire au prince ; je suis devenu son favori, et je croyais que j'allais être content, mais j'ai connu bientôt que j'étais plus l'esclave du prince que son favori. Il fallait à tout moment renoncer à mes inclinations pour suivre les siennes. Il aimait la chasse et moi le repos : cependant j'étais obligé de courir avec lui les bois toute la journée ; je revenais au palais bien fatigué et avec une grande envie de me coucher, mais la reine donnait un bal, un festin, on me faisait l'honneur de m'en prier ; pour faire ma cour au roi, j'y allais en enrageant. Cependant l'amitié du prince me consolait un peu. Il y a environ quinze jours qu'il s'est avisé de parler d'un air d'amitié à un des seigneurs de sa cour, il lui a donné deux commissions et a dit qu'il le croyait un fort honnête homme. Dès ce moment, j'ai bien vu que j'étais perdu et j'ai passé plusieurs nuits sans dormir.

—Mais, dit le pêcheur en interrompant son hôte, est-ce que le roi vous faisait mauvais visage et ne vous aimait plus? — Pardonnez-moi, répondit cet homme, le roi me faisait plus d'amitié qu'à l'ordinaire; mais pensez donc qu'il ne m'aimait plus tout seul et que tout le monde disait que ce seigneur allait devenir un second favori : j'ai manqué en mourir de chagrin. Je me retirai hier soir dans ma chambre, j'étais fort triste, et quand je fus seul je me mis à pleurer. Tout à coup, je vis un grand homme, d'une physionomie fort agréable, qui me dit : « Azaël, j'ai pitié de ta misère; « veux-tu devenir tranquille? Renonce à l'amour des « richesses et au désir des honneurs, quitte la cour et « marche pendant deux jours par le premier chemin « qui s'offrira à ta vue; la folie d'un homme te prépare « un spectacle capable de te guérir pour jamais de « l'ambition. Quand tu auras marché pendant deux « jours, reviens sur tes pas, et je crois fermement « qu'il ne tiendra qu'à toi de vivre gai et tranquille. » J'ai déjà marché un jour entier pour obéir à ce conseiller et je marcherai encore demain, mais j'ai bien de la peine à espérer le repos qu'il m'a promis. »

Le pêcheur, ayant écouté cette histoire, ne put qu'être fort surpris de voir un homme faire dépendre son bonheur des regards et des paroles d'un prince. « Je serai charmé de vous revoir et d'apprendre votre guérison, dit-il au courtisan; achevez votre voyage, et, dans deux jours, revenez dans ma cabane; je vais aller à la ville et je m'imagine que je me divertirai beaucoup de tous les fracas qu'il doit y avoir là.— Vous avez une mauvaise pensée, répliqua le voyageur, puisque vous êtes heureux à présent, pourquoi cherchez-vous à vous rendre misérable? Votre cabane vous paraît suffisante aujourd'hui, mais quand vous aurez vu les palais des grands, elle vous semblera bien petite et bien chétive. Vous êtes content de votre habit, parce qu'il vous couvre, mais il vous fera mal au cœur quand vous aurez examiné les superbes vêtements des riches. » « Monsieur, repartit le pêcheur, le monde est plein de ces gens qui con-

seillent les autres, pendant qu'ils ne peuvent se gouverner eux-mêmes. » Le voyageur ne répliqua rien, parce qu'il n'est pas honnête de contredire les gens dans leur maison ; et, le lendemain, il continua son voyage pendant que le pêcheur commençait le sien. Au bout de deux jours, Azaël, qui n'avait rien rencontré d'extraordinaire, revint à la cabane. Il trouva le

pêcheur assis devant sa porte, la tête appuyée dans sa main et les yeux fixés contre terre. « A quoi pensez-
17

vous? lui demanda Azaël. — Je pense que je suis fort malheureux, répondit notre homme. Qu'est-ce que j'ai fait à Dieu, pour m'avoir rendu si pauvre, pendant qu'il y a une grande quantité d'hommes riches et contents? » Dans le moment, l'homme qui avait commandé à Azaël de marcher pendant deux jours, et qui était un ange, parut. « Pourquoi n'as-tu pas suivi les conseils d'Azaël? dit-il au pêcheur. La vue des magnificences de la ville a fait naître chez toi l'avarice et l'ambition; elles ont chassé de ton esprit la joie et la paix. Modère tes désirs, et tu recouvreras ces précieux avantages. — Cela vous est bien aisé à dire, reprit le pêcheur; mais cela ne m'est pas possible, et je sens que je serai toujours malheureux, à moins qu'il ne plaise à Dieu de changer ma situation. — Dieu exauce quelquefois les vœux de l'ambitieux, poursuivit l'ange, mais pour le punir. — Eh! que vous importe? dit le pêcheur : s'il ne tenait qu'à souhaiter, je ne m'embarrasserais guère de vos menaces. — Puisque tu veux te perdre, reprit l'ange, j'y consens : tu peux souhaiter trois choses, Dieu te les accordera. » Le pêcheur, transporté de joie souhaita que sa cabane fût changée en un palais magnifique, et aussitôt son souhait fut accompli. Le pêcheur, après avoir admiré ce palais, souhaita que la petite rivière qui était devant sa porte fût transformée en une grande mer, ce qui se réalisa. Il lui restait un troisième désir à formuler; il y rêva quelque temps, et ensuite il souhaita que sa petite barque devînt un vaisseau superbe, chargé d'or et de diamants. Aussitôt que notre ambitieux vit le vaisseau, il y courut pour admirer les richesses dont il était devenu maître; mais à peine y fut-il entré, qu'il s'éleva un grand orage. Le pêcheur voulut revenir au rivage et descendre à terre, mais il le tenta en vain. Ce fut alors qu'il maudit son ambition : regrets inutiles, la mer l'engloutit avec toutes ses richesses; et l'ange dit à Azaël : « Que cet exemple te rende sage. La fin de cet homme est presque toujours celle de l'ambitieux. La cour où tu vis présentement est une mer fameuse par les naufrages et les tempêtes : pendant que tu le peux encore, gagne le rivage. » Azaël, effrayé, promit d'obéir à l'ange et lui tint parole. Il quitta la cour et vint demeurer à la campagne, où il se maria avec une fille qui avait plus de vertu que de beauté et de fortune. Au lieu de chercher à augmenter ses richesses, il ne s'appliqua plus qu'à en jouir avec modération et à en distribuer le superflu aux pauvres. Il se vit alors heureux et content, et il ne passa aucun jour sans remercier Dieu de l'avoir guéri de l'avarice et de l'ambition, qui avaient jusqu'alors empoisonné tout le bonheur de sa vie.

JULIA.

Est-il possible que l'ambition rende les gens si malheureux ?

MADEMOISELLE BONNE.

Demandez à mademoiselle Eugénie ce qu'elle a souffert dans le temps où elle n'était occupée que du désir de plaire, de faire briller son esprit et d'être louée.

EUGÉNIE.

Il est vrai que j'étais bien misérable ; si j'étais dans une réunion, et qu'il vînt une jeune dame à qui on fît quelque politesse, cela me mettait de mauvaise humeur ; il me semblait qu'on me volait toutes les louanges qu'on lui donnait, et je la haïssais.

MADEMOISELLE BONNE.

Nous n'avons pas trop de temps pour réciter notre histoire et notre géographie. Commencez, Augustine.

AUGUSTINE.

Jéthro, beau-père de Moïse, ayant appris les grands miracles que Dieu faisait opérer à celui-ci, vint voir ce gendre, et lui amena sa femme et deux enfants qu'il avait. Or Jéthro, ayant vu que Moïse passait toute la journée à prendre connaissance des affaires du peuple, lui dit : « Si vous continuez à vous donner cette peine, vous tomberez malade ; croyez-moi, choisissez les plus honnêtes gens, qui écouteront le peuple, et qui vous rendront compte de toutes les affaires. » Moïse suivit ce conseil, et après avoir fêté son beau-père, ils se séparèrent. Ensuite les Israélites arrivèrent près de la montagne de Sinaï, et Dieu dit à Moïse : « Allez sur cette montagne, mais que le peuple n'approche pas ; car il mourrait. » Moïse monta sur le mont Sinaï, et la majesté de Dieu y parut ; car la montagne était environnée de fumée. Il en sortait un tonnerre terrible ; elle était pleine de feux et d'éclairs, et ce fût au milieu de ces feux que Moïse reçut les dix commandements que le Seigneur faisait à son peuple, pour lui montrer qu'il était un Dieu puissant, et qu'il saurait se venger et punir les hommes qui seraient assez ingrats pour lui désobéir. Et ces dix commandements que Dieu donna aux Israélites sont ceux qu'on nous a appris, et que nous répétons tous les jours dans nos prières.

MADEMOISELLE BONNE.

Continuez, Sidonie.

SIDONIE.

Dieu appela Moïse sur la montagne une autre fois, et le prophète y resta quarante jours et quarante nuits. Pendant ce temps, le Seigneur lui donna des lois pour son peuple, et lui commanda de bâtir une arche ainsi qu'un tabernacle qui devaient être consacrés au Créateur. Dieu lui expliqua la façon dont cette arche devait être construite, et ce qu'il fallait faire lorsqu'on lui sacrifierait quelque chose, puis il commanda de prendre Aaron et ses enfants pour être sacrificateurs et grands prêtres. Mais, pendant que Moïse parlait à Dieu, comme un ami à son ami, les Israélites, oubliant les miracles que le Tout-Puissant avait accomplis pour l'amour d'eux, dirent à Aaron : « Faites-nous des dieux comme ceux qui étaient en Egypte, afin qu'ils marchent devant nous, car ce Moïse, nous ne savons ce qu'il est devenu. » Aaron, craignant que le peuple ne le tuât, leur répondit : « Donnez-moi les pendants d'oreilles de vos filles et de vos femmes. » Ils se hâtèrent d'apporter leurs bijoux, et Aaron en fit un veau d'or qu'ils adorèrent, répétant : « C'est ici le Dieu qui nous a tirés de l'Egypte. » Le Seigneur dit à Moïse qui était sur la montagne : « Le peuple, présentement, a commis un grand crime, c'est pourquoi je veux le faire périr, et je te donnerai un autre peuple. » Mais Moïse répondit : « Souvenez-vous, Seigneur, d'Abraham, d'Isaac et de Jacob ; pardonnez à ce pauvre peuple, et effacez-moi du livre de vie, plutôt que de le détruire. » Dieu ajouta : « Il n'y a que le méchant qui sera effacé de mon livre

de vie ; toutefois je pardonne à ce peuple. » Alors Moïse descendit de la montagne avec des tables de pierre, où Dieu avait lui-même écrit sa loi de tous les côtés. Quand le prophète vit les Israélites qui dansaient autour du veau d'or, il entra dans une si grande colère qu'il jeta ses tables contre terre, et les brisa. Ensuite il adressa de grands reproches à Aaron, et, ayant précipité le veau dans le feu, il le fit réduire en poussière; puis, mêlant cette poussière avec de l'eau, il la fit boire au peuple; après cela il appela les enfants de Lévi, et leur dit : Je vous ordonne, de la part de Dieu, de prendre vos épées, et de traverser tout le camp d'un bout à l'autre, en tuant à droite et à gauche tous ceux que vous rencontrerez, sans épargner vos parents ni vos amis. » Les enfants de Lévi lui obéirent, et il y eut trois mille hommes de tués. Moïse dit alors aux enfants de Lévi : « Dieu vous bénira, parce que vous avez exécuté sa sentence. » Aussitôt Moïse s'enferma dans son tabernacle, et la nuée où se trouvait le Seigneur était à la porte; les Israélites tremblants se prosternaient contre terre, après avoir quitté leurs beaux habits pour tâcher d'obtenir miséricorde de Dieu.

AUGUSTINE.

Cela était bien terrible de tuer trois mille hommes.

MADEMOISELLE BONNE.

Mais, ma chère, tous les Israélites méritaient la mort; ils avaient promis d'observer la loi du Seigneur, qui condamnait à périr tous ceux qui adoreraient les idoles. Dieu était donc encore bien bon de ne punir que les trois mille qui étaient le plus coupables. Continuez, Charlotte.

CHARLOTTE.

Les enfants d'Israël murmurèrent encore contre le Seigneur et dirent : « Pourquoi avons-nous quitté l'Égypte? Nous sommes las de ne voir que de la manne. » Moïse fut si fâché de tant d'ingratitude, qu'il pria le Seigneur de lui donner la mort pour ne plus être témoin d'une si grande méchanceté. Dieu consola son prophète et envoya une grande quantité de cailles aux Israélites. D'abord ils furent fort contents, mais Dieu en fit mourir un grand nombre. Moïse eut encore un sujet de chagrin : Aaron et sa sœur Marie se moquèrent de lui, parce que sa femme était Ethiopienne; mais Dieu prit le parti de Moïse. Sa sœur devint lépreuse, et Moïse eut beau prier le Seigneur pour elle, elle resta lépreuse pendant sept jours. Ensuite Moïse envoya des espions dans le pays que Dieu avait promis à Abraham. Ils en rapportèrent une grappe de raisin qui était si grosse, qu'il fallait deux hommes pour la porter. Parmi les envoyés de Moïse, étaient Caleb et Josué, qui exhortèrent le peuple à venir dans ce pays, mais les autres dirent : Cette terre est habitée par des hommes plus forts que nous ; il y a même des géants qui nous tueront, aussi bien que nos femmes et nos enfants. Alors les Israélites s'écrièrent : « Pourquoi nous a-t-on tirés d'Egypte ? Il faut nommer un chef pour y retourner. » Et comme Josué et Caleb les réprimandaient, ils voulurent les tuer à coups de pierres. Moïse et Aaron se prosternèrent pour demander pardon à Dieu ; mais le Seigneur leur répondit : « Ce peuple a murmuré contre moi dix fois, il mourra dans ce désert ; après y être resté pendant quarante ans : ses enfants entreront dans la terre promise avec Caleb et Josué qui ont cru à ma parole : pour les autres, ils laisseront leurs cadavres au milieu des sables. » Or, le nombre de ces hommes passait six cent mille.

CHARLOTTE.

Comment les Israélites étaient-ils assez sots pour s'exposer à la colère de Dieu, dont ils connaissaient la puissance ? Comment pouvaient-ils adorer la figure d'un veau, et se plaindre de ce que Dieu les avait tirés d'Egypte ?

MADEMOISELLE BONNE.

Sommes-nous moins méchants et moins aveugles que les Israélites, ma chère, quand nous désobéissons à Dieu, et que nous n'accomplissons pas ses commandements? Car enfin, il est certain qu'il jettera les méchants dans l'enfer; ceux qui seront menteurs, gourmands, emportés, désobéissants à leurs parents, impitoyables envers les pauvres; les jalouses, celles qui parlent mal de leur prochain, qui se vengent de leurs ennemis, qui se réjouissent du mal qui leur arrive. Nous savons tout cela, mes chères enfants. Réfléchissons donc bien et n'épargnons rien pour détruire nos vices.

—◦◊◦—

DIALOGUE XVI.

QUATORZIÈME JOURNÉE.

MADEMOISELLE BONNE.

Commençons notre entretien par la géographie; nous parlerons aujourd'hui des Iles Britanniques. Il y a deux îles, comme nous l'avons dit, une grande et une petite. Dans la grande, on compte deux royaumes: l'Angleterre, qui est au sud de l'île, et l'Ecosse, qui est au nord. On divise l'Angleterre en quarante provinces et, en y ajoutant douze provinces qui sont dans la principauté de Galles, cela fait en tout cinquante-deux. La capitale de ce royaume est Londres sur la Tamise, dans la province de Midllesex, au sud-est de l'Angleterre. Ce royaume se nommait Albion dans les premiers temps, et les naturels du pays furent d'abord soumis par un peuple connu sous le nom de Bretons. Jules-César, ayant passé en Angleterre, asservit une partie de ce royaume, mais les

Romains n'en furent absolument les maîtres que sous l'empereur Domitien. Quoique Rome eût l'Angleterre sous sa domination, les naturels du pays vivaient selon leurs lois et leurs coutumes; ils avaient même plusieurs rois, car l'île comprenait divers royaumes, dont les rois reconnaissaient la puissance romaine. Les Ecossais, qui habitaient l'Irlande ou Hibernie, s'étant joints aux Pictes, s'emparèrent de la partie de l'île qui est au nord, et qu'on nomme l'Ecosse; ils en furent chassés par les Romains; mais les troubles de l'empire de Rome leur donnèrent les moyens de s'établir en Ecosse sous un prince nommé

Fergus. Depuis ce temps, il y a eu une guerre presque continuelle entre les Bretons (car on nommait ainsi le peuple dont nous nous occupons) et les Ecossais unis avec les Pictes. Les Bretons firent une muraille qui séparait leur pays de celui de leurs ennemis, et dont on voit encore les restes; mais cela n'empêcha pas les Ecossais de réduire les Bretons à l'extrémité. Ces derniers furent donc contraints d'appeler à leur secours les Anglo-Saxons, qui étaient venus de l'île d'Angelen. Ceux-ci étaient établis en Frise, ils défendirent d'abord leurs alliés et ensuite devinrent leurs maîtres ; mais quelques bandes de Bretons se réfugièrent dans les montagnes du pays de Galles, où ils acquirent la réputation de ne pouvoir être vaincus ; d'autres se retirèrent dans la petite Bretagne. Les Saxons qui avaient chassé les Bretons de l'Angleterre, furent chassés à leur tour par les Danois, qui furent tranquilles possesseurs de leur conquête sous le roi Canut ; dans la suite, les Anglais remirent sur le trône Edouard, qui était du sang de leurs rois. Après la mort de ce dernier roi, Guillaume, duc de Normandie, prétendant être l'héritier d'Edouard, devint maître de l'Angleterre et commença le règne des princes normands : après les princes normands, ceux de la maison d'Anjou, nommés Plantagenets, montèrent sur le trône, qui a passé plus tard dans la maison des Stuarts, et qui est aujourd'hui dans la maison de Brunswick.

Pour bien retenir toutes ces choses, mademoiselle Julia va répéter ce que je viens de dire, au moins les noms des différents maîtres que l'Angleterre a eus.

JULIA.

Les Bretons ont d'abord soumis les habitants de cette île. Les Romains ont étendu leur domination sur les Bretons. Pendant que les Romains étaient occupés à faire la guerre ailleurs, les Anglo-Saxons ont conquis le pays. Ils ont été détrônés par les Danois. Ensuite les princes normands ont régné dans cette île ; après eux les Plantagenets ; après ceux-ci les Stuarts ; après les Stuarts les princes de la maison de Brunswick.

MADEMOISELLE BONNE.

Cela est à merveille, ma chère. Je vous ai dit que

Canut, prince Danois, avait porté la couronne d'Angleterre, ne savez-vous rien de ce prince ?

JULIA.

Pardonnez-moi.

Un jour, Canut était sur le bord de la mer. Les courtisans de ce souverain, qui étaient des flatteurs, comme c'est la coutume, lui dirent qu'il était le roi des rois, et le maître de la mer et de la terre. Canut avait de la religion et du bon sens ; il voulut se moquer de ces flatteurs ; pour cela, il plia son manteau et s'assit dessus : c'était dans le temps du flux de la mer, c'est-à-dire, dans le temps où la mer sort de son lit pour venir sur la terre. Canut parlant à la mer, lui dit : « La terre où je suis est à moi, et je suis ton maître, je te commande donc de rester où tu es et de ne point avancer pour mouiller mes pieds. » Tous ceux qui entendirent ces paroles pensèrent que le roi était fou de s'imaginer que la mer allait lui obéir. Cependant elle avançait toujours, et vint mouiller les pieds du monarque. Alors Canut se levant dit aux courtisans : « Vous voyez comment je suis maître de la mer? Apprenez par là que la puissance des rois est bien peu de chose. Il n'y a à la vérité point d'autre roi que Dieu, par qui le ciel, la terre et la mer sont gouvernés. »

CHARLOTTE.

Est-ce que la mer sort de son lit ou de sa place ?

MADEMOISELLE BONNE.

Oui, ma chère ; elle en sort deux fois par jour et elle y rentre : cela ne manque jamais ; et l'on sait justement à quelle heure elle sort de sa place et à quelle heure elle y revient.

CHARLOTTE.

Qu'est-ce qui la fait ainsi sortir et rentrer ?

MADEMOISELLE BONNE.

Je ne le sais pas trop bien ; j'ai entendu dire par des savants que la lune pressait l'air et que cette pression refoulait la mer et la faisait sortir de tous les côtés.

Je vais tâcher de vous expliquer cela : vous voyez ce bassin que j'ai rempli d'eau, c'est la mer. Cette petite assiette, que j'ai à la main, c'est l'air qui se tient tout seul au-dessus de la mer. Supposez maintenant que quelque chose pousse cette assiette, et la force de toucher l'eau qui est dans le bassin, l'eau sortira de tous côtés; voyez mes enfants [1].

AUGUSTINE.

Je comprends. Mais comment la lune peut-elle presser la mer ? Ce n'est qu'une grande lumière.

MADEMOISELLE BONNE.

Vous vous trompez, ma chère, la lune est un globe comme le nôtre : elle reçoit les rayons du soleil, c'est ce qui la fait paraître comme une grande lumière.

SIDONIE.

La lune est si petite, elle est en l'air, elle marche; comment peut-elle être un globe, comme celui sur lequel nous vivons ?

MADEMOISELLE BONNE.

Vous croyez que la lune est petite, mais vos yeux vous trompent; elle est très-grande. Quand on regarde les choses de loin, elles paraissent petites. C'est pourquoi la lune, qui est fort éloignée, trompe vos yeux. Vous dites que la lune est suspendue en l'air, qu'elle marche ou tourne; savez-vous bien, ma chère, que la terre où nous sommes est aussi suspendue en l'air et qu'elle tourne toujours ?

EUGÉNIE.

Assurément la terre ne tourne pas; car si elle tournait nous le sentirions.

MADEMOISELLE BONNE.

N'avez-vous jamais été dans un bateau ?

---

[1] Elle met l'assiette dans le bassin.

EUGÉNIE.

Oui, ma bonne amie.

MADEMOISELLE BONNE.

N'avez-vous pas remarqué que le bateau paraît toujours rester à la même place, et que la terre, les arbres et les maisons courent et s'enfuient ?

EUGÉNIE.

Cela est vrai, mais je n'y avais pas fait attention; quand je suis en voiture dans la campagne, je vois aussi les arbres qui s'enfuient.

MADEMOISELLE BONNE.

C'est-à-dire que vous croyez les voir : car la terre, les arbres et les maisons restent à leur place ; c'est la

voiture et le bateau qui marchent et qui vous emportent. Quand le temps est beau et que vous êtes assise dans le bateau tranquillement sans remuer, s'il était bien fermé, et qu'on vous y eût placée pendant que vous étiez endormie, vous croiriez être dans votre chambre. C'est ainsi que vous êtes sur la terre ; elle tourne très-vite ; mais si également, qu'elle vous emporte avec elle sans que vous le sentiez, et, pendant ce voyage, vous croyez voir courir le soleil qui reste à sa place.

Voilà ce qui nous donne le jour et la nuit. La terre est vingt-quatre heures à tourner. Quand elle nous porte vis-à-vis du soleil, nous avons le jour, et quand elle nous porte de l'autre côté, nous avons la nuit.

EUGÉNIE.

Je croyais que le soleil se couchait tous les soirs dans la mer.

MADEMOISELLE BONNE.

Le soleil luit toujours, ma chère ; il se couche pour nous, c'est-à-dire, que nous cessons de le voir ; mais, en même temps, il se lève pour les peuples de l'Amérique, c'est-à-dire, qu'ils commencent à le voir à leur tour : or les anciens ne connaissaient pas l'Amérique ; ils ignoraient que la terre est ronde, et qu'elle est habitée tout alentour comme je vais vous le faire voir sur un globe.

EUGÉNIE.

Ceux qui vivent sous ce globe marchent donc les pieds en haut et la tête en bas ! Car enfin, si l'on perçait ce globe, leurs pieds et les nôtres se rencontreraient.

MADEMOISELLE BONNE.

Cela est vrai, nos pieds et les leurs se rencontreraient, ce qui n'empêche pas qu'ils n'aient comme nous les pieds à terre et la tête tournée vers le ciel : la terre est, en grand, semblable à une boule de la grosseur d'une noix, enfermée dans une boule que nous supposerons être cette chambre qui est le ciel. Supposez que la petite boule se tienne en l'air dans le milieu de notre chambre, et qu'il y ait une mouche dessus et une mouche dessous, n'est-il pas vrai que ces deux mouches auraient toutes deux la tête tournée vers la grande boule qui est le ciel ? La terre est entourée du ciel, de même qu'un jaune d'œuf est environné du blanc de l'œuf. Ce blanc d'œuf, supposez que c'est l'air, et la coquille de l'œuf le ciel.

SIDONIE.

Il n'y a plus qu'une chose qui m'embarrasse, c'est de savoir comment la petite boule se tient toute seule au milieu de la grande.

MADEMOISELLE BONNE.

Et comment le jaune d'œuf se tient-il tout seul au milieu de l'œuf, sans se mêler avec le blanc qui l'environne, quoiqu'il paraisse plus lourd ? Voyez-vous, mes enfants, les savants on dit beaucoup de choses afin de prouver les moyens dont Dieu se sert pour soutenir ainsi la terre en l'air ; mais je ne suis pas assez habile pour les bien comprendre, ni vous non plus ; il nous suffit de savoir que Dieu l'a voulu ainsi et que cela est très-certain. Nous n'en pouvons douter, car plusieurs voyageurs ont fait le tour du monde, ce qui prouve qu'il est en l'air ; mais c'est assez parler de physique. Eugénie va nous raconter une jolie histoire que je lui ai donnée avant-hier.

EUGÉNIE.

Il y avait un homme qui se promenait dans la campagne. Il regardait les chênes, ces grands arbres produisant un petit fruit appelé gland, et qui n'est pas plus gros que le pouce ; il remarqua, en même temps, une plante assez petite qui touchait à la terre, et qui portait des citrouilles grosses quatre fois comme une tête humaine. Cet homme dit en lui-même : « Il me semble que si j'avais été à la place du bon Dieu, j'aurais mieux arrangé les choses : j'aurais fait venir la citrouille sur ce grand arbre, et le gland sur cette petite branche. » Notre raisonneur fut pris d'une grande envie de dormir ; et comme il faisait soleil il se coucha sous un chêne pour avoir de l'ombre. Pendant qu'il dormait, il vint un vent qui lui fit tomber un gland sur le bout du nez, ce qui le réveilla. Alors cet homme s'écria : « J'avoue que je ne suis qu'un sot et que Dieu a raison d'avoir arrangé les choses comme elles sont. Que serais-je devenu si la citrouille eût été attachée au chêne ? Elle m'eût écrasé la tête en tombant. » Depuis ce temps, notre personnage devenu plus sensé se contenta d'admirer la sagesse avec laquelle Dieu a disposé l'univers, et ne s'avisa plus de trouver à redire aux choses qui n'étaient pas faites selon ses petites lumières.

JULIA

Je crois que j'aurais beaucoup de plaisir à apprendre la physique ; les personnes qui la savent ne peuvent pas s'ennuyer.

MADEMOISELLE BONNE.

Vous avez raison, ma chère ; mais auparavant il faut bien étudier l'histoire : voyons si Augustine a retenu la sienne.

AUGUSTINE.

Trois Israélites, qui se nommaient Coré, Dathan et Abiron, se soulevèrent contre Moïse, et engagèrent deux cent cinquante hommes dans leur révolte. Ils étaient choqués et chagrins de ce qu'il n'y eût qu'Aaron et ses enfants qui eussent permission d'offrir l'encens au Seigneur, sans penser que c'était Dieu lui-même qui l'avait ainsi ordonné : ils firent donc de grands reproches à Moïse ; mais Moïse, par ordre du Seigneur, dit à ces hommes : « Prenez chacun un encensoir avec des parfums, et alors Dieu montrera ceux qu'il a choisis. » Moïse fit aussi prendre l'encensoir à Aaron, et ensuite il commanda au peuple de se séparer de Coré, de Dathan et d'Abiron. Alors Moïse, parlant au peuple, dit : « Si ces gens, qui ne veulent pas obéir au Seigneur, meurent d'une mort naturelle, vous pouvez penser que je suis un méchant, et que le Seigneur ne m'a pas envoyé; mais si la terre s'ouvre sous eux, et qu'ils tombent tout vivants dans l'abîme, vous connaîtrez que je vous parle de la part du Seigneur. » A peine Moïse eut-il prononcé ces paroles, que la terre s'ouvrit en deux, et engloutit Coré, Dathan et Abiron avec toute leur famille; et le feu, selon la volonté du Seigneur, brûla les deux cent cinquante hommes qui tenaient les encensoirs. Dieu ordonna à Moïse de prendre ces encensoirs, et d'en faire des plaques pour couvrir l'autel, afin, dit le Seigneur, que ces plaques fissent souvenir les enfants d'Israël que nul de ceux qui ne sont point de la race d'Aaron ne doit s'approcher de l'autel pour offrir de l'encens au Seigneur. Cependant les Israélites s'irritèrent contre Moïse et Aaron de ce qu'ils avaient

causé la mort de tant de personnes, et le Seigneur mécontent dit à Moïse et à Aaron : « Séparez-vous de ce peuple; car je vais le faire périr. » Alors Moïse dit à son frère : « Mettez promptement du parfum dans votre encensoir, et courez au milieu du peuple pour apaiser la colère de Dieu. » Aaron obéit, et, se tenant entre les vivants et ceux que Dieu venait de frapper, il calma la colère divine. Dieu, dans cette dernière occasion, fit cependant périr quatorze mille sept cents hommes, en punition de leurs murmures.

CHARLOTTE.

Nous sommes bien heureuses que Dieu n'envoie plus ces terribles châtiments; il y a de quoi mourir de frayeur.

MADEMOISELLE BONNE.

Dieu est aussi juste et aussi ennemi des méchants qu'il l'était en ce temps-là, mes enfants : ceux qui ne veulent point obéir à ses commandements ne sont pas, il est vrai, engloutis tout vivants dans l'enfer, mais il est sûr qu'ils y tomberont après leur mort, et cela doit bien imprimer dans nos âmes la haine du crime et la crainte de Dieu. Nous n'avons à redouter que Dieu et le péché, selon cette parole de Jésus-Christ : *Ne craignez point ceux qui ne peuvent tuer que le corps; mais craignez celui qui peut perdre le corps et l'âme, et les précipiter dans l'enfer.*

SIDONIE.

Mais, ma chère amie, on dit que Dieu est si bon, il punit pourtant bien rigoureusement les méchants.

MADEMOISELLE BONNE.

C'est qu'il est aussi très-juste, mes enfants. Dieu montre sa bonté aux hommes, en leur donnant de bonnes pensées pour faire le bien; des remords quand ils font de mauvaises actions; il leur laisse beaucoup de temps pour se repentir et se corriger; mais s'ils refusent de le faire, et s'ils veulent absolument rester toujours méchants, comme Dieu est juste, il faut absolument qu'il les punisse.

CHARLOTTE.

Je vous assure, ma bonne amie, que je veux absolument me corriger ; je n'ai été méchante jusqu'à ce jour que parce que je ne pensais pas à toutes ces choses ; j'avais pourtant lu la sainte Écriture ; mais je n'y faisais pas attention. Quand on y pense bien, il faudrait être folle pour s'exposer à la colère de Dieu.

MADEMOISELLE BONNE.

Voyez combien il vous aime, ma chère : ces bonnes pensées, ces bonnes résolutions, c'est lui qui vous les donne : ne seriez-vous pas bien coupable si vous les oubliiez? Allons, Sidonie, dites votre histoire.

SIDONIE,

Dieu, voulant faire voir aux Israélites qu'il avait choisi Aaron pour être son prêtre, ordonna au peuple par la bouche de Moïse que les chefs de toutes les tribus d'Israël apportassent chacun une verge. Ils obéirent, et le lendemain la verge d'Aaron avait poussé des fleurs, des boutons et des amandes. Alors Dieu dit : « J'ai choisi Aaron et sa famille pour être mes sacrificateurs, nul autre qu'eux ne pourra m'offrir de l'encens : mais je leur donne les enfants de Lévi pour avoir soin des choses qui me seront consacrées : ils vivront de ce qui me sera offert et auront la dixième partie des bêtes et des fruits de la terre. » Après cela, les Israélites vinrent en un lieu où il n'y avait point d'eau, et recommencèrent leurs plaintes. Moïse et Aaron se prosternèrent devant le Seigneur, qui dit à Moïse : « Prends ta verge et marche avec ton frère sur le rocher, devant toute l'assemblée du peuple, tu parleras au rocher, et il te donnera de l'eau. » Moïse et Aaron assemblèrent le peuple, mais ils n'obéirent pas simplement au commandement du Seigneur, et au lieu de parler au rocher, ils le frappèrent de deux coups de baguette. Alors Dieu dit à Moïse et à Aaron : « Parce que vous n'avez pas cru à la parole du Seigneur, vous mourrez tous les deux avant d'entrer dans la terre promise; et Dieu commanda à Moïse de monter sur la montagne avec son frère Aaron et Eléazar son neveu, fils d'Aaron : il commanda aussi à Aaron, dont la fin approchait, de quitter ses habits de grand prêtre et de les donner à son fils. Aaron obéit à Dieu et mourut aussitôt. Une autre fois, les Israélites murmurèrent de nouveau. Dieu, pour les punir, envoya contre eux des serpents brûlants; mais le peuple s'étant repenti, Dieu ordonna à Moïse de faire un serpent d'airain et de l'elever en haut ; et tous ceux qui étaient mordus et qui regardaient ce serpent étaient guéris sur-le-champ. Cependant les Israélites demandèrent aux rois qui étaient voisins la permission de passer dans leurs pays, promettant de ne leur faire aucun tort, et de payer jusqu'à l'eau qu'ils boiraient; mais les rois ne voulurent pas leur accorder cette grâce, et Dieu dit aux Israélites : « Combattez-les, et vous les vaincrez par mon secours. » Les Israélites ayant suivi cet ordre ils remportèrent de grandes victoires.

AUGUSTINE.

Dieu punit bien sévèrement Moïse et Aaron, et cela pour une bagatelle. Quel mal avaient-ils fait en frappant le rocher ?

MADEMOISELLE BONNE.

Ils avaient mis en doute la puissance de Dieu, qui leur avait dit qu'ils devaient commander au rocher de leur donner de l'eau. Au lieu d'obéir tout simplement à Dieu, ils dirent en eux-mêmes: « Si nous commandons au rocher de nous donner de l'eau, il n'en viendra pas; mais nous le frapperons comme nous avons déjà fait une fois, et alors il en coulera. » J'avoue que cette faute n'était pas si grande que celle d'adorer le veau d'or, mais Dieu punit le péché, quel qu'il soit : toute la différence qu'il y a, c'est que les méchauts qui pèchent par malice, il les punit en l'autre vie en les envoyant dans l'enfer, et les bons qui pèchent par faiblesse, et qui sont fâchés d'avoir péché, il les punit sur la terre. Dieu fait comme un bon père qui châtie ses enfants pour les corriger.

EUGÉNIE.

Ce n'est donc pas parce que Dieu est fâché contre un homme, que celui-ci devient pauvre, aveugle, ou qu'il lui arrive des malheurs.

MADEMOISELLE BONNE.

Quand Dieu envoie ces malheurs au méchant, c'est pour le châtier, et en même temps pour tâcher de le corriger : car on pense à Dieu quand on est affligé. Dans ce moment Dieu dit au cœur des pécheurs : « Voyez ce que vous gagnez à me désobéir ; j'ai le pouvoir de vous rendre malheureux, en vous

ôtant toutes les choses que vous aimez. Demandez du secours à votre argent, que vous aimez plus que moi ; demandez du secours à vos amis, à qui vous aimez mieux plaire qu'à moi; toutes les créatures ne peuvent m'empêcher de vous punir : ainsi laissez là les créatures, et revenez à moi qui suis votre Dieu; quoique vous soyez un méchant enfant, je suis un bon père; je ne demande pas mieux que de vous pardonner, si vous voulez vous convertir. Ce malheur qui vient de vous arriver, ce n'est rien en comparaison des maux que vous souffrirez en l'autre vie, si vous ne devenez pas meilleur. Ayez pitié de vous-même; renoncez au péché et à vos mauvaises habitudes; devenez doux, charitable; aimez la prière; soyez juste envers les autres. Je vous avertis, je vous donne le temps de vous corriger; mais bientôt vous n'aurez plus une minute, vous mourrez, et alors je ne serai plus pour vous un père plein de tendresse, mais un juge terrible.

CHARLOTTE.

Dieu m'a souvent dit tout cela, et je n'ai pas voulu y faire attention. Je vous assure que je n'ai jamais commis une grande faute sans avoir été punie dans la journée par quelque chagrin.

MADEMOISELLE BONNE.

C'est signe que Dieu vous aime beaucoup, ma chère amie; je viens de vous dire que Dieu envoyait des malheurs aux méchants pour les convertir; il en envoie aussi aux bons, afin de les corriger et pour leur faire expier des fautes légères qui leur échappent, et quelquefois aussi pour éprouver leur vertu et leur donner occasion d'être meilleurs. Je me souviens, mes enfants, que, quand j'étais petite, j'avais un maître d'écriture bien méchant; il me grondait toujours, quoique je m'appliquasse de tout mon cœur. Ce maître, c'étaient les verges dont Dieu se servait pour punir mes fautes. Quand je n'avais pas été sage, je disais en moi-même : Je serai bien querellée tantôt par M. George (car c'était le nom de mon précepteur);

alors je priais Dieu de bon cœur, pour qu'il adoucît l'esprit de cet homme. Quelquefois Dieu écoutait ma prière ; mais le plus souvent j'étais punie, j'écrivais tout de travers, et alors mon maître se plaignait à ma mère, et on me faisait garder la maison, pendant que mes sœurs allaient se promener.

JULIA.

Et que faisiez-vous alors, ma bonne amie ?

MADEMOISELLE BONNE.

Souvent, ma chère, je pleurais comme une sotte ; mais quelquefois aussi, j'offrais à Dieu cette mortification ; car je savais bien que si j'étais innocente pour mon écriture, j'étais coupable pour quelque autre chose que ma mère ne savait pas et qu'elle aurait puni si elle l'avait su. Charlotte, vous n'avez pas dit votre histoire ; faites-le donc, et vous, mes enfants, écoutez bien.

DIALOGUE XVII.

QUINZIÈME JOURNÉE.

CHARLOTTE.

Il y avait un roi nommé Balak, qui régnait sur les Moabites. Ce prince ayant appris que les Israélites avaient battu tous les peuples qui s'étaient opposés à leur passage, envoya chercher un prophète du nom de Balaam, pour les maudire. Lorsque Balaam fut en chemin, l'ange du Seigneur lui ferma le passage. Le prophète ne distinguait pas l'ange, mais l'ânesse sur laquelle il était monté le voyait et elle avait peur de l'épée que celui-ci tenait, elle se coucha par terre, ce qui mit son maître si fort en colère, qu'il l'assommait à coups de bâton. Alors Dieu permit que cette ânesse parlât et dit à Balaam : « Pourquoi me frappes-tu ? ne t'ai-je pas bien servi toute ma vie, et ne vois-tu pas ce qui m'empêche de passer? » L'ange apparut alors au prophète et parla de la sorte : « Si cette pauvre bête avait avancé, je t'aurais tué ; cependant continue ton chemin, tu ne feras que ce qu'il plaira au Seigneur. » Balaam étant arrivé, le roi lui dit : « Je vous prie de maudire les Israélites. » Balaam lui répondit : « Pourquoi maudirais-je ce peuple ? Ma malédiction ne servira à rien, puisque Dieu le protège. » Malgré cela, le roi mena Balaam en trois différents endroits ; mais le prophète, au lieu de lui obéir, bénit le peuple d'Israël. Le roi Balak dit au prophète : « Je ne te donnerai point les honneurs et les richesses que je t'avais destinés. » Balaam, qui était méchant, répondit au roi : « Si vous pouvez engager les Israélites à commettre quelque grand péché, certainement Dieu les maudira; vous n'avez qu'à envoyer vers eux les plus belles femmes qui sont parmi vous ; ils les prendront pour compagnes : or ils commettront un péché ; car Dieu leur a défendu de s'unir à des femmes étrangères. » Balak suivit ce conseil, et les Israélites, oubliant le commandement du Seigneur, épousèrent les nouvelles venues, qui leur firent adorer les idoles. Alors Dieu ordonna à Moïse de faire prendre tous les chefs de famille ; et le Seigneur lui-même punissait les coupables, en sorte qu'il en périt vingt-quatre mille. Mais malgré ce châtiment, il y eut un homme assez méchant pour mener dans sa tente une femme de Madian. Alors Phinée, fils du grand prêtre Eléazar, transporté d'une sainte colère contre cet homme, qui se moquait du Seigneur, prit une épée et tua les deux époux ; et cette action de justice fut si agréable à Dieu, qu'il pardonna au reste des coupables. Mais, en même temps, il ordonna à son peuple de détruire les Madianites, parce qu'ils les avaient engagés à commettre le péché.

EUGÉNIE.

Peut-être n'avaient-ils pas tous consenti à cette mauvaise action.

MADEMOISELLE BONNE.

Dieu ne commande jamais rien qui ne soit juste, mes enfants. Il fit détruire non-seulement cette nation, mais aussi toutes les autres qui demeuraient dans la terre promise, parce que les peuples étaient extrêmement méchants, et qu'ils n'avaient pas profité du temps qu'il leur avait donné pour se corriger. Dieu se sert de tout pour punir ceux qui ne veulent pas se convertir : du temps de Noé, il se servit du déluge ; du temps d'Abraham, il se servit du feu, qu'il fit tomber du ciel pour punir Sodome et Gomorrhe ; dans le temps dont nous parlons, il se servit de l'épée des Israélites. Dans d'autre temps, il employa la peste, la famine, la mortalité des bestiaux, les inondations, les tremblements de terre, car il est tout-puissant : les éléments sont toujours prêts à lui obéir pour punir les pécheurs, et s'ils n'ont pas recours à sa miséricorde, il faut qu'ils éprouvent sa justice. Dites-nous votre histoire, Sidonie.

AUGUSTINE.

Auparavant, ma bonne amie, je vous prie de me dire ce que c'est que les éléments.

MADEMOISELLE BONNE.

On comptait autrefois quatre éléments sans lesquels l'homme ne pourrait vivre ; la terre, l'eau, l'air et le feu.

AUGUSTINE.

Si l'on vivait dans un lieu où il ne fît pas froid, on pourrait se passer de feu ; il n'y aurait qu'à manger du lait et des fruits.

MADEMOISELLE BONNE.

Le feu n'est pas seulement le feu dont nous nous servons pour nous chauffer, mais aussi le soleil qui échauffe toute la nature, qui fait croître les herbes et les plantes.

AUGUSTINE.

J'étais bien sotte ; je n'avais jamais pensé que le soleil fût un feu, quoique je sentisse sa chaleur. Mais pourquoi le soleil est-il plus chaud en été qu'en hiver ? Est-ce qu'en été nous sommes plus près de lui ?

MADEMOISELLE BONNE.

Tout au contraire, ma chère ; nous sommes plus éloignés du soleil en été qu'en hiver. Mais en été, il tombe plus droit sur nos têtes ; en hiver, ses rayons ne nous touchent plus que par le côté. Je vais vous apprendre deux mots pour expliquer cela, et ensuite vous le faire comprendre par un exemple. Mettez votre main justement au-dessus de la bougie, mais ne l'approchez pas trop près, car vous vous brûleriez... Eh bien ! je dis que votre main est *perpendiculairement* sur la bougie, c'est-à-dire qu'elle est droit au-dessus. Remarquez que vous êtes obligée de la tenir fort éloignée. Maintenant, mettez votre main à côté de la bougie... je dis que votre main la regarde de côté, c'est-à-dire *obliquement*. Or, vous voyez que vous pouvez approcher votre main beaucoup plus près par le côté que par le haut : la chaleur qui vient de côté frapper votre main est beaucoup plus faible que celle qui vient la frapper tout droit. Voilà ce qui fait l'hiver et l'été.

CHARLOTTE.

A quoi sert l'hiver ? je vous prie. Il ne croît rien sur la terre pendant ce temps.

MADEMOISELLE BONNE.

S'il n'y avait point d'hiver, il ne viendrait rien sur la terre pendant l'été. Dieu a tellement arrangé le monde, mes enfants, qu'il n'y a pas une seule chose inutile; et si les choses que Dieu a réglées se dérangeaient, tout le monde périrait.

Examinons comment le blé croît. On le jette dans la terre en grains, et on fait cela un peu avant l'hiver, dans le temps des pluies, qui ne manquent jamais dans cette saison. Alors le grain de blé se pourrit, et il s'en échappe un petit brin d'herbe; mais si cette herbe sortait d'abord bien grande, elle n'aurait pas assez de force, le froid de l'hiver vient, qui l'empêche de sortir, afin qu'elle ait le temps de se nourrir. Si, après l'hiver, l'été venait tout de suite, elle serait séchée tout d'un coup, et n'aurait pas le temps de croître. Qu'a fait le bon Dieu? il a mis le printemps, qui n'est ni chaud ni froid, entre l'hiver et l'été; pendant le printemps, l'herbe qui renferme le blé grandit peu à peu. Il se forme au bout de celle-ci quantité de petites chambres, et dans chaque chambre il y a un grain de blé qui grossit petit à petit, jusqu'à ce qu'il soit assez volumineux. Alors arrivent les grandes chaleurs, et elles mûrissent le grain. Il change de couleur, car il était vert et devient jaune. Chaque grain de blé est environné d'une petite peau qui est jaune, comme je viens de vous le dire; il est dur, mais sous cette peau on trouve une petite chose blanche comme la neige; on la met entre deux pierres pour la réduire en poussière, et cette poussière blanche, c'est la farine avec laquelle on fait le pain.

EUGÉNIE.

L'été prochain, quand j'irai à la campagne, j'examinerai toutes ces merveilles; cela m'amusera beaucoup.

MADEMOISELLE BONNE.

Mais cela doit faire autre chose que de vous amuser.

EUGÉNIE.

Quoi donc, ma bonne amie?

MADEMOISELLE BONNE.

N'admirerez-vous pas la sagesse de Dieu, qui a disposé toutes les saisons précisément comme il le faut pour faire venir ce blé ? N'admirerez-vous pas sa bonté, qui a fait tout cela pour les hommes et pour vous en particulier ? Ne remercierez-vous pas ce bon père, en voyant cette grande quantité d'hommes qui travaillent à l'ardeur du soleil ? Ne direz-vous pas en vous-même : La Providence est grande d'avoir fait des riches et des pauvres ! Sans cela, si je voulais du pain, il faudrait que je travaillasse avec ces pauvres paysans. Vous penserez encore : Ces pauvres gens ont bien de la peine pour me nourrir; ne serais-je pas bien méchante si je les maltraitais, si je les méprisais, parce qu'ils sont nés sans fortune ?

JULIA.

Voilà bien de quoi réfléchir et apprendre à la campagne.

MADEMOISELLE BONNE.

Oh ! je vous assure, mes enfants, qu'il y aurait de quoi s'occuper toute sa vie, si on voulait examiner chacune des œuvres de Dieu dans la nature.... La leçon a été bien sérieuse, j'ai envie de vous faire un conte.

AUGUSTINE.

Je vous avoue que cela me fera beaucoup de plaisir.

MADEMOISELLE BONNE.

Volontiers, ma chère.

JOLIETTE.

CONTE.

Il y avait un jour un seigneur et une dame qui étaient mariés depuis plusieurs années sans avoir d'enfants : ils croyaient qu'il ne leur manquait que cela pour être heureux, car ils étaient riches et estimés de tout le monde. A la fin, il leur vint une fille, et toutes les fées qui étaient dans le pays furent invitées à son baptême pour lui faire des dons. L'une dit qu'elle serait belle comme un ange; l'autre qu'elle danserait à ravir; une troisième, qu'elle ne serait jamais malade ; une quatrième, qu'elle aurait beaucoup d'esprit. La mère était bien joyeuse de tous les dons qu'on faisait à sa fille : beauté, esprit, santé, des talents ! que pouvait-on donner de mieux à cette enfant, qui avait reçu le nom de *Joliette?* On se mit à table pour se divertir; mais lorsqu'on eut à moitié soupé,

un serviteur vint dire au père de Joliette que la reine des fées, qui passait par là, voulait entrer. Toutes les fées se levèrent pour aller au-devant de leur souveraine; mais elle avait un visage si sévère qu'elle les fit toutes trembler. « Mes sœurs, dit-elle, lorsqu'elle fut assise, est-ce ainsi que vous employez le pouvoir que vous avez reçu? Pas une de vous n'a pensé à douer Joliette d'un bon cœur et d'inclinations vertueuses. Je vais tâcher de remédier au mal que vous lui avez fait; je veux qu'elle soit muette jusqu'à l'âge de vingt ans : plût à Dieu qu'il fût en mon pouvoir de lui ôter absolument l'usage de la langue! » En même temps, la fée disparut, et laissa le père et la mère de Joliette dans le plus grand désespoir, car ils ne concevaient rien de plus triste que d'avoir une fille muette. Cependant Joliette devenait charmante, et l'on connaissait, par ses petits gestes, qu'elle entendait tout ce qu'on lui disait, et qu'elle mourait d'envie de répondre. On lui donna toutes sortes de maîtres, et elle apprenait avec une promptitude surprenante : elle avait tant d'esprit, qu'elle se faisait entendre par signes, et rendait compte à sa mère de tout ce qu'elle voyait ou entendait. D'abord on admirait cela, mais le père, qui était un homme de bon sens, dit à sa femme : « Ma chère, vous laissez prendre une mauvaise habitude à Joliette, c'est un petit espion. On ne se méfie pas d'elle, parce qu'elle est une enfant, et elle vous fait savoir tout ce qu'elle entend : il faut la corriger de ce défaut, il n'y a rien de plus vilain que d'être une rapporteuse. »

La mère, qui idolâtrait Joliette et qui était curieuse, répondit à son mari : « Vous n'aimez pas cette pauvre enfant, parce qu'elle a le défaut d'être muette ; elle est déjà assez à plaindre avec son infirmité, et je ne pourrais me résoudre à la rendre encore plus malheureuse en la contredisant. » Le mari, qui ne se payait pas de ces mauvaises raisons, prit Joliette en particulier, et lui dit : « Ma chère enfant, vous me chagrinez. La bonne fée qui vous a rendue muette avait sans doute prévu que vous seriez une rapporteuse ; mais à quoi cela sert-il que vous ne puissiez parler, puisque vous vous faites entendre par signes ? Vous vous ferez haïr de tout le monde ; on vous fuira comme si vous aviez la peste, et on aura raison ; car vous causerez plus de mal que cette affreuse maladie. Un rapporteur brouille tout le monde, et cause des maux épouvantables ; pour moi, si vous ne vous corrigiez pas, je souhaiterais de tout mon cœur que vous fussiez

Joliette. (Page 223.)

aussi aveugle et sourde. » Joliette n'était pas méchante, c'était par étourderie qu'elle découvrait ce qu'elle avait vu, aussi elle lui promit par signes qu'elle se corrigerait. Elle en avait l'intention; mais, deux ou trois jours après, elle entendit une dame qui se moquait d'une de ses amies : Joliette savait écrire alors, et elle mit sur du papier ce qu'elle avait entendu. Elle avait écrit cette conversation avec tant d'esprit, que la mère ne put s'empêcher de rire de ce qu'il y avait de plaisant, et d'admirer le style de sa fille. Joliette avait de la vanité ; elle fut si contente des louanges que sa mère lui donna, qu'elle écrivait tout ce qui se passait devant elle. Ce que son père lui avait prédit arriva ; elle se fit haïr de tout le monde. On se cachait d'elle ; on parlait bas quand elle entrait, et on craignait de se trouver avec elle. Malheureusement pour elle, son père mourut quand elle n'avait que douze ans ; et personne ne lui faisant plus honte de son défaut, elle prit une telle habitude de rapporter, qu'elle le faisait même sans y penser ; elle passait toute la journée à espionner les domestiques, qui la détestaient. Si elle était dans un jardin, elle faisait semblant de dormir pour entendre les discours de ceux qui se promenaient. Mais comme plusieurs personnes parlaient à la fois, et qu'elle n'avait pas assez de mémoire pour retenir ce que l'on disait, elle attribuait aux unes ce que les autres avaient dit; elle écrivait le commencement d'un discours sans en entendre la fin, ou la fin sans en savoir le commencement. Il n'y avait pas de semaine qu'il n'y eût vingt tracasseries ou querelles dans la ville ; et quand on arrivait à examiner d'où venaient ces bruits, on découvrait que les rapports de Joliette en étaient la cause. Elle brouilla sa mère avec toutes les amies de celle-ci, et fit battre trois ou quatre personnes.

Cela dura jusqu'au jour où Joliette eut vingt ans ; elle attendait ce jour avec une grande impatience, pour parler tout à son aise : il vint enfin, et la reine des fées, se présentant devant elle, s'exprima ainsi :
« Joliette, avant de vous donner l'usage de la parole, dont certainement vous abuserez, je vais vous faire voir tous les maux que vous avez causés par vos rapports. » En même temps, elle lui présenta un miroir : elle vit un homme suivi de trois enfants qui demandaient l'aumône avec leur père.

« Je ne connais pas cet homme, dit Joliette, qui parlait pour la première fois ; quel mal lui ai-je causé ? —Cet homme était un riche marchand, poursuivit la fée : il avait dans son magasin beaucoup de marchandises ; mais il manquait d'argent comptant. Il vint emprunter une somme à votre père pour payer une lettre de change ; vous écoutiez à la porte du cabinet, et vous fîtes connaître la situation de ce marchand à plusieurs personnes à qui il devait de l'argent : cela lui fit perdre son crédit ; tout le monde voulut être payé, et la justice s'étant mêlée de cette affaire, le pauvre homme et ses enfants sont réduits à l'aumône depuis neuf ans.—Ah! mon Dieu, madame! s'écria Joliette, je suis au désespoir d'avoir commis ce crime ; mais je suis riche, je peux réparer le mal que j'ai fait, en rendant au marchand le bien que je lui ai fait perdre par mon imprudence.

Après cela, le miroir montra une belle femme dans une chambre dont les fenêtres étaient garnies de grilles de fer ; elle était couchée sur la paille, ayant une cruche d'eau et un morceau de pain à côté d'elle ; son visage était baigné de larmes. « Je connais cette dame, dit Joliette, son mari l'a menée en France depuis deux ans, et il a écrit qu'elle était morte. Serait-il bien possible que je fusse la cause de l'affreuse situation où elle se trouve ?—Oui, Joliette, continua la fée. Vous souvenez-vous qu'un soir, étant dans un jardin, sur un banc, vous fîtes semblant de dormir, pour entendre ce que disaient deux personnes ? Vous avez mal interprété leurs discours et fait courir par toute la ville des bruits fâcheux ; le mari de cette dame tua en duel le cavalier qui causait avec sa femme et a mené celle-ci en France ; il la fait passer pour morte, afin de la tourmenter plus longtemps. Cependant cette pauvre femme était innocente. Le gentilhomme lui parlait d'une cousine qu'il voulait épouser ; mais comme ils causaient bas, vous n'avez entendu que la moitié de leur conversation, que vous avez écrite, et cela a causé ces horribles malheurs. —Ah ! reprit Joliette, je suis une malheureuse ! je ne mérite pas de voir le jour !—Attendez, avant de vous condamner, que vous ayez reconnu tous vos crimes, lui dit la fée. Regardez cet homme couché dans ce cachot et chargé de chaînes. Vous avez découvert une conversation fort innocente qu'il tenait, et parce que vous ne l'aviez écouté qu'à moitié, vous avez cru entendre qu'il était d'intelligence avec les ennemis du roi. Un jeune étourdi, fort méchant homme, une femme aussi babillarde que vous, qui n'aimaient pas ce pauvre homme, aujourd'hui prisonnier, ont répété et augmenté ce que vous leur aviez fait entendre de lui; ils l'ont fait mettre dans ce cachot, d'où il ne sortira que pour assommer le rapporteur à coups de bâton, et vous traiter comme la dernière des femmes, si jamais il vous rencontre. » Après cela, la fée montra à Joliette quantité de domestiques sur le pavé, et manquant de pain ; des maris séparés de leurs femmes, des enfants déshérités de leurs pères, et tout cela causé par des rapports de la jeune fille. Joliette était inconsolable et promit de se corriger. « Vous êtes trop vieille pour vous corriger, lui dit la fée : des défauts qu'on a nourris jusqu'à vingt ans ne se corrigent pas après cela quand on le veut : je ne sais qu'un remède à ce mal, c'est d'être aveugle, sourde et muette pendant dix ans, et de passer tout ce temps à réfléchir sur les malheurs que vous avez causés. » Joliette n'eut pas le courage de consentir à un remède qui lui paraissait si terrible : elle promit pourtant de ne rien épargner pour devenir silencieuse, mais la fée lui tourna le dos sans vouloir l'écouter ; car elle savait bien que si Joliette avait eu une véritable envie de se corriger, elle en aurait pris les moyens. Le monde est plein de ces sortes de gens, qui disent : Je suis bien fâchée d'être gourmande, emportée, menteuse ; je souhaiterais de tout mon cœur me corriger. Ils mentent assurément ; car, si on leur dit : Pour corriger votre gourmandise, il ne faut jamais manger hors de vos repas et rester toujours sur votre appétit quand vous sortez de table; pour vous guérir de votre colère, il faut vous imposer une bonne pénitence toutes les fois que vous vous emporterez ; ils répondent : Cela est trop difficile. C'est-à-dire qu'ils voudraient que Dieu fît un miracle pour les corriger tout d'un coup, sans qu'il leur en coûtât aucune peine. Voilà précisément comme pensait Joliette. Comme elle était détestée de toutes les personnes qui la connaissaient, malgré son esprit, sa bonté et ses talents, elle résolut d'aller demeurer dans un autre pays. Elle partit avec sa sotte mère. Elles arrivèrent dans une grande ville, où l'on fut d'abord charmé de Joliette. Plusieurs seigneurs la demandèrent en mariage, et elle en choisit un qui lui plaisait. Elle vécut un an fort heureuse avec lui. La ville dans laquelle elle demeurait était très-grande ; on ne connut pas tout de suite que Joliette était une rapporteuse, parce qu'elle voyait beaucoup de gens qui ne se connaissaient pas les uns les autres. Un jour, après souper, son mari parlait de plusieurs personnes, et il vint à dire qu'un tel seigneur n'était pas un fort honnête homme, parce qu'il lui avait vu faire plusieurs mauvaises actions. Deux jours après, Joliette était dans une grande mascarade, un homme couvert d'un domino, l'invita à danser, et vint ensuite s'asseoir auprès d'elle. Comme ils s'entretenaient, la femme du seigneur dont le mari lui avait parlé vint à danser ; et Joliette dit à ce masque qui avait un domino : « Cette femme est fort aimable, c'est bien dommage qu'elle soit mariée à un malhonnête homme.—Connaissez-vous le mari dont vous parlez si mal ? lui demanda le masque.—Non, répondit Joliette ; mais mon mari, qui le connaît parfaitement, m'a raconté sur son compte plusieurs vilaines histoires ; » et tout de suite Joliette répéta ces histoires, qu'elle augmenta selon la mauvaise habitude qu'elle avait prise, afin d'avoir occasion de faire briller son esprit. Le masque l'écouta très-attentivement, et elle était fort aise de l'attention qu'il lui donnait, parce qu'elle pensait qu'il l'admirait. Quand elle eut fini, il se leva, et un quart d'heure après, on vint dire à Joliette que son mari se mourait, parce qu'il s'était battu contre un homme auquel il avait ôté la réputation. Joliette courut tout en pleurs au lieu où était le blessé, qui n'avait plus qu'un quart d'heure à vivre. « Retirez-vous, mauvaise créature! lui dit le mourant; c'est votre langue et vos rapports qui m'ôtent la vie; » et peu de temps après il expira. Joliette, le voyant mort, se jeta toute furieuse sur son épée, et se la passa au travers du corps.

EUGÉNIE.

Il faut avouer que cette Joliette était une méchante créature.

MADEMOISELLE BONNE.

Point du tout, ma chère, c'était une fille étourdie, qui avait beaucoup de vanité, qui voulait montrer son esprit, et qui eût été une fort bonne fille si sa mère l'eût punie la première fois qu'elle fit un rapport.

EUGÉNIE.

Mon Dieu! ma bonne amie, vous me faites trembler; j'ai de la vanité comme Joliette, je veux montrer de l'esprit en toutes sortes d'occasions, et je suis fort étourdie : si j'allais comme elle causer de si grands malheurs!

MADEMOISELLE BONNE.

Vous avez un bon remède, ma chère amie; il faut devenir sourde, aveugle et muette.

AUGUSTINE.

Mais cela est bien terrible.

MADEMOISELLE BONNE.

Non, mes enfants, cela n'est pas aussi terrible que vous le croyez. Quand vous vous trouvez dans une compagnie où l'on parle mal du prochain, devenez sourde, c'est-à-dire n'écoutez point les mauvais discours ; si vous ne pouvez pas vous empêcher de les entendre, ne répétez jamais ce que vous avez entendu.

Il faut aussi fermer les yeux sur les actions de votre prochain. Vous voyez combien cela est sérieux. J'aimerais mieux vivre dans une forêt avec des voleurs qu'avec une rapporteuse. Je me méfierais des voleurs; mais comment se garder d'une personne qu'on croit son amie, à laquelle on n'a jamais fait de mal, et qui, à tout moment, peut vous exposer au plus grand des malheurs par son indiscrétion ? Disons un mot de la géographie. Julia, quelles sont les principales rivières d'Angleterre ?

JULIA.

La Tamise, qui est au sud-est, et qui a son embouchure à l'est dans le grand Océan ; elle passe à Londres. La Saverne, qui a sa source dans la principauté de Galles, et qui a son embouchure au sud-est. L'Humber, qui a son embouchure au nord-est de l'Angleterre, et qui est composée de deux rivières qui se joignent. La Trente, qui vient du côté du sud, et l'Oube, qui vient du côté du nord.

AUGUSTINE.

Qu'est-ce qu'une embouchure et une source?

MADEMOISELLE BONNE.

On appelle source d'une rivière l'endroit où elle commence, et embouchure l'endroit où elle se jette dans la mer ou dans une autre rivière.

JULIA.

La rivière de Tweed sépare l'Angleterre de l'Écosse, aussi bien que le mont Cheviot.

MADEMOISELLE BONNE.

Il vous reste à apprendre les noms des cinquante-deux provinces de l'Angleterre, les caps, les golfes et les îles : mais vous avez toutes vos livres de géographie; ainsi vous aurez la bonté de l'apprendre vous-mêmes. Adieu, mes enfants.

DIALOGUE XVIII.

SEIZIÈME JOURNÉE.

MADEMOISELLE BONNE.

Sidonie, récitez-nous votre histoire, s'il vous plaît.

SIDONIE.

Dieu commanda à Moïse de poser ses mains sur Josué, et de donner son esprit à cet homme, pour conduire les Israélites dans la terre qu'il avait promise à Abraham. Moïse rappela au peuple tous les miracles que Dieu avait faits pour l'amour des siens. Il leur promit que le Seigneur ne les abandonnerait jamais, s'ils étaient fidèles à observer ses commandements, et leur fit jurer qu'ils n'y manqueraient jamais. Après quoi, il monta sur une haute montagne, d'où il découvrit cette terre dans laquelle il ne devait point entrer, à cause de sa désobéissance. Il mourut en cet endroit ; mais on n'a jamais su où l'on avait enseveli son corps : Moïse avait vécu cent vingt ans

MADEMOISELLE BONNE.

Moïse est heureux depuis bien longtemps. Comparez les cent vingt années qu'il a vécu avec le grand nombre de celles qui se sont passées depuis; ses peines ont été bien courtes en comparaison du temps qu'il a déjà été heureux, et il le sera encore pendant toute l'éternité. Vous n'auriez pas voulu être à sa place pendant qu'il avait tant de peines ; mais n'est-il pas vrai que vous voudriez bien y être à présent?

JULIA.

Oui, je pense quelquefois à cela, et je dis en moi-même : la vie est bien courte! et après ma mort, qui arrivera bientôt, je n'aurai plus qu'à être heureuse, si j'ai bien vécu.

CHARLOTTE.

Mais, ma chère amie, vous dites que votre mort arrivera bientôt, et vous n'avez que treize ans.

MADEMOISELLE BONNE.

Quand Julia devrait vivre cent années de plus, elle aurait encore raison de dire qu'elle mourra bientôt. Il y a sept ans que vous êtes au monde, ces sept années se sont écoulées comme sept jours ; le reste de votre vie passera tout aussi vite ; mais il n'est pas certain que nous vivions encore longtemps : chaque jour peut être le dernier de notre vie.

JULIA.

Je vous l'avoue, j'ai bien peur de mourir.

MADEMOISELLE BONNE.

Vous craignez apparemment de n'avoir pas encore assez fait d'efforts pour vous convertir.

JULIA.

En vérité, je ne pense pas à cela; mais j'aime la vie : je voudrais, avant de mourir, avoir eu le temps de voir le monde et de me divertir un peu.

MADEMOISELLE BONNE.

Que diriez-vous, si le fils d'un roi était en prison et qu'il ne voulût pas sortir de cette prison, parce qu'il ne serait pas encore allé se promener dans le jardin de ce triste lieu?

JULIA.

Je dirais qu'il serait fou, parce qu'il aurait sans doute dans le royaume de son père des jardins bien plus beaux que celui de la prison.

MADEMOISELLE BONNE.

Vous ne l'êtes pas moins, ma bonne amie, quand vous dites que vous ne voudriez pas mourir encore parce que vous souhaitez voir le monde : cela me fait souvenir d'un petit trait que j'ai lu dans un roman spirituel.

Un prince nommé *Josaphat*, s'étant perdu à la

chasse, entendit la plus belle voix du monde. Il marcha du côté d'où venait la voix, et fut bien surpris de voir que celui qui chantait était un pauvre lépreux dont le corps était à demi pourri. « Eh! mon Dieu! lui dit le prince, comment pouvez-vous avoir le cœur de chanter étant dans une condition si misérable?—J'ai bien sujet de me réjouir, lui répondit le malade ; il y a quarante ans que je suis au monde, c'est-à-dire, qu'il y a quarante ans que mon âme est renfermée dans un corps de boue qui est sa prison. Les murailles de cette prison tombent par morceaux ; bientôt mon âme, libre par la destruction de mon corps, va s'envoler vers mon Dieu, pour y jouir d'une félicité sans bornes ; j'en ai tant de joie, que je ne puis m'empêcher d'élever ma voix vers le ciel pour célébrer ma délivrance. »

CHARLOTTE.

Pour moi, je crains la mort, parce que j'ai été bien méchante.

MADEMOISELLE BONNE.

Vous avez commencé à vous convertir, ma chère, et vous y travaillez tous les jours ; cela doit vous tranquilliser. Dieu est si bon, qu'il n'en demande pas davantage. J'avoue que la mort est bien terrible pour ces personnes qui vivent comme si leur âme devait mourir avec leur corps ; qui ne sont occupées que de leurs plaisirs ; qui ne pensent non plus à Dieu que s'il n'existait point : l'enfer de ces personnes commence dès le temps de leur maladie. Mais, mes chers enfants, continuons nos histoires.

CHARLOTTE.

Josué ayant succédé à Moïse, par ordre de Dieu, envoya deux espions dans la ville de Jéricho. Ils allèrent chez une femme nommée Rahab ; mais le roi de Jéricho envoya des soldats chez cette femme pour prendre les espions. Ils ne les trouvèrent pas, car elle

20.

les avait cachés, et le lendemain elle leur dit. « Je sais que vous êtes venus de la part du vrai Dieu, et qu'il livrera cette ville entre vos mains ; mais puisque je vous ai rendu service, je vous prie de ne me point faire de mal ni à ma famille. Les espions lui dirent : Nous ne vous ferons point de mal ; assemblez toute votre famille chez vous, quand nous prendrons cette ville, et mettez un cordon d'écarlate à votre fenêtre, on ne vous maltraitera pas. Ils retournèrent après cela vers Josué, lequel commanda au peuple de se tenir prêt pour passer le Jourdain, qui est un grand fleuve. Les Israélites étaient fort embarrassés, car il n'y avait pas de pont sur le Jourdain ; mais Josué engagea les prêtres à prendre l'arche du Seigneur, et à entrer dans le fleuve. A peine leurs pieds eurent-ils touché l'eau, qu'elle s'ouvrit en deux pour laisser passer les Israélites ; et Dieu dit à Josué : « Faites enlever douze pierres à la place où les prêtres sont restés au milieu du Jourdain pendant que le peuple passait ; de ces douze pierres vous en ferez un autel, et quand vos enfants vous demanderont ce que signifie cet autel, vous leur répondrez : C'est pour vous rappeler le miracle que Dieu a fait pour l'amour de vous, afin de vous conduire dans la terre qu'il avait promise à Abraham. » Les Israélites obéirent en tout au commandement du Seigneur, et entrèrent dans la terre promise.

AUGUSTINE.

Dans quelle partie du monde était cette terre ?

MADEMOISELLE BONNE.

Je vais vous la montrer sur la carte, ma chère : elle est dans l'Asie, au sud-ouest, et depuis que les Israélites y ont demeuré, on l'a nommée la Judée ; aujourd'hui elle est plus connue sous le nom de Palestine. Voilà le fleuve du Jourdain ; la mer Morte, à la même place où était Sodome, qui fut brûlée par le feu du ciel. Allons, Augustine, dites votre histoire.

AUGUSTINE.

Aussitôt que les Israélites furent entrés dans la terre promise, ils firent du pain avec le blé du pays, et la manne cessa de tomber. Cependant Josué vit un ange qui avait une épée à la main, pour montrer que Dieu combattait en faveur de son peuple ; et le Seigneur dit à Josué : « Que les prêtres prennent l'arche, et qu'ils la portent en silence autour des murailles de Jéricho pendant six jours ; le septième jour, vous ferez le tour de la ville sept fois ; la septième fois les prêtres sonneront de la trompette, puis le peuple jettera un cri de réjouissance ; aussitôt les murailles de la ville tomberont, et chacun entrera de son côté dans cette ville ; mais observez bien cet ordre : je vous commande de tuer les hommes et les bêtes, excepté Rahab et sa famille. Après cela vous détruirez la ville, car tous ceux qui y demeurent sont des méchants. Je vous défends de garder rien de ce qui sera dans Jéricho ; mais vous prendrez l'or, l'argent, le cuivre et le fer, et vous me les consacrerez, et tout le reste sera brûlé. » Josué exécuta ce que Dieu lui avait ordonné. Les murailles de Jéricho tombèrent, et la seule Rahab fut sauvée avec sa famille. Cependant Josué envoya trois mille hommes pour combattre les ennemis ; mais les Israélites s'enfuirent, et il y eut trente-six hommes de tués. Josué et les anciens, bien affligés, se prosternèrent la face contre terre ; le Seigneur dit à Josué : « Ne t'afflige point ; ce malheur est arrivé au peuple, parce qu'il y a au milieu de vous un homme qui m'a désobéi, en gardant quelque chose de ce qu'il a pris dans Jéricho. Tirez au sort et je montrerai le coupable, que vous tuerez à coups de pierres, et ensuite vous le brûlerez avec ce qu'il a volé. » On écrivit donc les noms des tribus d'Israël sur des papiers, et on les plia ; ensuite on les tira sans les voir ; et le premier nom qui sortit fut celui de la tribu de Juda. On fit alors un tirage des noms de toutes les familles de cette tribu ; on amena le nom de la famille Zara. Vint enfin, dans la famille de Zara, le nom d'Achan. Josué dit à celui-ci : « Mon fils, glorifie le Seigneur, en avouant ce que tu as volé. » Achan répondit : « J'ai péché contre l'Eternel, et je me suis laissé tenter par un beau manteau, et par de l'or et de l'argent que j'ai enterrés dans ma tente. » On trouva effectivement toutes ces choses; Achan fut lapidé, c'est-à-dire qu'il fut tué à coups de pierres, et on le brûla, avec tout ce qui lui appartenait.

MADEMOISELLE BONNE.

Avouez, mes enfants, que voilà une histoire bien terrible. Achan s'était caché pour commettre cette coupable action, et il ne pensait pas que Dieu le voyait et qu'il trouverait le moyen de découvrir le crime à la face de tout le peuple. Cachez-vous tant qu'il vous plaira pour faire le mal : Dieu est partout, il voit votre crime ; et s'il ne le découvre pas à tout le monde, il est sûr qu'il vous le reprochera au jugement dernier.

AUGUSTINE.

Qu'est-ce que le jugement dernier ?

MADEMOISELLE BONNE.

Je vais vous l'expliquer. Le ciel, la terre, et toutes les choses que vous voyez, ne dureront pas toujours, mes enfants. Il viendra un jour où elles seront détruites : alors tous les hommes qui seront vivants perdront la vie, et ces hommes et tous ceux qui sont morts depuis le commencement du monde ressusciteront, c'est-à-dire qu'ils reviendront vivants une seconde fois, quand l'ange du Seigneur sonnera de la trompette, en criant : « Levez-vous, morts, et venez au jugement. » Tous les hommes rassemblés, on ouvrira le

Livre, dit l'Ecriture, et l'on verra les bonnes et les mauvaises actions que les hommes ont faites pendant leur

vie. Après cet examen, Jésus-Christ dira aux justes : « Venez, les bénis de mon Père, posséder le royaume que je vous ai préparé de toute éternité; car j'ai eu faim, et vous m'avez donné à manger; j'ai eu soif, et vous m'avez donné à boire; j'ai été nu, et vous m'avez habillé ; j'ai été malade, et vous m'avez donné des remèdes ; j'étais en prison, et vous êtes venus me visiter pour me secourir. » Les justes demanderont : « Seigneur, comment vous avons-nous rendu tous ces services ? » Et Jésus répondra : « Je vous dis en vérité que toutes les fois que vous avez fait du bien à un pauvre et à un affligé pour l'amour de moi, c'est à moi que vous avez rendu ce service. » Ensuite Jésus-Christ dira aux méchants : « Retirez-vous de devant moi, maudits, allez au feu éternel qui a été préparé par le diable;

car j'ai eu faim, et vous n'avez pas voulu me donner à manger ni à boire ; vous ne m'avez point aidé, ni visité quand j'étais nu, malade et en prison. »

A ces paroles, les méchants tomberont dans l'enfer. Là, dit Jésus-Christ, il y aura des pleurs et des grincements de dents.

EUGÉNIE.

Mon Dieu! si je pensais souvent à ce que vous venez de dire, je serais une sainte. Allons, je veux me convertir, et ne plus craindre la mort, puisque je ne mourrai pas tout à fait, et que je dois ressusciter un jour. Mais, dites-moi, sera-ce avec nos propres corps que nous ressusciterons? Cela me paraît bien difficile à croire. Car enfin, je suppose qu'un homme tombe dans la mer et qu'il soit mangé par vingt poissons, ces poissons seront mangés par vingt hommes ; comment toutes les parties du corps de cet homme noyé pourront-elles être rassemblées?

MADEMOISELLE BONNE.

Elles seront encore bien plus divisées que vous ne croyez, ma chère; car enfin, les hommes qui auront mangé les poissons qui se seront nourris de cet homme noyé mourront à leur tour. La graisse de leur corps fera venir de l'herbe dans les cimetières où ils seront enterrés, cette herbe servira de pâture à des animaux, ces animaux de nourriture à d'autres hommes. Cependant, à ces paroles de l'ange : *Levez-vous, morts*, la puissance de Dieu rassemblera toutes ces parties.

CHARLOTTE.

Reprochera-t-il aux hommes les fautes dont ils se seront corrigés?

MADEMOISELLE BONNE.

Oui, ma chère; mais, en même temps, on montrera les efforts qu'ils auront faits pour se corriger, et cela sera bien glorieux.

SIDONIE.

Mais les méchants seront donc bien honteux de voir que tout le monde connaîtra les péchés qu'ils auront faits en cachette ?

MADEMOISELLE BONNE.

Ils seront si honteux, qu'ils prieront les montagnes de tomber sur eux et de les écraser, mais leurs vœux seront inutiles ; il faudra qu'ils portent la honte de leurs mauvaises actions à la face de tout l'univers.

AUGUSTINE.

Quant à moi, je pense qu'il est bien aisé de gagner le ciel, puisqu'il n'y a qu'à faire du bien aux pauvres ; ils me font tant de pitié, que je leur donnerais le pain de mon déjeuner, si on voulait me le permettre.

MADEMOISELLE BONNE.

Mais si vous aviez bien faim, ma bonne amie?

AUGUSTINE.

Je leur en donnerais la moitié, et je mangerais l'autre. Mais, je suppose qu'une femme fût bien méchante, qu'elle se mît toujours en colère, qu'elle aimât le vin et les liqueurs, qu'elle fût une menteuse, qu'elle parlât mal de son prochain ; cette femme irait-elle au ciel avec tous ses défauts, si elle faisait l'aumône ?

MADEMOISELLE BONNE.

Non, ma chère ; mais il n'est presque pas possible qu'une femme bien charitable ait tous ces défauts, ou du moins qu'elle ne s'en corrige pas. Remarquez, mes enfants, que pour être vraiment charitable, il faut l'être pour l'amour de Dieu. Il y a des gens qui font l'aumône par vanité ; d'autres, par imitation, et d'autres pour se débarrasser de l'importunité des pauvres. Vous sentez bien que de pareilles aumônes ne sont pas celles dont parle Jésus-Christ.

EUGÉNIE.

Mais, quand on n'a pas beaucoup d'argent, et qu'on a une grosse famille, on ne peut pas faire beaucoup d'aumônes.

MADEMOISELLE BONNE.

Cela est vrai, ma chère; mais on peut exercer la charité comme si l'on était riche en pratiquant les autres œuvres de miséricorde. Si une personne vous expose sa pauvreté, vous la consolerez, vous l'exhorterez à prendre son mal en patience; vous la recommanderez aux personnes riches, et vous ferez ainsi la charité; car, consoler les affligés est une œuvre de miséricorde. C'en est une aussi de reprendre les pécheurs avec douceur et charité, de prier pour eux, et de s'attacher à rendre service. En un mot, mes enfants, une personne vraiment charitable trouve mille moyens de faire la charité, quoiqu'elle soit pauvre. Disons maintenant un mot de la géographie. Julia, comment partage-t-on l'Ecosse?

JULIA.

En deux parties : celle qu'on nomme méridionale, et la septentrionale; la rivière du Tay les sépare. La capitale de l'Ecosse est Edimbourg, dans la partie méridionale, à l'est.

MADEMOISELLE BONNE.

Et comment divisez-vous l'Irlande?

JULIA.

En quatre parties, qui étaient autrefois quatre royaumes. On trouve, au sud, le Mounster; à l'ouest, le Leinster; au nord, l'Ulter; et à l'ouest, le Connaught. Dublin, capitale de l'Irlande, est dans le Leinster. Voulez-vous que je répète ces vers que vous m'avez appris pour m'aider à retenir la géographie?

MADEMOISELLE BONNE.

Ils sont mauvais, ma chère; mais n'importe; cela aide la mémoire : ainsi vous pouvez les réciter.

JULIA.

L'Angleterre, l'Irlande et le peuple écossois
Ne sont qu'un seul État, jadis en faisant trois,
    Gouvernés par différents princes.
Dans le premier on voit quarante-deux provinces.
On voit douze provinces au pays des Gallois.
Londres, sur la Tamise, est le séjour des rois :
Twède coule à son nord, et ce fleuve sépare
L'Anglois de l'Écossois, qui fut jadis barbare.
    Le Tay se trouve en même lieu,
    Et coupe l'Écosse au milieu.
    Édimbourg, ville capitale,
    Est dans la part méridionale.

Pourquoi dites-vous que ces vers sont mauvais?

MADEMOISELLE BONNE.

C'est que vous ignorez ce qu'il faut pour rendre les vers passables. Il y a, par exemple, une grande faute dans les deux premiers vers, car *Ecossois* se prononce autrement que *trois* et le cinquième a treize syllabes au lieu de douze. Vous ne nous avez rien dit pour l'Irlande.

JULIA.

Voici les quatre vers qu'on a faits pour ce royaume :

    L'Irlande comptait autrefois
    Quatre royaumes, quatre rois,
    Ce pays pauvre, mais fertile,
Voit Dublin la première entre toutes ses villes.

MADEMOISELLE BONNE.

Voilà encore une grande faute dans ces deux derniers vers : *fertile* est au singulier, et le mot *villes*, qui lui sert de rime, est au pluriel, ce qui ne se trouve jamais dans de bons vers. Adieu, mes enfants, il est l'heure de nous séparer.

DIALOGUE XIX.

DIX-SEPTIÈME JOURNÉE.

EUGÉNIE.

Ma bonne amie, mon père m'a prêté un livre où j'ai lu un joli conte ; voulez-vous que je le dise à ces demoiselles ?

MADEMOISELLE BONNE.

Volontiers, ma chère.

ROLAND ET ANGÉLIQUE.
CONTE.

Il y avait un prince, appelé Roland, qui voulait épouser une princesse nommée Angélique. Roland était un fort honnête homme ; mais malgré cela, Angélique ne pouvait le souffrir. Il allait à la guerre, et accomplissait inutilement les plus belles actions du monde. Quand il faisait des prisonniers, il leur disait : « Vous irez trouver Angélique de ma part, et vous lui direz que je vous ai donné la liberté pour l'amour d'elle. » Quand il prenait des diamants et d'autres choses précieuses aux ennemis, il les envoyait à cette princesse. Mais rien de tout cela ne touchait le cœur de celle-ci ; elle aimait mieux un bel homme qu'un honnête homme qui avait beaucoup de courage, et Roland n'était pas beau. Un jour qu'elle se promenait dans un bois, elle vit à terre un homme qui était percé de plusieurs coups d'épée ; d'abord elle crut qu'il était mort, mais l'ayant regardé de plus près, elle reconnut qu'il respirait encore, et remarqua qu'il était beau comme le jour. Elle pria les bergers, qui étaient près de là, de porter ce jeune homme dans leur cabane. Angélique en prit soin, et quand il fut guéri, elle s'enfuit avec lui. Roland fut si chagrin de cela, qu'il devint fou. Une grande fée eut pitié de lui, et alla trouver un de ses cousins, nommé Astolphe; elle lui donna un cheval qui avait des ailes, et lui dit : « Montez sur ce cheval; il vous mènera dans le royaume de la Lune, et vous y trouverez la raison de Roland; vous la rapporterez. » Astolphe se mit en selle et arriva jusqu'à la Lune. Alors il vit trois vieilles femmes qui filaient ensemble. La première, qui se nommait Clotho, tenait le fil; la seconde, appelée Lachésis, le tournait dans le fuseau, et Atropos, la plus vieille, le coupait. Elles dirent à Astolphe : « Nous sommes trois sœurs qu'on appelle les Parques; nous filons la vie des mortels : quand un homme vient au monde, l'une de nous prend le fil, l'autre le tourne; mais quand nous le coupons, il faut qu'il meure. » Astolphe, qui était fort attaché à la vie, dit aux Parques : « Mesdames, je suis charmé d'avoir l'honneur de vous faire ma révérence; j'avais entendu parler de vous, mais on ne vous rend pas justice. Les poëtes disent que vous êtes vieilles, ils mentent : je vous trouve encore très-aimables; et quand je serai revenu sur la terre, je ferai punir sévèrement les auteurs qui ne vous rendront pas justice; car je veux être un de vos plus zélés serviteurs.—On voit bien que vous venez de la cour, répondit Clotho à Astolphe; vous mentez avec une effronterie admirable. Mais, mon pauvre garçon, vous perdez vos peines; nous savons que nous sommes vieilles, très-vieilles, et nous ne sommes pas comme les femmes de votre monde, qui sont assez stupides pour ne pas voir que les hommes se moquent d'elles ordinairement, quand ils les louent avec exagération. Je vois bien ce qui vous engage à nous dire des douceurs; vous voudriez bien que ma sœur Atropos oubliât de couper le fil de votre vie; mais cela ne dépend pas d'elle : le Destin conduit nos ciseaux, et toutes les puissances du ciel, de la terre et des enfers, ne peuvent l'empêcher d'exécuter ses arrêts. Vous mourrez quand il l'ordonnera; ne vous embarrassez pas du moment, et tâchez seulement de vivre assez bien pour ne pas craindre la mort. Adieu, pensez à faire votre commission. Vous n'avez qu'à suivre le chemin qui est devant vous; vous trouverez une grande maison, dans laquelle vous entrerez, et l'un de nos domestiques vous enseignera où vous devez chercher la raison de Roland... » Astolphe, un peu honteux d'avoir été démasqué, prit congé des Parques, et trouva la maison dont Clotho lui avait parlé. Le domestique qui gardait cette maison, dit : « Seigneur, suivez-moi dans cette chambre, vous trouverez ce que vous cherchez. » Astolphe entra dans une grande chambre, qui était garnie de planches tout alentour, et sur ces planches il y avait un grand nombre de petites bouteilles rangées, avec des étiquettes comme dans la boutique d'un apothicaire. « Chacune de ces bouteilles renferme la raison d'un homme : cherchez celle du seigneur Roland.—Mon ami, dit Astolphe à ce domestique, je suis tout étonné du grand nombre de bouteilles que je vois ici; je ne croyais pas qu'il y eût tant de fous sur la terre.—Vous ne voyez presque rien, lui répondit le domestique, cette chambre-ci ne renferme que les raisons des fous qui sont à la cour de Charlemagne, votre empereur: mais dépêchez-vous de chercher celle dont vous avez besoin. » Astolphe lut les étiquettes, et trouva d'abord : *Raison de la jeune Elise.* « Vous n'y pensez pas, reprit-il; Elise n'est point folle, elle fait l'ornement de la cour de Charlemagne, et moi, qui la connais particulièrement, je puis vous assurer qu'elle a beaucoup d'esprit.—Et point de raison, ajouta le gardien. Est-on raisonnable quand on sacrifie de sang-froid sa jeunesse, sa santé, sa réputation, au désir de se divertir? Elise, livrée à la dissipation, avance la vieillesse pour elle, et mourra à la moitié de sa vie; elle fait du jour la nuit et de la nuit le jour. Elle craint tant de rester seule qu'elle

court de tous côtés pour fuir sa propre compagnie. Vous la voyez partout, elle est de toutes les parties, et tout cela, parce qu'elle craint de trouver un moment pour réfléchir sur elle-même, ce qui la rendrait trop honteuse.—Permettez-moi de prendre cette bouteille avec celle de Roland, demanda Astolphe.—Vous le feriez inutilement, répondit le gardien : je suis descendu plusieurs fois dans votre monde pour offrir cette bouteille à Elise, elle m'a remercié de fort bonne grâce. Elle aime le plaisir, elle veut briller dans les compa-

21.

gnies, et elle sait bien que, si elle reprenait sa raison, il faudrait renoncer à ce genre de vie, et briser les chaînes qui l'y retiennent. Elle m'a prié de lui garder sa bouteille jusqu'à ce qu'elle ait quarante ans ; elle a juré qu'elle la prendrait jusqu'à la dernière goutte ; mais, hélas! elle la prendra alors pour son désespoir. Infirme, méprisée, personne ne lui saura gré d'abandonner des plaisirs prêts à la quitter ; et sa raison, qui pourrait aujourd'hui lui servir à se corriger, ne servira dans ce temps qu'à la désespérer. Passons à d'autres bouteilles. » Astolphe lut encore quelques étiquettes. Mais quel fut son étonnement, lorsqu'on trouva une bouteille sur laquelle était écrit : *Raison d'Astolphe!* » Ah! parbleu, ceci est singulier, s'écria-t-il; me prend-on pour un fou?—Apprenez, lui dit son guide, que tous les plus grands fous ne sont pas ceux qui courent les champs comme Roland : ceux qui se laissent gouverner par une passion sont extravagants. Le riche avare, qui se laisse manquer volontairement du nécessaire, qui s'attire le mépris des honnêtes gens, et tout cela pour entasser écus sur écus, et les laisser à des héritiers qui les dépenseront en se moquant de lui, n'est-il pas un fou? Cet homme entêté de sa noblesse, qui périrait plutôt que de céder le pas à un autre qu'il croit son égal, n'est-il pas un fou? Vous-même, seigneur Astolphe, qui courez à la guerre, et qui vous exposez tous les jours à vous faire casser la tête, les bras ou les jambes, et cela pour faire parler de vous, n'êtes-vous pas un fou?—Non, répondit Astolphe. Un homme de mon rang est fait pour aller à la guerre, et la raison me dit qu'il faut sacrifier ma vie pour mon pays et pour mon prince.—Sans doute, répliqua le guide; mais en sacrifiant votre vie, vous n'avez jamais pensé ni à votre prince, ni à votre pays, et voilà la folie ; vous n'avez eu d'autres pensées que de faire parler de vous, d'acquérir une dignité, de l'emporter sur vos camarades : là est l'extravagance. Croyez-moi, prenez votre bouteille jusqu'à la dernière goutte. — Il me reste assez de raison pour suivre votre conseil, repartit Astolphe, et aussitôt, ouvrant sa bouteille, il respira tout ce qui était dedans, et fut fort honteux quand il examina avec sa raison toutes les sottises qu'il avait faites. Il trouva enfin la bouteille de Roland, et, après avoir remercié le gardien, il revint sur la terre.

On eut bien de la peine à attraper Roland pour lui faire respirer sa raison, mais enfin on en vint à bout. A peine l'eut-il reprise qu'il regarda de tous les côtés, et, surpris de se voir tout nu, il demanda qui l'avait mis ainsi. On lui dit que c'était le chagrin qu'il avait conçu de la perte d'Angélique. « Angélique ! dit Roland tout étonné ; cette coquette, qui était tout occupée de sa beauté, qui n'aimait que les louanges, qui, oubliant qu'elle était une princesse, a épousé un jeune aventurier, seulement parce qu'il était beau ! est-il possible que je sois devenu fou pour une personne si méprisable ? » Tout le monde fut bien surpris d'entendre parler Roland d'une manière si raisonnable. Plusieurs personnes attaquées de la même maladie prièrent Astolphe de recommencer le voyage en leur faveur; mais la fée n'était plus d'humeur de prêter tous les jours sa voiture. Ainsi, depuis Roland, personne n'a pu parvenir jusqu'à cette demeure bienheureuse, et ce n'est qu'en faisant les plus grands efforts qu'on parvient à retrouver sa raison, quand on l'a perdue en cédant lâchement à quelque passion.

JULIA.

Ma bonne amie, n'ai-je pas entendu parler de ce Roland dans l'histoire?

MADEMOISELLE BONNE.

Oui, ma chère; c'était un des gouverneurs de la Bretagne sous Charlemagne, et apparemment un grand capitaine, car les faiseurs de romans, qui conservent pour l'ordinaire le vrai caractère des héros, nous le dépeignent comme un homme d'une valeur extraordinaire. Mais tout ce que l'histoire nous apprend de lui, c'est qu'il mourut à Roncevaux, au sortir de l'Espagne, où son maître avait remporté de grands avantages sur les Maures.

EUGÉNIE.

En vérité, je suis fâchée d'apprendre que tout ce qu'on écrit de Roland n'est pas vrai; je l'aimais beaucoup, malgré sa folie.

MADEMOISELLE BONNE.

C'est que vous avez du goût pour tout ce qui est extraordinaire; dans le fond, ces sortes de lectures ne valent pas grand'chose; on peut s'en amuser quelques moments pour se délasser; mais il ne faudrait pas en faire son occupation ordinaire; on accoutume par-là son esprit à aimer le faux, et puis cela prendrait beaucoup de temps, et à votre âge, c'est une chose bien précieuse. Vous pouvez d'autant mieux vous passer de ces lectures, que vous trouverez dans l'Histoire sainte, et même dans l'Histoire profane,

des faits véritables et plus intéressants que tous ceux qu'on trouve dans les contes et dans les histoires fabuleuses.

CHARLOTTE.

Mais pourtant, vous nous dites des contes.

MADEMOISELLE BONNE.

Cela est vrai, ma chère ; mais c'est que vous, vous êtes encore une petite fille, et qu'il faut bien vous amuser un peu ; à mesure que vous deviendrez plus raisonnable, je vous dirai moins de contes, et plus d'histoires. Commencez à nous réciter celle que vous avez apprise.

CHARLOTTE.

Les Israélites avaient déjà détruit, pour obéir à Dieu, la ville de Jéricho et celle de Haï ; mais les rois de ce pays, au lieu de se soumettre au Seigneur, s'assemblèrent afin de détruire les Israélites en leur faisant la guerre. Il y avait parmi ces nations un peuple qu'on appelait les Gabaonites : ce peuple, ayant vu les grandes choses que Dieu avait faites pour les Israélites, comprit qu'il était inutile de résister à ceux-ci, puisque le Seigneur des armées combattait pour eux ; mais comme ils savaient que Dieu avait défendu aux Israélites de faire alliance avec aucun des peuples de ce pays, ils résolurent de les tromper. Pour cela, ils envoyèrent vers les Israélites des ambassadeurs qui avaient des souliers tout déchirés ; ces ambassadeurs prirent des pains qui étaient cuits depuis plusieurs jours, en sorte qu'ils étaient fort durs, et les outres où ils mirent leur vin étaient usées et pleines de pièces. Les envoyés étant arrivés au camp des Israélites, dirent à Josué : « Nous demeurons bien loin d'ici, et nos peuples, ayant appris les merveilles que Dieu a faites pour vous tirer d'Egypte, nous ont ordonné de faire alliance avec vous, afin que, quand vous serez les maîtres de tout ce pays, vous ne nous fassiez point de mal. Il y a longtemps que nous sommes en chemin, c'est pourquoi nos souliers sont tout usés, et le pain que nous avons emporté avec nous est dur comme du biscuit. » Josué et les principaux d'Israël ne consultèrent point le Seigneur pour savoir ce qu'ils devaient faire, et jurèrent la paix avec les Gabaonites, Quelques jours après, ils approchèrent de leurs villes pour les prendre, et ils furent bien étonnés lorsque ce peuple leur dit : « Vous ne pouvez nous combattre, car vous avez juré par le nom du Seigneur l'alliance avec nous. » Quoique Josué fût bien fâché d'avoir été trompé, il ne voulut pas manquer à son serment et répondit aux Gabaonites : « Puisque nous avons juré par le nom du Seigneur de ne point vous tuer, vous vivrez parmi nous ; mais parce que vous avez sauvé votre vie par un mensonge, vous serez esclaves, et vous travaillerez à fournir l'eau et le bois pour le service du Seigneur. » Les Gabaonites dirent à Josué : « Nous voulons bien être vos esclaves, nous exécuterons tout ce que vous nous commanderez. » Ainsi les Israélites pardonnèrent aux Gabaonites pour garder leur serment.

SIDONIE.

D'où vient que Dieu a pardonné à ceux-là, et point aux autres ?

MADEMOISELLE BONNE.

Je pourrais vous répondre qu'il est le maître d'accorder le pardon à qui il lui plaît ; mais, ma chère, je vais vous dire ce que je pense là-dessus. Dieu ne fait rien par caprice. Puisqu'il a permis que les Gabaonites trouvassent le moyen de sauver leur vie, je crois que c'est parce qu'ils n'étaient pas si méchants que les autres peuples, et qu'ils avaient dessein de se convertir.

AUGUSTINE.

Et moi, je pense qu'ils avaient déjà commencé à se convertir. Ils croyaient au Dieu des Israélites, puisqu'ils étaient assurés que ce qu'il avait ordonné ne pouvait manquer d'arriver. Or, croire en Dieu, c'est avoir commencé à se convertir.

MADEMOISELLE BONNE.

Je suis de votre sentiment, ma chère ; car Dieu, qui est infiniment juste, punit chacun selon le degré de sa méchanceté. Il changea la peine de mort qu'i avait portée contre les Gabaonites en celle de l'esclavage, et leur donna par là le moyen de le connaître et de se convertir tout à fait. Allons, Augustine, continuez l'histoire de l'entrée des Israélites dans la terre promise.

AUGUSTINE.

Cinq rois s'étant assemblés pour punir les Gabaonites, qui s'étaient soumis aux enfants d'Israël, Josué marcha au secours de ses alliés, et donna une grande bataille. Le Seigneur combattit visiblement pour ces derniers en envoyant une grêle de pierres, qui tuèrent un grand nombre des assaillants. Comme il y en avait encore beaucoup à vaincre, et que la nuit était proche, Josué parla au soleil et lui commanda de rester à sa place jusqu'à ce que les Israélites eussent remporté une entière victoire. Le soleil obéit à Josué, car le jour dura beaucoup plus qu'à l'ordinaire, et la nuit ne vint que quand la bataille fut tout à fait finie. Josué remporta encore un grand nombre d'autres victoires : ensuite il partagea les pays qu'il avait conquis entre les tribus des enfants d'Israël. Ce peuple témoigna alors avec de grands cris qu'il ne voulait d'autre Dieu que l'Éternel. Josué, ayant reçu le serment de ceux auxquels il avait commandé, mourut âgé de cent dix ans.

MADEMOISELLE BONNE.

C'est à vous de parler, Sidonie.

SIDONIE.

Les enfants d'Israël n'obéirent point au Seigneur, car ils se contentèrent de faire payer un tribut à plusieurs des peuples qui habitaient la terre promise, et ne les détruisirent point. or, ces peuples adoraient les idoles, et ne voulaient pas reconnaître le vrai Dieu. Le Seigneur dit donc aux Israélites : « Parce que vous avez épargné ces peuples contre ma défense, désormais vous ne pourrez plus les détruire ; ils vous engageront à adorer leurs idoles, et je me servirai d'eux pour vous punir. » Ce que Dieu avait prédit arriva; les Israélites épousèrent des femmes de ces peuples; et sacrifièrent aux dieux de ceux-ci dont ils furent plusieurs fois esclaves. Quand ils étaient bien misérables, ils levaient les mains au ciel et demandaient miséricorde, alors Dieu avait pitié d'eux, et leur envoyait des juges pour les gouverner et les délivrer de leurs ennemis : mais ils retombaient bientôt dans le crime par le mauvais exemple de leurs voisins. Une fois le Seigneur leur donna une femme nommée Débora, pour les conduire, et elle dit à un homme qui s'appelait Barac : « Prends dix mille hommes, et va combattre les ennemis du Seigneur. » Barac refusa d'aller à la guerre, à moins que Débora ne marchât avec lui contre le roi Sisara, qui avait une armée formidable. Débora lui répondit : « Je t'accompagnerai, mais une autre femme que moi aura l'honneur de la victoire. » En effet, Dieu effraya l'armée de Sisara, qui prit lui-même la fuite. Comme il se sauvait, il entra dans la tente d'une femme nommée Jahel, qui descendait du beau-père de Moïse : cette femme le tua, et les enfants d'Israël furent délivrés.

EUGÉNIE.

Je vois bien à présent pourquoi Dieu avait condamné tous ces peuples; c'est qu'ils étaient incorrigibles, et qu'ils faisaient tous leurs efforts pour engager les Israélites à devenir idolâtres.

MADEMOISELLE BONNE.

Vos réflexions sont fort justes, ma chère. Dieu est si bon, qu'il ne condamne jamais que les méchants. Or, on ne doit en aucune circonstance balancer à lui sacrifier une occasion de pécher, sans quoi il est sûr qu'on deviendra bientôt criminel. Je suppose, par exemple, une jeune dame qui aime beaucoup le monde, qui y passe tout son temps, qui néglige de soigner ses enfants; cette dame dira : « Je sais bien que j'offense Dieu en oubliant mes devoirs; mais je ne puis me corriger. Quand je prends la résolution de rester à la maison, je reçois des invitations, mes amis me viennent chercher, et je n'ai pas la force de résister. —Allez à la campagne, répondrai-je à cette dame; quittez ces amies qui ne pensent comme vous qu'à se divertir; faites connaissance avec quelques personnes raisonnables qui aiment à s'occuper de choses utiles.— Oh! mais, ajoutera-t-elle, si je restais dans ma campagne, je m'ennuierais à mourir.—Vous êtes une menteuse quand vous dites que vous voulez vous corriger; vous faites comme les Israélites, vous ne voulez pas sacrifier les occasions du péché, vous pécherez. » Une autre aura la mauvaise coutume de se mettre en colère, elle perdra au jeu; elle vous affirmera qu'elle voudrait bien se corriger de sa colère; et moi je dirai qu'elle est une menteuse, si elle ne veut pas quitter le jeu, qui est pour elle une occasion de colère. C'est une chose absolument nécessaire pour être bon, que de s'éloigner des occasions d'être méchant. Retenez-le bien, mes enfants.

AUGUSTINE.

Ma bonne amie, vous nous avez dit, il y a quelque temps, que c'était la terre qui tourne, et non pas le soleil; cependant Josué commanda au soleil de s'arrêter, et non pas à la terre : est-ce qu'il ne savait pas que le soleil ne marche point.

MADEMOISELLE BONNE.

Josué pouvait fort bien ne pas savoir que c'est la terre qui tourne, et non pas le soleil, parce que les savants de ce temps-là le croyaient ainsi. Mais quand même Dieu eût révélé à Josué que c'est la terre qui tourne, je crois que celui-ci aurait toujours dit au soleil de s'arrêter, car s'il eût fait ce commandement à la terre, les Israélites eussent cru qu'il était fou, puisqu'ils étaient persuadés qu'elle reste immobile; il eût fallu leur faire de longs discours pour leur démontrer cela. Nous allons dire un mot de la géographie. Julia, quels royaumes trouve-t-on à l'est des Iles Britanniques?

JULIA.

On trouve le Danemark, qui a la Norwége au nord; ce dernier royaume a la Suède à l'est; à l'est de la Suède, on voit la grande Russie ou la Moscovie. Ce sont là les cinq parties qu'on trouve au nord de l'Europe, et que je vais répéter de suite : 1 Grande-Bretagne; 2 Danemark; 3 Norwége; 4 Suède; 5 Moscovie. Je vais vous citer quelques vers qui parlent des quatres dernières.

> Le peuple de Norwége et le peuple danois
>   Avaient jadis différents princes.
> Marguerite soumit la Norwége à ses lois :
> Depuis, du Danemark elle est une province.
>   Sous Marguerite, les Suédois
>   Voulurent s'unir aux Danois.
> Christiern dans le sang fit nager leurs contrées;
>   Mais, par Gustave délivrées,
>   Elles sont libres en ce jour;
> Stockholm est capitale, et l'on y voit la cour.
> La Moscovie et ses vastes contrées
> Avant Pierre le Grand étaient presque ignorées.
> Ce prince y fit fleurir le commerce et les arts;
> Il bâtit Pétersbourg, où résident les czars :
>   C'est aujourd'hui sa ville principale,
> Avant elle, Moscow était la capitale.

EUGÉNIE.

Je souhaiterais savoir ce que c'était que cette Marguerite.

MADEMOISELLE BONNE.

Je veux bien vous le dire, mais cela pourra vous ennuyer.

Un roi de Danemark maria sa seconde fille, nommée Marguerite, à un prince de Norwége. Elle eut un fils de ce prince; son mari et son père étant morts, elle eut le crédit nécessaire pour faire nommer roi son fils, au préjudice de la sœur aînée de celui-ci, et elle fut régente du royaume. Marguerite était si habile, qu'on l'a appelée la Sémiramis du Nord. Son fils mourut et elle avait tellement établi son autorité, qu'on n'osa refuser la couronne à cette princesse. Il est vrai qu'elle gouvernait avec tant de sagesse, que tous ses sujets étaient heureux. Les Suédois n'étaient pas si tranquilles : ils voulaient que leurs rois n'eussent aucune autorité; les rois prétendaient être les maîtres; cela occasionnait des guerres continuelles. Les premiers prirent la résolution de se soumettre à Marguerite, mais ils se donnèrent à elle à certaines conditions qui assuraient leur liberté et leurs lois. Marguerite promit tout ce qu'on voulut; mais quand elle fut reine de Suède, elle ne tint pas ses promesses et se moqua des Suédois qui voulurent l'en faire ressouvenir. Les rois qui régnèrent après Marguerite traitèrent les Suédois encore plus mal, en sorte qu'ils se révoltèrent. Un roi de Danemark, qui se nommait Christiern et qui était fort méchant, déclara la guerre aux Suédois pour les forcer à le reconnaître pour souverain; comme ils avaient parmi eux un jeune homme nommé Gustave, qui avait beaucoup de valeur, Christiern le prit par trahison et l'envoya en Danemark. Ce méchant prince, étant devenu maître de la Suède, fit mourir tous les hommes de qualité qu'il avait priés à dîner, et parmi ceux qu'il tua était le père de Gustave. Le jeune homme l'ayant su, se sauva et vint dans les montagnes qui sont en

Suède; comme Christiern avait promis une grosse somme d'argent à ceux qui le tueraient, il fut obligé, pour se cacher, de prendre un pauvre habit et de travailler à la journée. Il fut découvert par une femme qui vit que le collet de sa chemise était brodé. Gustave se réfugia chez un gentilhomme qu'il croyait

de ses amis. Ce gentilhomme le pria de rester chez lui pendant qu'il irait lui chercher des troupes pour faire la guerre à Christiern. Gustave y consentit; mais quand cet homme fut sorti, sa femme dit à Gustave que le gentilhomme était allé réunir des soldats pour le faire prisonnier. Cette dame envoya Gustave chez un curé qui le cacha dans une armoire placée dans son église, et toutes les nuits il lui portait à manger. Ensuite le curé engagea un grand nombre de paysans à faire la guerre contre Christiern avec Gustave, et ce dernier parvint à rendre la liberté aux Suédois, qui, pour le récompenser, le firent leur roi.

DIALOGUE XX.

DIX-HUITIÈME JOURNÉE.

AUGUSTINE.

Ma bonne amie, n'aurons-nous pas un conte aujourd'hui ?

MADEMOISELLE BONNE.

Je le veux bien.

Il y avait une fois un roi nommé Guinguet, qui était fort avare. Il épousa une femme qui ne l'était pas moins que lui-même. Elle donna le jour à un fils qu'on nomma Tity; et une autre année elle eut un second fils qui fut appelé Mirtil. Tity était bien plus beau que son frère; mais le roi et la reine ne pouvaient souffrir leur fils aîné parce qu'il se plaisait à partager tout ce qu'on lui donnait avec les autres enfants qui venaient jouer avec lui. Pour Mirtil, il aimait mieux laisser gâter ses bonbons que d'en donner. Il enfermait ses jouets, de peur de les user; et quand il tenait quelque chose dans sa main, il le serrait si fort qu'on ne pouvait le lui arracher, même pendant qu'il dormait. Le roi et sa femme étaient fous de cet enfant, par la raison qu'il leur ressemblait. Les princes devinrent grands; et, de peur que Tity ne dépensât son argent, on ne lui donnait pas un sou. Un jour que Tity était à la chasse, un de ses écuyers passa près d'une vieille femme et la jeta dans la boue : la vieille criait qu'elle avait la jambe cassée, mais l'écuyer n'en faisait que rire. Tity, qui avait un bon cœur, gronda son écuyer, puis avec le secours de l'Eveillé, qui était son page favori, il conduisit la vieille dans une petite cabane où elle demeurait. Le prince alors fut au désespoir de n'avoir point d'argent à donner à cette femme. L'Éveillé, comprenant la pensée du prince, lui dit : « J'ai un écu pour tout bien, il est à votre service.—Je vous récompenserai quand je serai roi, répondit Tity ; j'accepte votre écu pour le donner à cette pauvre femme. » Tity, étant revenu à la cour, la reine le gronda de ce qu'il avait fait pour la pauvre vieille. « Madame, dit Tity, je croyais que les princes n'étaient jamais plus grands que quand ils faisaient du bien.—Allez, repartit la reine, vous êtes un extravagant, avec cette belle façon de parler. » Le lendemain, Tity alla encore à la chasse, mais c'était pour voir comment cette femme se portait. Il la trouva guérie, et elle le remercia de la charité qu'il avait montrée pour elle. « J'ai encore une prière à vous faire, lui dit-elle : voici des noisettes et des nèfles qui sont excellentes, faites-moi la grâce d'en manger quelques-unes. » Le prince goûta ces noisettes et ces nèfles, il les trouva délicieuses. « Puisqu'elles vous paraissent si bonnes, reprit la vieille, faites-moi le plaisir d'emporter le reste pour votre dessert. » Pendant qu'elle disait cela, une poule qu'elle avait se mit à chanter, et pondit un œuf. La vieille pria le prince de si bonne grâce d'emporter aussi cet œuf, qu'il le prit par complaisance ; mais, en même temps, il donna quatre pièces d'or ; il les tenait de l'Éveillé qui les avait empruntées à son père, lequel était un gentilhomme de campagne. Quand le prince fut de retour à son palais, il commanda de lui donner l'œuf, les nèfles et les noisettes pour son souper ; mais en cassant l'œuf, il fut bien étonné de trouver dedans un gros diamant ; les nèfles et les noisettes étaient aussi remplies de diamants. Quelqu'un alla dire cela à la reine, qui courut aussitôt à l'appartement de Tity, et fut si charmée de ce qu'elle vit, qu'elle l'embrassa et l'appela son cher fils pour la première fois. « Voulez-vous bien me donner ces diamants ? dit-elle à son fils. —Tout ce que j'ai est à votre service, répondit le prince. — Allez, vous êtes un bon garçon, lui répliqua la reine, je vous récompenserai. » Elle emporta donc ces trésors, et elle envoya au prince quatre pièces d'or. Ceux qui virent ce présent voulurent se moquer de la reine, qui n'était pas honteuse d'envoyer cette somme pour des diamants, qui valaient plus de cinq cent mille louis ; mais le prince chassa de sa chambre les railleurs en leur reprochant d'être assez hardis pour manquer de respect à sa mère. Cependant la reine dit à Guinguet : « Apparemment que la vieille que Tity a relevée est une grande fée ; il faut l'aller voir demain ; mais au lieu d'y mener Tity, nous y conduirons son frère ; car je ne veux pas qu'elle s'attache trop à ce benêt qui n'a pas eu l'esprit de garder ses diamants. » En même temps elle ordonna qu'on nettoyât les carrosses, et qu'on louât des chevaux, car elle avait fait vendre ceux du roi, parce qu'ils coûtaient trop à nourrir. On fit remplir deux de ces carrosses de médecins, chirurgiens, apothicaires, et la famille royale se mit dans l'autre.

Quand on fut arrivé chez la vieille, la reine lui dit qu'elle venait lui demander excuse de l'étourderie de l'écuyer de Tity. « C'est que mon fils n'a pas l'esprit de choisir de bons domestiques, poursuivit-elle, mais je le forcerai de chasser ce brutal. » Ensuite elle dit à la vieille qu'elle avait amené avec elle les plus habiles gens de son royaume pour guérir son pied. La bonne femme lui répondit que son pied allait fort bien, et qu'elle était obligée à la famille royale de la charité qu'elle avait de visiter une pauvre femme comme elle. « Oh! vraiment, lui repartit la reine, nous savons bien que vous êtes une puissante fée, car vous avez donné au prince Tity une grande quantité de diamants. — Je vous assure, madame, répondit la vieille, que je n'ai donné au prince qu'un œuf, des nèfles et des noisettes; j'en ai encore au service de

Votre Majesté. — Je les accepte de bon cœur, » dit la reine, qui était charmée de l'espérance d'avoir des diamants. Elle reçut le présent, caressa la vieille, la pria de la venir voir; et tous les courtisans, à l'exemple du roi et de la reine, donnèrent de grandes louanges à cette bonne femme. La reine lui demanda quel âge elle avait. « J'ai soixante ans, répondit-elle. — Vous n'en paraissez pas quarante, ajouta la reine, et vous pouvez encore penser à vous marier, car vous êtes fort aimable. » A ce discours, le prince Mirtil, qui était très-mal élevé, se mit à rire au nez de la vieille, et lui dit qu'il aurait bien du plaisir de danser à sa noce, mais la bonne femme ne fit pas semblant de voir qu'il se moquait d'elle. Toute la cour partit. La reine ne fut pas plus tôt arrivée dans son palais, qu'elle fit cuire l'œuf, et cassa les noisettes ainsi que les nèfles; mais au lieu de trouver un diamant dans l'œuf, elle n'y trouva qu'un petit poulet, les noisettes et les nèfles étaient remplies de vers. Aussitôt la voilà dans une colère épouvantable. « Cette vieille est une sorcière, dit-elle, qui a osé se moquer de moi; je veux la faire mourir. » Elle assembla donc les juges pour faire le procès à la pauvre femme; mais l'Eveillé, qui avait entendu tout cela, courut à la cabane pour conseiller à cette dernière de se sauver. « Bonjour, le page aux vieilles, lui dit-elle; car on donnait ce nom au jeune homme depuis qu'il l'avait aidée à se tirer de la boue.—Ah! ma bonne mère, s'écria l'Eveillé, hâtez-vous de vous sauver dans la maison de mon père, car si vous demeurez dans votre cabane, on enverra des soldats pour vous prendre et vous faire mourir.—Je vous ai bien de l'obligation, repartit la vieille; mais je ne crains pas la méchanceté de la reine. » En même temps, quittant la forme d'une vieille, elle se montra sous sa figure naturelle, et l'Eveillé fut ébloui de la beauté qu'elle avait; il voulut se jeter à ses pieds; elle reprit : « Je vous défends de dire ce que vous venez de voir. Je veux récompenser votre charité : demandez-moi un don.—Madame, lui dit l'Eveillé, j'aime beaucoup le prince mon maître, et je souhaite de tout mon cœur de lui être utile; ainsi, je vous demande d'être invisible quand je le désirerai, afin de pouvoir connaître quels sont les courtisans qui sont les vrais amis de mon prince.—Je vous accorde ce don, reprit la fée; mais il faut encore que je paye les dettes de Tity. N'a-t-il pas emprunté quatre pièces d'or à votre père?—Il les a rendues, repartit l'Eveillé; il sait bien qu'il est honteux aux princes de ne pas acquitter leurs dettes; ainsi il m'a remis la somme que la reine lui a envoyée.—Je sais bien cela, dit la fée, mais je sais aussi que le prince a été au désespoir de ne pouvoir rendre davantage, car il n'ignore pas qu'un prince doit récompenser noblement, et c'est cette dette que je veux payer. Prenez cette bourse, qui est pleine d'or, et portez-la à votre père; il y trouvera toujours la même somme, pourvu qu'il n'y prenne que pour de bonnes actions. » En même temps la fée disparut, et l'Eveillé alla porter cette bourse à son père, auquel il recommanda le secret. Cependant les juges que la reine avait assemblés pour condamner la vieille étaient fort embarrassés, et ils dirent à cette princesse : « Comment voulez-vous que nous condamnions cette femme ? Elle n'a point trompé votre majesté, elle lui a parlé ainsi : Je ne suis qu'une pauvre femme, et je n'ai pas de diamants. » La reine se mit fort en colère, et leur répliqua : « Si vous ne condamnez pas cette malheureuse qui s'est moquée de moi et qui m'a fait dépenser inutilement beaucoup d'argent pour louer des chevaux et payer des médecins, vous aurez sujet de vous en repentir. » Les juges pensèrent en eux-mêmes : « La reine est une méchante femme; si nous lui désobéissons, elle trouvera le moyen de nous faire périr, il vaut mieux que la vieille soit sacrifiée. « Tous les juges condamnèrent donc la vieille à être brûlée vive comme une sorcière. Il n'y en eut qu'un seul qui affirma qu'il aimait mieux être brûlé lui-même que d'envoyer une innocente au supplice. Quelques jours après, la reine trouva de faux témoins, qui dirent que ce juge avait mal parlé d'elle. Il fut dépouillé de sa charge, et il allait être réduit à demander l'aumône avec sa femme et ses enfants. L'Eveillé prit une grosse somme dans la bourse de son père, et, la donnant au juge, il lui conseilla de passer dans un autre pays. Cependant l'Eveillé se trouvait partout, depuis qu'il pouvait se rendre invisible : il apprit beaucoup de secrets ; mais comme c'était un honnête garçon, jamais il ne rapportait rien qui pût faire mal à quelqu'un, excepté ce qui pouvait servir son maître. Comme le page allait souvent dans le cabinet du roi, il entendit que la reine disait à son mari : « Ne sommes-nous pas bien malheureux que Tity se trouve être l'aîné? Nous amassons beaucoup de trésors qu'il dissipera aussitôt qu'il sera roi, et Mirtil, qui est économe, au lieu de toucher à ses trésors, les aurait augmentés : n'y aurait-il pas moyen de le déshériter? —Nous verrons, lui répondit le roi; et si nous ne pouvons réussir, il faudra enterrer ces trésors, de peur que Tity ne les dissipe. » L'Eveillé entendait aussi tous les courtisans qui, pour plaire au roi et à la reine, leur disaient du mal de Tity, et louaient Mirtil ; puis, au sortir de chez le roi, ils venaient chez le prince, et lui affirmaient qu'ils avaient pris son parti; mais le prince, qui savait la vérité par le moyen de l'Eveillé, se moquait d'eux dans son cœur, et les méprisait. Il y avait à la cour quatre seigneurs qui étaient fort honnêtes gens; ceux-là défendaient Tity, mais ils ne s'en vantaient pas ; au contraire, ils l'exhortaient toujours à aimer le roi et la reine, et à leur être sans cesse soumis.

Un roi voisin envoya des ambassadeurs à Guinguet pour une affaire importante. La reine, selon sa bonne coutume, ne voulut pas que Tity parût devant les ambassadeurs. Elle l'envoya dans une maison de campagne qui appartenait au roi. Quand Tity se fut éloigné, la reine prépara tout pour recevoir les ambassadeurs sans qu'il lui en coûtât beaucoup. Elle prit une jupe de velours et la donna aux tailleurs pour couper le dos d'un habit destiné à Guinguet et d'un autre que devait porter le prince Mirtil; on fit les devants de cet habit de velours neuf, car la reine pensait que le roi et le prince étant assis, on ne verrait pas le derrière de leurs habits.

Pour rendre ces vêtements magnifiques, elle prit les diamants qu'on avait trouvés dans les nèfles, ils servirent de boutons à l'habit du roi; elle attacha au chapeau le diamant que renfermait l'œuf, et les petits diamants, qui étaient sortis des noisettes, furent employés à faire des boutons à l'habit de Mirtil, une pièce, un collier et des nœuds de manches à la reine. Véritablement ils éblouissaient. Guinguet et sa femme se mirent sur le trône, et Mirtil se mit à leurs pieds; mais à peine les ambassadeurs furent-ils dans la chambre que les diamants disparurent, et il n'y eut plus que des nèfles, des noisettes et un œuf. Les ambassadeurs crurent que Guinguet s'était habillé d'une manière si ridicule pour faire affront à leur maître; ils sortirent tout en colère. On eut beau les rappeler, ils ne voulurent rien écouter et s'en retournèrent dans leur pays. Guinguet et sa femme restèrent fort honteux et fort irrités. « C'est Tity qui nous a joué ce tour, dit-elle au roi quand il fut seul avec elle ; il faut le déshériter et laisser notre couronne à Mirtil.—J'y consens de tout mon cœur, » répondit le roi. En même temps ils entendirent une voix qui leur criait : « Si vous êtes assez méchants pour le faire, je vous casserai tous les os les uns après les autres. » Ils eurent une grande peur, car ils ne savaient pas que l'Éveillé était dans leur cabinet, et qu'il n'avait pas perdu un mot de leur conversation. Ils n'osèrent donc faire aucun mal à Tity; mais ils étaient au désespoir de ce qu'on ne pouvait trouver la vieille. Cependant le roi Violent, qui avait envoyé les ambassadeurs, crut que véritablement on avait voulu se moquer de lui, et résolut de se venger, en déclarant la guerre à Guinguet. Ce dernier en fut d'abord bien fâché, car il n'avait pas de courage et craignait d'être tué ; mais la reine lui dit : « Ne vous affligez point ; nous enverrons Tity commander notre armée, sous prétexte de lui faire honneur ; c'est un étourdi qui se fera tuer, et alors nous aurons le plaisir de laisser la couronne à Mirtil. » Le roi trouva cette invention admirable, et, ayant fait venir Tity de la campagne, il le nomma généralissime des troupes.

Comme ce conte est encore fort long, mes enfants, et que nous n'avons que le temps de dire nos histoires, j'en garderai la fin pour notre prochaine réunion.

AUGUSTINE.

Je vous assure, ma bonne amie, que je ne dormirai

pas tranquillement jusqu'à ce temps-là : achevez-le aujourd'hui, s'il vous plaît.

MADEMOISELLE BONNE.

Ma chère amie, on doit savoir se priver d'un plaisir quand il est question de faire son devoir. Il ne faut pas s'accoutumer à suivre ses fantaisies.

AUGUSTINE.

Eh bien ! disons donc nos histoires; mais je vous assure que cela me coûte un peu.

MADEMOISELLE BONNE.

Il en coûte souvent quelque chose pour faire ce que l'on doit; mais c'est pourtant de l'habitude à se vaincre dans ces petites choses que dépend votre bonheur pendant toute votre vie. Quand vous serez grande, si vous n'êtes point accoutumée à vous gêner un peu, vous ne ferez jamais rien à propos. Vous aurez envie de vous promener quand il faudra rester à la maison, vous voudrez lire quand il sera nécessaire de sortir, et vous serez toujours dans le dérangement. Il faut se faire une règle, et quand elle est établie, ne jamais l'abandonner par fantaisie, sans une grande nécessité. Voyons donc l'histoire de Charlotte.

CHARLOTTE.

Dieu abandonna aux Madianites les Israélites qui avaient encore adoré les idoles. Les premiers venaient dans le temps de la moisson ; ils gâtaient les fruits et les blés, et prenaient tous les troupeaux. Alors le peuple reconnut sa faute, et demanda pardon au Seigneur. Dieu envoya son ange à un homme nommé Gédéon, et l'ange dit à celui-ci : « Très-fort et très-vaillant homme, le Seigneur est avec toi ; il a écouté les pleurs d'Israël, marchez contre les Madianites, et vous les vaincrez. » Ensuite l'Eternel apparut à Gédéon et lui commanda de détruire l'autel de Baal, qui était à son père. Gédéon obéit : le peuple voulut le faire mourir; mais le père de Gédéon dit au peuple : « Ne prenez point parti pour Baal ; s'il est Dieu, qu'il se venge lui-même. » Cependant les Madianites, les Amalécites et les Orientaux assemblèrent une armée innombrable contre Israël. Gédéon, sonnant de la trompette, réunit aussi beaucoup d'Israélites ; mais Dieu dit Gédéon : « Vous avez une trop grande armée ; si vous battiez les ennemis avec ces troupes, le peuple dirait : C'est moi qui ai remporté la victoire, et ce n'est pas la main du Seigneur qui a détruit nos ennemis. » Gédéon choisit alors trois cents soldats des plus braves ; il les divisa en trois bandes ; ils prirent chacun une trompette et une cruche vide, dans laquelle ils mirent un flambeau. Arrivés au camp des ennemis, ils sonnèrent tous de la trompette et cassèrent leurs cruches en criant *L'épée du Seigneur et de Gédéon !* A ces paroles, les ennemis s'enfuirent, et, tournant leurs armes les uns contre les autres, ils s'entre-tuèrent.

MADEMOISELLE BONNE.

Continuez, Sidonie.

SIDONIE.

Alors Gédéon ordonna à tous les Israélites de poursuivre les ennemis, et ils leur tuèrent cent vingt mille hommes. Le peuple dit à Gédéon après la victoire : « Soyez notre roi, et votre fils après vous. » Mais Gédéon leur répondit : « Vous ne devez pas avoir d'autre roi que Dieu. » Gédéon mourut dans une grande vieillesse, et laissa après sa mort soixante et dix fils légitimes et un bâtard. Les Israélites obéirent à ses fils ; mais, oubliant bientôt les obligations qu'ils avaient à Gédéon, ils écoutèrent les mauvais discours d'Abimélech, son bâtard, et le reconnurent pour maître. Ce méchant homme fit mourir tous ses frères, à la réserve de Jonathan le plus jeune qui s'était caché. Celui-ci reprocha au peuple son ingratitude, et lui prédit qu'Abimélech leur causerait beaucoup de mal. En effet, Abimélech fit mourir un grand nombre de personnes, et comme il allait mettre le feu à une tour pour la brûler avec ceux qui étaient dedans, une femme lui jeta sur la tête une pierre de meule qui le blessa mortellement. Alors il commanda à son écuyer de lui passer une épée au travers du corps, afin qu'il ne fût pas dit qu'Abimélech était mort de la main d'une femme.

MADEMOISELLE BONNE.

Remarquez, mes amies, le soin que Dieu a de punir les crimes. Les enfants d'Israël furent ingrats envers les enfants de Gédéon ; Dieu se sert d'Abimélech pour les châtier, et ensuite il punit Abimélech lui-même. Continuez, Augustine.

AUGUSTINE.

Une autre fois, les enfants d'Israël oublièrent encore le Seigneur pour adorer les faux dieux, et il les abandonna aux Ammonites et aux Philistins. Alors ils demandèrent du secours au Seigneur qui leur dit : « Implorez les dieux que vous avez servis. » A la fin cependant Dieu eut pitié d'eux et leur inspira de choisir Jephté pour chef. Ce Jephté était un bâtard, et les enfants légitimes l'avaient chassé de la maison paternelle. Toutefois il leur pardonna et se mit à leur tête pour combattre les ennemis. Avant la lutte, il dit tout haut : « Seigneur, si je suis victorieux, je promets de vous sacrifier la première personne qui paraîtra à mes yeux quand je rentrerai dans la ville. » Il remporta la victoire ; et sa fille, ayant appris cette bonne nouvelle, vint au-devant de lui avec ses compagnes qui jouaient des instruments ; elle marchait la première. Quand Jephté aperçut sa fille unique, il détourna les yeux et déchira sa robe ; car il n'avait que cette fille, qui était fort bonne, et il l'aimait beaucoup. Elle fut très-surprise de voir la douleur de son père dans un jour de réjouissance ; mais quand il eut dit qu'il était désolé à cause d'elle, parce qu'il était obligé de la sacrifier au Seigneur, pour accomplir son vœu, elle répondit : « Ne vous affligez pas, je consens à mourir, puisque vous l'avez promis à Dieu. » Elle demanda deux mois pour pleurer avec ses compagnes, parce qu'elle n'avait point d'enfants ; car c'était une honte dans ce temps-là de n'en pas avoir, et, au bout de deux mois, elle revint trouver son père qui la sacrifia au Seigneur.

EUGÉNIE.

Mais, ma bonne amie, est-ce que Jephté aurait fait un péché s'il n'avait pas sacrifié sa pauvre fille ? Le bon Dieu peut-il aimer les sacrifices humains ?

MADEMOISELLE BONNE.

Non, ma chère ; Dieu a en horreur le sang des hommes. Jephté avait fait un vœu imprudent, et il eut tort de l'accomplir. Les Israélites, ayant des rapports avec les peuples qu'ils avaient laissé subsister contre l'ordre du Seigneur, prirent leurs mauvaises coutumes; or, ceux de Tyr et de Sidon immolaient des hommes à un de leurs dieux, qu'on nommait Saturne. Jephté, qui avait été chassé trop jeune de la maison de son père, n'était pas instruit dans la loi de Dieu; il crut donc faire très-bien en imitant les Tyriens. Son intention était bonne, et son action mauvaise; mais j'admire le courage de sa fille, qui se soumet sans murmurer à la volonté de son père.

CHARLOTTE.

Mais pourquoi était-il honteux de mourir sans enfants?

MADEMOISELLE BONNE.

Pour vous expliquer ce que je pense là-dessus, mesdemoiselles, il faut que je vous rappelle ce que Dieu dit au serpent avant de chasser Adam et Eve du paradis terrestre : *Tu as vaincu la femme, et la femme t'écrasera la tête.* Ce serpent, c'était le diable, et Dieu voulait dire qu'un jour son fils, Dieu comme lui, se ferait homme, et naîtrait d'une femme; je pense donc que toutes les femmes juives prétendaient à l'honneur de voir naître le Messie dans leur famille, et que c'était pour cela qu'elles souhaitaient avoir des enfants.

AUGUSTINE.

Ma bonne amie, permettez-moi de vous faire une question sur une chose qui me tient à l'esprit depuis une heure. Dans le conte du prince Tity, vous nous avez dit que la reine avait trouvé un poulet au lieu d'un diamant dans l'œuf que la fée lui avait donné, comment pouvait-il être venu un poulet dans cet œuf?

MADEMOISELLE BONNE.

C'est qu'il y a un poulet dans les œufs, ma chère. Je vais sonner pour demander un œuf, et je vous y ferai voir un poulet... Remarquez-vous cette petite chose blanche qui tient à ce jaune? Il y a un poulet enfermé dedans.

SIDONIE.

Est-ce que tous les poulets que nous mangeons viennent d'une petite chose blanche comme celle-là?

MADEMOISELLE BONNE.

Oui, ma chère; cette petite chose s'appelle germe. Quand la poule veut avoir des poulets, elle reste sur ses œufs pendant quarante jours, et, en les échauffant, elle fait sortir l'animal. Il se nourrit d'abord du blanc et du jaune de cet œuf; quand il n'y a plus rien à manger, et dès qu'il est assez fort, il casse la coquille de l'œuf avec son petit bec, et il sort.

EUGÉNIE.

J'ai remarqué cela à la campagne et admiré la patience de la poule. Cette pauvre bête ne sortait point de là; on était obligé de lui apporter à manger, sans quoi, je crois qu'elle serait morte de faim.

MADEMOISELLE BONNE.

Admirez aussi la Providence qui permet que la pauvre bête, dont nous parlons, ait tant d'attachement pour sa famille qui n'est pas encore venue. Quand ses poulets sont sortis de la coquille, quelle est son inquiétude pour les défendre! La poule est fort timide, elle devient hardie comme un lion.

EUGÉNIE.

J'ai vu une poule à qui on avait fait couver des œufs de cane; quand les canards furent grands, ils se jetèrent dans l'eau, et la pauvre bête, qui ne pouvait pas les suivre, se désespérait.

MADEMOISELLE BONNE.

Ce prodigieux attachement disparaît chez tous les animaux dès que leurs petits peuvent se passer de soins. C'est qu'il n'est point nécessaire à la conservaon de l'espèce. Rien d'inutile dans la nature, tout y est à sa place, et l'on aurait beau imaginer, on ne pourrait jamais rien trouver de plus parfait. Par exemple, mes enfants, croiriez-vous bien qu'il n'y a pas dans tout l'univers deux choses qui soient absolument semblables?

JULIA.

Quoi! dans toutes les feuilles qui sont sur cet arbre il n'y en a pas deux semblables?

MADEMOISELLE BONNE.

Non, ma chère; ni même dans tout le monde. Un grand philosophe, qui se promenait dans un parc avec une princesse, fit un jour cette réflexion. On se moqua de lui, et tous les seigneurs qui étaient à la suite de de cette princesse passèrent toute la journée à mettre des feuilles à côté l'une de l'autre. ils ne purent jamais en trouver deux pareilles. Mais, mes enfants, il y a une autre chose à laquelle vous ne faites pas attention. Tous les hommes ont un visage, un nez, deux yeux, une bouche, un menton, des sourcils, des joues ; cependant ces parties, presque faites de la même manière, sont si différentes qu'il n'y a pas deux hommes qui se ressemblent parfaitement.

EUGÉNIE.

En vérité, vous avez raison de dire que nous sommes environnés de miracles auxquels nous ne pensons pas. Et les esprits sont-ils aussi différents ?

MADEMOISELLE BONNE.

Oui, ma chère. L'ouvrier qui a fait toutes ces choses pourrait en créer d'autres sans nombre qui ne se ressembleraient pas. Mais il est temps de nous quitter, mes enfants ; réfléchissez quelquefois à ce que nous venons de dire, cela vous donnera occasion d'admirer la sagesse et la science du Créateur.

DIALOGUE XXI.

DIX-NEUVIÈME JOURNÉE.

AUGUSTINE.

Mademoiselle Bonne, vous nous avez promis d'achever le conte du prince Tity.

MADEMOISELLE BONNE.

Oui, mes enfants : nous en sommes restées à l'endroit où le roi lui donna le commandement de son armée pour le faire périr.

Tity étant arrivé sur les frontières du royaume de son père résolut d'attendre l'ennemi, et s'occupa à faire bâtir une forteresse dans un petit passage par lequel il fallait entrer. Un jour que le prince regardait travailler les soldats, il eut soif, et voyant une maison sur une montagne voisine, il y monta pour demander à boire. Le maître de la maison, qui se nommait Abor, lui donna ce qu'il désirait. Comme le prince allait s'éloigner, il vit entrer une fille si belle, qu'il en fut ébloui. C'était Biby, fille d'Abor. Tity retourna souvent à la maison de la montagne, sous différents prétextes. Il parla à Biby, et trouvant qu'elle était fort sage et qu'elle avait beaucoup d'esprit, il disait en lui-même : « Si j'étais mon maître, j'épouserais Biby; elle n'est pas née princesse; mais elle a tant de vertu, qu'elle est digne de devenir reine. » Il prit la résolution de lui écrire. Biby, qui savait qu'une honnête fille ne reçoit point de lettres des hommes, porta à son père celle du prince, sans l'avoir décachetée. Abor, demanda à Biby ce qu'elle pensait de Tity. La jeune fille, qui n'avait jamais menti, répondit que le prince lui avait paru très-honnête homme : « Mais, ajouta-t-elle, je sais bien qu'il ne peut pas m'épouser, parce que je ne suis qu'une bergère; ainsi je vous prie de m'envoyer chez ma tante, qui demeure bien loin d'ici. » Son père la fit partir le même jour; et le prince fut si chagrin de l'avoir perdue, qu'il en tomba malade. Abor vint lui rendre visite et Tity lui dit : « J'aimerais mieux mourir que de manquer de respect à mon père, en me mariant sans sa permission ; mais promettez-moi de me garder votre fille, et je m'engage à l'épouser quand je serai roi, je consens à ne point la voir jusqu'à ce temps-là. » En cet instant la fée parut dans la chambre, et parla en ces termes : « Je suis la vieille que vous avez secourue. Vous êtes si honnête homme, et Biby est si sage, que je vous prends tous les deux sous ma protection. Vous l'épouserez dans deux ans; mais, jusqu'à ce temps, vous aurez encore bien des traverses. Au reste, je vous promets de vous rendre une visite tous les mois, et j'amènerai Biby avec moi. » Le prince, transporté de joie, résolut d'acquérir beaucoup de gloire pour plaire à Biby. Le roi Violent vint offrir la bataille à Tity. Celui-ci non-seulement la gagna, mais encore fit Violent prisonnier. On conseilla à Tity de lui ôter tout son royaume, mais il répondit : « Je veux au contraire rendre la liberté à Violent, et ne lui rien demander pour cela. Je sais qu'il est généreux, il deviendra mon ami, et son amitié vaudra mieux pour nous que son royaume, qui ne nous appartient pas; j'éviterai par là une guerre qui coûterait la vie à plusieurs milliers d'hommes. » Ce que Tity avait prévu arriva. Violent fut si charmé de la générosité de ce dernier, qu'il jura une alliance éternelle avec le roi Guinguet.

Cependant Guinguet fut fort en colère quand il apprit que son fils avait rendu la liberté à Violent, sans faire donner à celui-ci beaucoup d'argent, et ne voulut point pardonner au généreux vainqueur. Tity, qui aimait et respectait son père, tomba malade de chagrin de lui avoir déplu. Un jour que le pauvre prince était seul dans son lit, sans penser que c'était le premier jour du mois, il vit entrer par la fenêtre deux jolis serins, et fut fort surpris lorsque ces deux serins, changeant de formes, lui représentèrent la fée et sa chère Biby. Il allait remercier la bonne fée, quand la reine entra; elle tenait dans ses bras un gros chat qu'elle aimait beaucoup, parce qu'il prenait les souris qui mangeaient ses provisions, et qu'il ne lui coûtait rien à nourrir. D'abord que la reine vit les serins, elle se fâcha de ce qu'on les laissait courir, parce que cela gâtait les meubles. Le prince lui dit qu'il les ferait mettre dans une cage; mais elle répondit qu'elle voulait qu'on les prît dans le moment, qu'elle les aimait beaucoup, et qu'elle les mangerait à son dîner. Le prince, désespéré, eut

beau crier, tous les courtisans et les domestiques couraient après les serins, et on ne l'écoutait pas. Un valet, armé d'un balai, fit tomber à terre la pauvre Biby. Le prince se jeta hors de son lit pour la secourir; mais il serait arrivé trop tard, car le chat de la reine s'était échappé de ses bras et allait tuer l'oiseau d'un coup de griffe, lorsque la fée, prenant tout d'un coup la figure d'un gros chien, sauta sur le chat et l'étrangla; ensuite elle parut, aussi bien que Biby, sous la figure d'une souris, et elles s'enfuirent toutes deux par un petit trou. Le prince était tombé évanoui à la vue du danger qu'avait couru sa chère Biby; mais la reine n'y fit pas attention, elle n'était occupée que de la mort de son chat, pour lequel elle jetait des cris horribles : elle dit au roi qu'elle se tuerait s'il ne vengeait pas la mort de ce pauvre animal; que Tity avait commerce avec des sorciers, et qu'elle n'aurait pas un moment de repos qu'il ne fût déshérité. Le roi répondit que le lendemain il ferait arrêter le prince. Le fidèle l'Éveillé ne s'était pas endormi dans cette occasion, il s'était glissé dans le cabinet du roi, il vint tout de suite avertir son maître. La peur que celui-ci avait eue lui avait ôté la fièvre, et il se disposait à monter à cheval pour se sauver, lorsqu'il vit la fée qui lui dit : « Je suis lasse des méchancetés de votre mère et de la faiblesse de votre père; je vais vous donner une bonne armée, allez les prendre dans leur palais, vous les mettrez dans une prison avec leur fils Mirtil; vous monterez sur le trône et vous épouserez Biby tout de suite.—Madame, répliqua le prince à la fée, vous savez que j'aime Biby plus que ma vie, mais le désir de l'épouser ne me fera jamais oublier ce que je dois à mon père et à ma mère, et j'aimerais mieux périr tout à l'heure que de prendre les armes contre eux.— Venez, que je vous embrasse, reprit la fée; j'ai voulu éprouver votre vertu : si vous aviez accepté mes offres, je vous aurais abandonné; mais puisque vous avez le courage d'y résister, je serai toujours de vos amies; je vais vous en donner la preuve. Prenez la forme d'un vieillard, et, certain de ne pouvoir être reconnu, parcourez votre royaume ; instruisez-vous de toutes les injustices qu'on commet contre vos pauvres sujets, afin de les réparer quand vous serez roi ; l'Éveillé, qui restera à la cour, vous rendra compte de tout ce qui arrivera pendant votre absence. » Le prince obéit à la fée, et il vit des choses qui le firent frémir. On vendait la justice, les gouverneurs pillaient le peuple, les grands maltraitaient les petits, et tout cela se faisait au nom du roi. Au bout de deux ans, l'Éveillé écrivit que Guinguet était mort, et que la reine avait voulu faire couronner Mirtil; mais que les quatre seigneurs, qui étaient honnêtes gens, s'y étaient opposés, parce qu'il les avait avertis que Biby était vivant, qu'alors la reine s'était sauvée avec son fils, dans une province qu'elle avait fait révolter. Tity, qui avait repris sa figure, alla dans sa capitale, et fut reconnu roi; après quoi il écrivit une lettre fort respectueuse à la reine pour la prier de ne point causer de révolte; il lui offrit aussi une bonne pension pour elle et pour Mirtil. La reine, qui avait une grosse armée, répondit qu'elle voulait la couronne, et qu'elle viendrait la lui arracher. Cette lettre ne fut pas capable de porter Tity à sortir du respect qu'il devait à la reine; mais ayant appris que le roi Violent venait au secours de son ami Tity avec un grand nombre de soldats, la méchante mère fut forcée d'accepter les propositions de son fils. Ce prince se vit donc paisible possesseur du royaume, et il épousa Biby, au contentement de tous ses sujets, qui furent charmés d'avoir une si belle souveraine.

Il nous reste à parler de la vie de Tity quand il fut roi, mais cela serait trop long pour cette fois.

Nous verrons aussi ce que devint l'Éveillé?

Maintenant, dites votre histoire.

AUGUSTINE.

Après avoir eu plusieurs autres juges, les enfants d'Israël retournèrent à l'idolâtrie, et Dieu permit aux Philistins de les tourmenter. Quand les Israélites eurent beaucoup souffert, ils demandèrent pardon à Dieu, qui, dans sa paternelle indulgence, résolut de leur envoyer un libérateur. Pour cela, l'ange du Seigneur apparut à une femme qui était stérile; et lui dit : « Tu auras un fils qui délivrera Israël, et sera consacré au Seigneur pour perdre les Philistins, c'est pourquoi tu ne boiras point de vin, ni aucune chose qui puisse enivrer, jusqu'à ce qu'il soit venu au monde. Cet enfant sera Nazaréen, c'est-à-dire qu'il sera au Seigneur, qu'il ne boira pas de liqueur qui puisse enivrer, et qu'il ne coupera jamais ses cheveux. » Cette femme dit donc à son mari qu'elle avait vu un grand homme qui lui avait promis un fils de la part de Dieu; car elle ne savait pas que c'était un ange dont elle avait entendu la voix. Comme l'ange apparut à cette femme une seconde fois, elle le pria de rester un moment, et alla appeler son mari. Celui-ci demanda à l'ange comment il s'appelait, et le pria de leur faire l'honneur de manger un chevreau avec eux, l'ange répondit : « Mon nom est Merveilleux; mais quand tu m'apprêterais un chevreau, je ne mangerais pas avec toi; il faut plutôt l'offrir en holocauste au Seigneur. » L'homme obéit, et lorsque la flamme de l'holocauste commença à monter, l'ange s'enveloppa dans cette flamme, et disparut avec elle. Alors cet homme dit à sa femme : « Certainement nous mourrons; car nous avons vu la face du Seigneur; » mais elle lui répondit : « Si l'Éternel eût voulu nous faire mourir, il n'aurait pas reçu votre holocauste. » Quelque temps après, elle eut un fils qu'elle nomma Samson.

MADEMOISELLE BONNE.

Continuez, Sidonie.

SIDONIE.

Lorsque Samson fut grand, il demanda à son père la permission d'épouser une fille des Philistins. Le père lui répondit : « N'y a-t-il pas assez de filles en Israël? Pourquoi veux-tu épouser une étrangère? » Comme c'était la volonté de Dieu que Samson l'épousât, le père y consentit. Un jour Samson, qui était très-fort, allant voir cette fille, rencontra un jeune lion ; il le prit avec ses mains et le déchira en deux.

Deux jours après, il regarda le corps de ce lion mort, et il vit que des mouches avaient fait du miel dans sa gueule. Samson porta ce miel à son père et à sa mère ; mais il ne leur dit pas où il l'avait pris. Quelques jours après il se maria et donna aux jeunes Philistins un festin qui dura sept jours. Le premier jour il leur dit : « Je vous propose une énigme à deviner, et je vous laisse sept jours pour cela. Si vous en trouvez la signification, je vous donnerai trente robes ; mais si vous ne la devinez pas, ce sera vous qui me les donnerez. Voici cette énigme : « De celui qui mangeait est sortie la pâture ; du fort est sortie la douceur. » Les jeunes gens n'avaient garde de deviner cette énigme ; car ils ne savaient pas que Samson avait trouvé du miel dans la gueule du lion, ils allèrent donc vers la femme de Samson, et lui dirent : « Si vous ne faites pas en sorte que votre mari vous explique cette énigme, nous vous brûlerons toute vive dans votre maison avec votre père. » Cette femme dit donc à son mari le septième jour : « Assurément, vous ne m'aimez pas, car vous m'auriez dit ce que c'est que l'énigme que vous avez donnée à deviner. » Samson lui répondit : « Je n'en ai pas parlé à mon père et à ma mère, mais je vais vous la dire. » Aussitôt après sa femme fit connaître aux jeunes gens ce qu'elle venait d'apprendre. Le soir ils dirent à Samson : « Qu'y-a-t-il de plus doux que le miel et de plus fort que le lion ? » Samson vit bien qu'on avait séduit sa femme, et comme il voulait se venger, il tua trente Philistins, et donna leurs robes à ceux qui avaient deviné l'énigme. Il s'était retiré dans sa maison ; mais quelques jours après, il voulut aller voir sa femme, qu'il aimait, malgré son infidélité ; le père de celle-ci lui dit : « Je croyais que vous aviez abandonné votre femme, c'est pourquoi je l'ai donnée à un autre homme. — Voici deux grandes injures des Philistins, dit Samson : après avoir séduit ma femme ils me l'ont encore ôtée ; aussi je leur déclare une guerre éternelle. » Voulant donc se venger, il prit trois cents renards et les attacha ensemble par la queue ; il mit un flambeau allumé entre les queues de ces renards, et, les ayant chassés devant lui, ils mirent le feu aux vignes, aux oliviers et aux blés des Philistins. Ceux-ci, ayant appris que Samson avait commis cette action pour se venger de ce qu'on lui avait ôté sa femme, la brûlèrent avec toute sa famille. Samson s'arma et les battit. Les Philistins descendirent vers les Israélites de la tribu de Juda, et leur dirent : « Nous sommes venus pour prendre Samson, livrez-le entre nos mains, sinon nous vous exterminerons. » Trois mille hommes de cette tribu s'avancèrent vers Samson, et lui parlèrent ainsi : « Ne sais-tu pas que les Philistins sont nos maîtres? Pourquoi les as-tu traités si mal? » Samson leur répondit : « Ce n'est pas moi qui ai commencé la querelle; ils m'ont attaqué, et il m'est permis de me défendre contre eux. Je vois que vous voulez me livrer à eux, j'y consens; vous pouvez même me lier aussi fort qu'il vous plaira. » Lorsque les Philistins virent leur ennemi attaché avec de bonnes cordes neuves, ils jetèrent de grands cris de joie; mais l'esprit du Seigneur s'emparant de Samson, celui-ci brisa les cordes comme si elles eussent été un fil fin; et comme il n'avait point d'arme, il se saisit d'une mâchoire d'âne qu'il trouva à terre, et tua mille Philistins. Après sa victoire, il eut une grande soif, et comme il n'y avait point d'eau dans cet endroit, il cria au Seigneur : « C'est inutilement que vous m'avez tiré des mains des Philistins, puisque je vais mourir de soif. » Dieu écouta la voix de Samson; une des dents de cette mâchoire d'âne que le guerrier tenait à la main s'ouvrit, et il en sortit assez d'eau pour apaiser la soif de ce vaillant homme.

MADEMOISELLE BONNE.

Finissez cette histoire, Charlotte.

CHARLOTTE.

Un jour Samson alla dans la ville de Gaza : les Philistins mirent des gardes aux murailles et fermèrent toutes les portes de la ville. Samson, s'étant levé à minuit pour repartir, trouva les portes de la ville fermées; mais cela ne l'embarrassa pas beaucoup; car, ayant toute sa force, il arracha les gonds de fer qui tenaient une des portes, et l'ayant mise sur ses épaules, il l'emporta sur une des montagnes voisines, au grand étonnement des Philistins, qui disaient. « Jamais nous ne pourrons nous débarrasser de cet homme. » Ils apprirent que Samson fréquentait une fille de leur pays. Les chefs des Philistins allèrent la trouver et lui proposèrent une somme d'argent considérable si elle parvenait à leur livrer Samson. Cette fille, qui se nommait Dalila, ayant accepté la proposition des Philistins, demanda à Samson d'où lui venait sa force, et ce dernier comprit fort bien qu'elle voulait le trahir; il résolut donc de se moquer d'elle, et lui répondit : « Si l'on me lie avec sept cordes mouillées, je perdrai toute ma force. » Dalila prit donc sept cordes mouillées, et lia Samson pendant qu'il dormait. Elle avait fait cacher des Philistins dans sa chambre, et quand Samson fut lié, elle l'éveilla en disant : « Voici les Philistins qui viennent pour vous prendre. » Samson cassa les sept cordes, et les Philistins s'enfuirent. Il trompa encore Dalila deux autres fois, et cette femme pleurant lui dit : « Je vois bien que vous ne m'aimez pas, car vous vous moquez toujours de moi. » Enfin, fatigué des importunités de Dalila, il lui avoua la vérité et lui dit : « J'ai été consacré au Seigneur avant de venir au monde, en qualité de Nazaréen; c'est pourquoi on ne m'a jamais coupé les cheveux, et, dès le moment qu'ils seront coupés, je perdrai toute ma force. » Dalila ayant endormi Samson sur ses genoux, elle fit venir un homme qui le rasa; aussitôt elle s'écria : « Samson, voici les Philistins! » Il crut qu'il pourrait les tuer comme les autres fois; mais le Seigneur l'avait abandonné, et il était faible comme le reste des hommes. Les Philistins le prirent donc, et, lui ayant crevé les deux yeux, ils le condamnèrent à tourner une meule de moulin, comme s'il eût été un cheval. Quelque temps après, les Philistins célébrèrent une fête en l'honneur de leur dieu Dagon; et comme tous les chefs du peuple et les personnes de qualité étaient dans une grande salle à faire un festin, ils commandèrent qu'on amenât Samson pour les divertir. Quand

il fut venu, ils lui dirent : « Fais le bouffon devant nous. » Le peuple vint à la salle pour le voir ; et ceux qui ne purent pas entrer montèrent sur le toit et aux fenêtres ; or, les cheveux de Samson commençaient à revenir. Il dit à l'homme qui le conduisait, car il était aveugle : « Mène-moi à l'endroit où sont les deux plus grands piliers qui soutiennent la salle. » Lorsque Samson fut là, il éleva son cœur à Dieu et lui dit : « Seigneur, je serai content de mourir en cet endroit, pourvu que je fasse périr les Philistins qui sont ici. En même temps il embrassa avec force les deux piliers, et, les secouant, il les fit tomber, aussi bien que la salle, sur les Philistins. Il y en eut en cette occasion trois mille d'écrasés.

AUGUSTINE.

Est-ce que les mouches font le miel? Je ne savais pas cela.

MADEMOISELLE BONNE.

Oui, ma chère; ce sont les mouches qui font le miel et la cire.

CHARLOTTE.

Est-ce qu'elles ont dans leur corps de la cire et du miel?

MADEMOISELLE BONNE.

Non, mais elles vont sucer les fleurs, et avec ce suc elles font du miel et de la cire.

SIDONIE.

Comment cela se peut-il? Quelquefois je m'amuse à manger les bouquets qu'on me donne; ils sont bien amers, et le miel est si doux !

MADEMOISELLE BONNE.

Cela est vrai, ma chère; le suc des fleurs est amer; mais l'abeille, en le travaillant et en le mêlant avec sa propre substance, le rend doux comme vous le voyez.

Rien de plus admirable que le petit royaume des mouches à miel, appelées abeilles : je dis qu'elles composent un royaume; car, dans chacune de leurs maisons, qu'on nomme ruches, elles ont une reine, qui ne travaille point comme les autres, et qu'elles nourrissent. Il n'y a qu'elle qui ait la permission de ne pas travailler; si d'autres voulaient rester inactives, on les tuerait sans miséricorde. Chacune a son emploi. Les unes sont chargées de nettoyer la ruche, les autres veillent sur les ouvrières. Celles-ci courent dès le matin sur les fleurs, et font souvent de grands voyages pour en trouver. Quand elles ont leur charge, elles reconnaissent fort bien le chemin de leur maison, et ne vont pas dans une autre; elles prennent ensuite du jus des fleurs la partie qui est propre à faire la cire, et elles en forment comme un petit panier dans lequel elles serrent le miel; car sans cela il ne serait pas proprement.

AUGUSTINE.

Ma bonne amie, qu'est-ce qui apprend aux mouches à miel à faire tout cela?

MADEMOISELLE BONNE.

Celui qui apprend aux oiseaux à construire leur nid si promptement; celui qui apprend à la poule qu'il faut rester longtemps sur ses œufs, si elle veut avoir des poulets; celui qui apprend aux chats à faire semblant de dormir pour attraper des souris. Dieu a instruit toutes les créatures auxquelles il a refusé la raison, précisément de ce qu'elles doivent faire, et elles n'y manquent jamais.

SIDONIE.

En vérité, ma bonne, j'ai bien de la peine à croire que mon chien n'ait pas de raison; il m'entend comme s'il était une personne.

MADEMOISELLE BONNE.

Je vais vous dire ce que je pense. Examinons premièrement ce que c'est que la raison. Voyons, que vous en semble, Eugénie?

EUGÉNIE.

On dit qu'une personne est raisonnable quand elle se conduit comme il faut, et quand elle remplit tous les devoirs de son état. La raison consiste donc à se bien conduire.

MADEMOISELLE BONNE.

A merveille, ma chère ; mais pour mieux comprendre cela, voyons toutes les choses que notre âme est capable de faire. Je regarde au bout de cette chambre et je vois une fenêtre et une porte ; je m'approche, et je remarque qu'à côté de cette porte il y a un escalier par lequel je puis descendre petit à petit dans la cour, au lieu que si je sortais de la chambre par la fenêtre, j'y descendrais tout d'un coup. Comment est-ce que je remarque cette différence ? En pensant. Or, cette faculté de penser, qui est mon âme, je l'appellerai entendement, et je dirai toutes les fois que mes yeux et mes oreilles me révèleront un objet, c'est mon entendement qui le connaît. Comprenez-vous cela ? mes enfants.

SIDONIE.

A merveille. Je vois par mes yeux que vous êtes une femme, et qu'une femme n'est pas faite comme un lit ; c'est mon entendement qui conçoit cela. Je vous entends parler, et j'entends siffler mon oiseau. Ces deux voix, qui entrent par mes oreilles, vont trouver mon entendement ; et il décide que votre voix est la voix d'une femme, et que l'autre est celle d'un oiseau.

MADEMOISELLE BONNE.

Sidonie explique cela comme un docteur. Reprenons notre première comparaison, mes enfants. Je veux quitter cette chambre ; mon entendement m'a fait voir la différence qu'il y a entre sortir par la fenêtre ou par l'escalier, et il dit : Si je passe par la fenêtre, je serai tout d'un coup dans la cour ; mais peut-être qu'en descendant, mon corps tournera de façon que je tomberai la tête la première, et je me la casserai ; ou bien je tomberai sur un bras ou sur une jambe, et je me les romprai. Si, au contraire, je descends par l'escalier, je serai un peu plus longtemps, mais je resterai toujours sur mes pieds. L'entendement fait tout ce raisonnement; l'âme écoute, et alors une autre chose qui est en elle, et que j'appellerai la volonté, dit : J'aime mieux aller plus doucement, et ne pas m'exposer à quelque malheur; je prendrai donc mon chemin par l'escalier, et non par la fenêtre. Ainsi l'entendement examine, pèse les choses, et la volonté choisit. Je me trouve, ce soir, dans cette chambre, et je n'ai pas de lumière, par conséquent je ne vois plus la différence qu'il y a entre la fenêtre et la porte; mais je me souviens de cette différence que je ne vois plus; comment mon âme se la rappelle-t-elle et se la rend-elle présente? C'est qu'elle a une troisième puissance ou faculté, que je nommerai mémoire. Répétons cela. Combien notre âme a-t-elle de facultés, Charlotte?

CHARLOTTE.

Trois : l'entendement, qui nous sert à connaître les choses ; la volonté, qui nous fait choisir entre une chose et une autre, à cause des différences que l'entendement y a remarquées ; et la mémoire, qui nous fait souvenir de ces différences, quand même nous ne verrions plus les objets que nos yeux montreraient à notre entendement, s'il faisait clair.

MADEMOISELLE BONNE.

Vous comprenez cela on ne peut pas mieux, ma chère. Remarquez que la volonté est une aveugle qui ne connaît rien. Si elle était sage, elle demanderait toujours conseil à l'entendement, et lui donnerait le temps d'examiner ce qui serait le mieux; mais elle se presse de choisir avant l'examen, comme une étourdie, d'où il arrive qu'elle fait de mauvais choix et qu'elle est ainsi la cause de toutes les sottises que nous commettons. Voyons maintenant ce que c'est qu'une personne raisonnable. C'est une personne qui use bien de son entendement ; qui s'accoutume à ne rien faire qu'après avoir pris du temps pour laisser examiner à cet entendement ce qui est le plus convenable : par conséquent, la raison n'est autre chose que la justesse de l'entendement pour examiner la soumission de la volonté aux lumières de celui-ci, afin de choisir. Pour avoir de la raison, une raison telle qu'est la nôtre et celle de tous les hommes, il faut donc deux choses : un entendement pour examiner, et une volonté pour se déterminer; une de ces choses serait inutile sans l'autre. M'en diriez-vous bien la raison, Julia?

JULIA.

Je l'espère. A quoi me servirait-il que mon entendement m'apprît qu'il vaut mieux sortir de la chambre par la porte que par la fenêtre, si je n'avais pas la liberté de choisir entre ces deux chemins, et si une force à laquelle je ne pourrais résister me poussait à me jeter par la fenêtre? Mon entendement, loin de m'être utile, ne servirait qu'à me rendre malheureuse, puisqu'il me découvrirait à tout moment mille dangers qu'il me serait impossible d'éviter.

MADEMOISELLE BONNE.

Ce que vous répondez là est parfaitement vrai, ma chère. L'entendement, qui ne fait qu'examiner, serait inutile sans la volonté. Si je ne puis donc vous prouver que les bêtes ont de la volonté, il sera vrai de dire qu'elles n'ont point d'entendement, puisque l'une ne va pas sans l'autre. Si les animaux n'ont ni entendement ni volonté, il faut dire qu'ils n'ont pas de raison, attendu que nous avons reconnu que la raison est une volonté, qui se conduit par les lumières de l'entendement.

EUGÉNIE.

Je vous avoue qu'il ne m'est pas possible de croire que les bêtes n'ont point de volonté et de raison. J'ai eu un joli petit singe à qui l'on donna un jour du vin de Canarie, il en but beaucoup, et la pauvre bête fut bien malade : depuis ce temps, elle n'a jamais voulu boire de vin. Mon singe pensait donc : Ce vin est bien bon, mais il m'a fait mal, et je me garderai d'en boire une autre fois, de peur d'être encore malade. Vous voyez qu'il raisonnait, et que sa volonté obéissait à la raison.

MADEMOISELLE BONNE.

Je conclus tout le contraire, et l'exemple des hommes prouve ce que je dis. N'avez-vous jamais rien mangé qui vous ait rendues malades?

CHARLOTTE.

J'aime beaucoup les fruits, et toutes les fois que j'en puis attraper, j'en mange tant que j'en suis malade.

AUGUSTINE.

Et moi, j'aime le thé. On dit que cela fait mal aux petites filles, cependant, je prie tant ma servante, qu'elle m'en donne toujours une demi-tasse.

MADEMOISELLE BONNE.

Et n'avez-vous pas vu aussi des jeunes gens qui meurent très-jeunes à force de boire? des dames qui se fatiguent tant à danser, qu'elles s'échauffent le sang et tombent malades? d'autres qui se ruinent au jeu, et qui pourtant jouent et dansent encore tous les jours?

JULIA.

Oui, mais toutes ces personnes n'ont pas de raison.

MADEMOISELLE BONNE.

Et pourquoi n'ont-elles pas de raison? C'est qu'elles ont une volonté qui ne veut pas obéir à leur entendement.

JULIA.

Mais qu'est-ce donc qui fait agir les animaux, s'ils n'ont ni entendement ni volonté?

MADEMOISELLE BONNE.

Dieu, qui les a créés, leur a donné, au lieu de la raison, un instinct qui les force à faire toutes les choses qu'il a voulu qu'ils fissent.

CHARLOTTE.

Quel bonheur ce serait pour nous, si, au lieu de la raison, Dieu nous eût donné, comme aux animaux, un instinct qui nous eût forcés à faire ce que nous devons !

MADEMOISELLE BONNE.

Il est vrai, ma fille, que nous ne sommes méchants que parce que nous avons une volonté qui ne veut pas obéir à l'entendement; mais remarquez aussi que, sans la volonté, nous ne pourrions être vertueux. Dieu voulait être servi par des créatures qui l'aimassent volontairement, et sans y être forcées. Quand vous me faites du bien, je ne vous en ai obligation que parce que je sais que vous n'avez pas été contrainte de le faire. En détruisant la volonté de l'homme, vous ôteriez tous les vices; mais vous ôteriez aussi toutes les vertus. Les bêtes n'ont pas besoin d'être vertueuses, parce qu'elles n'ont ni châtiments à craindre, ni récompenses à espérer pour l'autre vie. Quand leur corps meurt, tout meurt avec elles; mais Dieu ayant créé l'homme pour vivre heureux pendant toute l'éternité, et ce Dieu étant infiniment juste, il fallait qu'il laissât à l'homme les moyens de gagner le bonheur en pratiquant la vertu; et pour cela, qu'il lui laissât la liberté de faire les choses en quoi consiste la vertu.

La prochaine fois, nous finirons notre conte, et ensuite nous parlerons de la France; c'est la première partie qu'on trouve au milieu de l'Europe, en commençant par l'ouest.

DIALOGUE XXII.

VINGTIÈME JOURNÉE.

MADEMOISELLE BONNE.

J'ai promis de vous achever aujourd'hui le conte du prince Tity, je veux tenir ma promesse.

Tity, étant monté sur le trône, commença par rétablir le bon ordre dans ses États. Pour y parvenir, il ordonna que tous ceux qui voudraient se plaindre à lui des injustices qu'on leur aurait faites, seraient les bienvenus, et il défendit aux gardes de renvoyer une seule personne qui aurait à lui parler, quand

même ce serait un homme qui demanderait l'aumône : « Car, disait ce bon prince, je suis le père de tous mes sujets, des pauvres comme des riches. » Tity ménagea si bien son temps, qu'il en eut pour tout : d'ailleurs le soin qu'il prit de punir les premiers qui commirent des injustices fit que personne n'osa plus s'écarter de son devoir. Il avait envoyé des ambassadeurs au roi Violent, pour le remercier du secours qu'il lui avait préparé. Ce prince fit dire au nouveau roi qu'il serait charmé de le voir encore une fois, et que s'il voulait se rendre sur les frontières du royaume, il y viendrait volontiers de son côté. Comme tout était fort tranquille dans les États de Tity, il accepta cette partie, qui s'accordait avec un dessein qu'il avait formé ; c'était d'embellir la maison où il avait vu sa chère Biby pour la première fois : il commanda donc à deux de ses officiers d'acheter toutes les terres qui étaient alentour ; mais il leur défendit de forcer personne : « Car, ajoutait-il, je ne suis pas roi pour faire violence à mes sujets, et, après tout, chacun doit être maître de son petit héritage. » Cependant Violent étant arrivé sur la frontière, les deux cours se réunirent ; elles étaient brillantes. Violent avait amené avec lui sa fille unique, qu'on nommait Elise ; elle était fort belle et avait un très-heureux caractère. Tity était accompagné de la reine Biby, ainsi que d'une de ses cousines qu'on nommait Blanche, et qui, outre qu'elle était belle et vertueuse, avait encore beaucoup d'esprit. Comme on était, pour ainsi dire, à la campagne, les deux rois décidèrent qu'on vivrait en liberté, qu'on permettrait à plusieurs dames et seigneurs de souper avec les deux rois et princesses ; et pour ôter le cérémonial, on convint qu'on n'appellerait point les rois *votre majesté*, et que ceux qui le feraient payeraient une amende d'une pièce d'or. Il n'y avait qu'un quart d'heure qu'on était à table, lorsqu'on vit entrer une petite dame assez mal habillée. Tity et l'Eveillé, qui la reconnurent, allèrent au-devant d'elle ; mais comme elle leur fit un signe, ils pensérent qu'elle ne voulait pas être connue; ils demandèrent donc au roi Violent et aux princesses la permission de leur présenter une de leurs bonnes amies. La vieille se plaça sans façon dans un fauteuil qui était auprès de Violent, et que personne n'avait osé prendre par respect, et dit à ce prince : « Comme les amis de nos amis sont nos amis, vous voulez bien que j'en use librement avec vous. » Violent, qui était un peu haut de son naturel, fut décontenancé de la familiarité de cette vieille, mais il n'en fit pas semblant. On avait averti la bonne femme de l'amende qu'on payerait toutes les fois qu'on dirait *votre majesté;* cependant à peine fut-elle à table qu'elle dit à Violent : « *Votre majesté* me paraît surprise de la liberté que je prends, mais c'est une vieille habitude, et je suis trop âgée pour me réformer; ainsi *votre majesté* voudra bien me pardonner. — A l'amende ! s'écria Violent, vous devez deux pièces d'or. — Que *votre majesté* ne se fâche pas, dit la vieille; j'avais oublié qu'il ne fallait pas dire *votre majesté;* mais *votre majesté* ne pense pas qu'en défendant de dire *votre majesté,* vous faites souvenir tout le monde de se tenir. Ce que j'en dis, au reste, n'est pas pour m'exempter de payer l'amende; je dois sept pièces d'or, les voilà. » En même temps, elle tira de sa poche une bourse aussi usée que si elle eût été faite depuis cent ans, et jeta les sept pièces sur la table.... Violent ne savait s'il devait rire ou se fâcher du discours de la vieille; il était enclin à se mettre en colère pour un rien, et son sang commençait à s'échauffer. Toutefois il résolut de se faire violence, par considération pour Tity; et, prenant la chose en badinant : « Eh bien ! ma bonne mère, dit-il à la vieille, parlez à votre fantaisie; soit que vous disiez *votre majesté* ou non, je ne veux pas moins être un de vos amis. — J'y compte bien, reprit la vieille, c'est pour cela que j'ai pris la liberté de dire mon sentiment, et je le ferai toutes les fois que j'en trouverai l'occasion, car on ne peut rendre un plus grand service à ses amis que de les avertir dès qu'on croit qu'ils ont tort.—Il ne faudrait pas vous y fier, répondit Violent, il y a des moments où je ne recevrais pas volontiers vos avis. — Avouez, mon prince, poursuivit la fée, que vous n'êtes pas loin d'un de ces moments. Voilà nos héros : ils seraient au désespoir qu'on leur reprochât d'avoir fui devant un ennemi, et de lui avoir cédé la victoire sans combat, et ils n'ont pas le courage de résister à leur colère : comme s'il n'était pas plus honteux de céder lâchement à une passion qu'à un adversaire qu'il n'est pas toujours en notre pouvoir de vaincre. Mais changeons de discours, celui-ci ne vous est pas

agréable ; permettez que je fasse entrer mes pages, qui ont quelques présents à faire à la compagnie. » Dans le moment, la vieille frappa sur la table, et l'on vit apparaître par les quatre fenêtres de la salle quatre enfants ailés qui étaient les plus beaux du monde. Ils portaient chacun une corbeille pleine de divers bijoux d'une richesse étonnante. Le roi Violent, ayant en même temps jeté les yeux sur la vieille, fut surpris de la voir changée en une dame si belle et si richement parée, qu'elle éblouissait les yeux. « Ah! madame, dit-il à la fée, je vous reconnais ; pardonnez au peu d'égard que j'ai eu pour vous. — Cela doit vous faire voir qu'il ne faut jamais manquer de politesse pour personne, reprit la fée. Mais, mon prince, pour vous montrer que je n'ai point de rancune, je veux vous faire deux présents. Le premier est ce gobelet; il est fait d'un seul diamant; cependant ce n'est pas là ce qui le rend précieux : toutes les fois que vous serez tenté de vous mettre en colère, remplissez ce verre d'eau, buvez-en trois fois, et vous sentirez la passion se calmer pour faire place à la raison. Si vous profitez de ce premier présent, vous vous rendrez digne du second. Je sais que vous aimez la princesse Blanche ; elle vous trouve fort aimable, mais elle craint vos emportements, et ne vous épousera qu'à condition que vous ferez usage du gobelet. » Violent avoua qu'en effet il se croirait fort heureux d'épouser Blanche. Mais, ajouta-t-il, il me reste un obstacle à vaincre. Quand même j'aurais le bonheur d'obtenir le consentement de Blanche, je me ferais toujours une peine de me remarier par la crainte de priver ma fille d'une couronne. — Ce sentiment est louable, répondit la fée, mais que cela ne vous arrête point. Le roi Mogolan, qui était un de mes amis, vient de mourir sans enfants, et par mon conseil il a disposé de sa couronne en faveur de l'Eveillé. Ce dernier n'est pas né prince, mais il mérite de le devenir ; il aime la princesse Elise, elle est digne d'être la récompense de la fidélité de l'Eveillé ; si vous y consentez, je suis sûre qu'elle vous obéira sans répugnance. « Elise rougit à ce discours : il était vrai qu'elle avait trouvé l'Eveillé fort aimable. « Madame, repartit Violent, nous avons pris l'habitude de nous parler à cœur ouvert. J'estime l'Eveillé, mais les hommes, et surtout les rois, doivent respecter les usages reçus, et ce serait blesser ces usages que de donner ma fille à un simple gentilhomme, elle qui sort d'une des plus anciennes familles du monde. — Mon prince, reprit la fée, la famille de l'Eveillé est tout aussi ancienne que la vôtre, puisque vous êtes parents, et que vous sortez de deux frères; encore l'Eveillé doit-il avoir le pas, car il est issu de l'aîné, et votre père n'était que le cadet. — Si vous voulez me prouver cela, dit le roi Violent, je jure d'accorder ma fille à l'Eveillé. — Rien de plus facile, poursuivit la fée. Il sort d'Elisa, l'aîné des fils de Japhet, fils de Noé, qui s'établit dans le Péloponèse, et vous sortez du second fils de ce même Japhet. » Il n'y eut personne qui n'eut beaucoup de peine à s'empêcher d'éclater de rire, en voyant que la fée se moquait si sérieusement de Violent. Pour lui, la colère commençait à s'emparer de ses sens, lorsque la princesse Blanche, qui était à côté de lui, présenta le gobelet de diamant : il le vida en trois coups, comme la fée le lui avait conseillé; et pendant cet intervalle, il réfléchit qu'effectivement tous les hommes étaient réellement égaux par leur naissance, puisqu'ils sortaient tous de Noé, et qu'il n'y avait de vraie différence entre eux que celle qu'ils y mettaient par leurs vertus. Ayant achevé de vider son verre, il dit à la fée : « En vérité, madame, je vous ai beaucoup d'obligation, vous venez de me corriger de deux grands défauts, de mon entêtement sur ma noblesse, et de l'habitude de me mettre en colère. J'admire la vertu du gobelet dont vous m'avez fait présent; à mesure

que je le vidais, j'ai senti ma colère se calmer, et les réflexions que j'ai faites dans l'intervalle des trois coups que j'ai bus ont achevé de me rendre raisonnable.—Je ne veux pas vous tromper, lui dit la fée; il n'y a aucune vertu dans ce gobelet, et je veux apprendre à toute la compagnie en quoi consiste le sortilége de cet eau bue en trois coups. Un homme raisonnable ne se livrerait jamais à la colère, si cette passion ne le surprenait pas, et lui laissait le loisir de réfléchir : or, en se donnant la peine de faire remplir ce gobelet d'eau, en le buvant en trois fois, on prend du temps; les sens se calment; les réflexions viennent, et lorsque la cérémonie est achevée, la raison a eu le temps de prendre le dessus sur la passion.
— En vérité, reprit Violent, j'en ai plus appris aujourd'hui que pendant le cours de ma vie. Heureux Tity! vous deviendrez le plus grand prince du monde avec une telle protectrice; mais je vous conjure d'employer le pouvoir que vous avez sur l'esprit de madame à la faire souvenir qu'elle m'a promis d'être de mes amis.—Je m'en souviens trop bien pour l'oublier, répondit la fée, et je vous en ai déjà donné des preuves; je continuerai à le faire tant que vous serez docile. Aujourd'hui ne pensons plus qu'à nous divertir, pour célébrer votre mariage ainsi que celui de la princesse Elise. » On avertit Tity que les officiers qu'il avait chargés d'acheter toutes les terres et les maisons qui environnaient celle de Bíby demandaient à lui parler. Il commanda qu'on les fît entrer, et ils lui montrèrent le plan des travaux qu'ils voulaient faire dans cette petite maison Ils y avaient ajouté un grand jardin et un beau parc, qui aurait été parfait, s'ils eussent pu abattre une petite habitation qui se trouvait au beau milieu d'une des allées de ce parc, et qui en gâtait la symétrie. « Et pourquoi n'avez-vous pas ôté cette bicoque? demanda le roi Violent, en

s'adressant aux officiers et aux architectes. —Seigneur, lui répondirent-ils, notre roi nous avait défendu de faire de violence à qui que ce fût, et il s'est trouvé un homme qui n'a jamais voulu vendre sa maison, quoique nous ayons offert de la lui payer quatre fois plus qu'elle ne vaut. — Si ce coquin-là était mon sujet, je le ferais pendre ! dit Violent. — Vous videriez votre gobelet auparavant, dit la fée. — Je crois que le gobelet ne pourrait lui sauver la vie, répondit Violent ; car enfin n'est-il pas horrible qu'un roi ne soit pas maître dans ses Etats, qu'il soit contraint d'abandonner un ouvrage qu'il souhaite d'achever, et cela à cause de l'obstination d'un faquin qui devrait s'estimer trop heureux de faire sa fortune. — Je prétends, dit Tity en riant, que cette maison soit le plus grand ornement de mon parc. — Oh ! je vous en défie, répliqua Violent ; elle est tellement placée, qu'elle ne peut servir qu'à la gâter. — Voici ce que je ferai, dit Tity ; elle sera environnée d'une muraille assez haute pour empêcher cet homme d'entrer dans mon parc, mais pas assez pour lui en ôter la vue ; car il ne serait pas juste de l'enfermer comme dans une prison ; la muraille continuera des deux côtés ; et l'on y lira ces paroles écrites en lettres d'or : « *Le roi qui fit bâtir ce parc aima mieux lui laisser ce défaut que de se montrer injuste à l'égard d'un de ses sujets, en lui ravissant l'héritage de ses pères, sur lequel il n'avait d'autre droit que celui de la force.* — Tout ce que je vois me confond, reprit Violent ; j'avoue que je n'avais pas l'idée des vertus héroïques qui font les grands hommes. Oui, Tity, cette muraille deviendra l'ornement de votre parc, et la belle action que vous faites en l'élevant sera l'ornement de votre vie. Mais, madame, d'où vient que Tity se porte naturellement aux grandes vertus dont je n'ai pas même l'idée, comme je vous l'ai dit ? — Grand roi, répondit la fée, Tity, élevé par des parents qui ne pouvaient pas le souffrir, a toujours été contredit depuis qu'il est au monde; il s'est accoutumé par conséquent à soumettre sa volonté à celle d'autrui, dans toutes les choses indifférentes. Comme il n'avait aucun pouvoir dans le royaume pendant la vie de son père, qu'il ne lui était permis d'accorder aucune grâce, qu'on savait que le roi avait envie de le déshériter, les flatteurs n'ont pas daigné le gâter, parce qu'ils ne croyaient pas

avoir quelque chose à craindre ou à espérer de lui : ils l'ont abandonné aux honnêtes gens que le seul devoir attachait à sa personne; et dans leur compagnie, il a appris qu'un roi, qui est maître absolu de faire du bien, doit avoir les mains liées lorsqu'il s'agit de causer du mal; qu'il commande à des hommes libres, et non à des esclaves; que les peuples ne se sont soumis à leurs égaux, en leur donnant la couronne, que pour se donner des pères, des protecteurs aux lois, un refuge aux pauvres et aux opprimés. Vous n'avez jamais entendu ces grandes vérités ; devenu roi dès l'âge de douze ans, les gouverneurs à qui l'on a confié votre éducation n'ont pensé qu'à faire leur fortune en gagnant vos bonnes grâces. » Violent convint des vérités que lui disait la fée : instruit de ses devoirs, il s'appliqua à se vaincre pour les remplir ; et il fut encouragé dans ses bonnes résolutions par l'exemple de Tity, ainsi que par celui de l'Eveillé, qui conservèrent sur le trône les vertus qu'ils y avaient apportées.

EUGÉNIE.

Ma bonne amie, votre jolie conte me fait souvenir d'une petite histoire que je raconterai à ces demoiselles, si vous voulez me le permettre.

MADEMOISELLE BONNE.

Volontiers, ma chère.

EUGÉNIE.

Il y avait une femme de basse condition, qui était la plus malheureuse personne du monde : elle avait un mari qui la battait tous les jours, jusqu'à la rendre malade. Elle alla trouver une vieille femme de ses voisines, qui passait pour avoir beaucoup de science; quelques-uns même disaient qu'elle était sorcière, parce qu'elle venait à bout de tout ce qu'elle entreprenait. La vérité était que cette femme, ayant beaucoup de prudence, s'attachait à connaître les caractères des personnes avec lesquelles elle vivait, leur faisait faire tout ce qu'elle voulait, et prévoyait tout ce qu'elles avaient envie de faire. Elle écouta les plaintes de sa voisine, et comme elle la connaissait aussi bien que le mari, elle lui dit qu'elle voulait employer sa science en sa faveur. Elle alla chercher une grande cruche pleine d'eau, la mit sur une table, fit trois tours en prononçant quelques paroles latines ; puis ayant jeté deux grains de sel dans cette eau, elle en remplit une bouteille, et dit à sa voisine : « Gardez-la bien soigneusement ; toutes les fois que vous verrez votre mari près de se fâcher, remplissez votre bouche de cette eau, tant que vous l'aurez dans la bouche, je vous promets que votre mari ne vous battera pas. » La femme remercia beaucoup sa voisine, et ne manqua pas de faire ce que celle-ci lui avait commandé. Elle ne douta plus que cette vieille ne fût véritablement sorcière; car, pendant huit jours que l'eau dura, le mari ne la battit pas une seule fois. Cette dernière fut très-affligée quand elle vit sa bouteille vide, et retourna chez la vieille pour la prier de la remplir. « Vous n'en avez pas besoin, lui dit cette femme : cette eau n'est que de l'eau de la rivière, sur laquelle j'ai dit des paroles qui ne signifiaient rien.—Mais pourtant, ajouta la jeune femme, elle a eu la vertu d'empêcher mon mari de me battre. —Parce qu'elle vous a empêché de répondre à votre mari, dit la vieille, car vous ne pouviez parler pendant tout le temps que vous en aviez dans la bouche : retournez à votre maison, et quand vous verrez votre mari qui aura trop bu, ou qui sera de mauvaise humeur, au lieu de l'irriter et de lui dire des injures, gardez le silence, comme si votre bouche était pleine d'eau, et vous verrez que sa colère passera. » La jeune femme suivit le conseil de la vieille, et elle s'en trouva bien ; car le mari, n'étant plus contredit mal à propos, perdit l'habitude de se mettre en colère, et vécut toujours bien avec sa femme, qu'il aima beaucoup, lorsqu'elle fut devenue douce et patiente.

MADEMOISELLE BONNE.

Parlons maintenant de la géographie ; mais, avant d'examiner la situation de la France, je veux vous dire un mot de ce qu'elle était dans le temps où elle ne portait pas encore ce nom.

Autrefois on nommait Gaule ce pays. Il était habité par des peuples extrêmement robustes ; ils avaient un courage féroce qui les fit regarder longtemps comme invincibles. Ces peuples, s'étant multipliés, cherchèrent à s'établir dans d'autres pays, parce que la Gaule, quelque grande qu'elle fût, était devenue trop petite pour contenir ses habitants. Une grande armée de Gaulois passa dans l'Italie, et ils demandèrent un pays qui n'était point cultivé pour s'y établir. On le leur refusa, et on commit même une injustice à leur égard ; aussi leur chef, nommé Brennus, après avoir demandé inutilement satisfaction aux Romains, mena ses soldats vers Rome, qu'on avait abandonnée. Ils brûlèrent cette ville ; mais ayant été attaqués par un général appelé Camille, au moment où ils pensaient avoir fait la paix, ils furent battus et mis en pièces. Ces Gaulois, qui brûlèrent la ville de Rome, sortaient de la ville de Sens, que je vais vous montrer sur la carte... Dans d'autres temps, les Gaulois envoyèrent encore des armées, ou dans la Grèce, ou dans l'Italie ; mais elles furent presque toujours défaites, après avoir remporté de grandes victoires et pillé les lieux où elles avaient passé. Enfin les Gaules furent soumises par Jules César, qui employa dix ans entiers à faire la guerre aux Gaulois. Je vous ai fait remarquer, en parlant de l'Angleterre, que, la force des Romains diminuant de plus en plus, ils ne furent pas en état de conserver leurs conquêtes, qui leur furent enlevées par des nations profitant de la faiblesse de ceux-ci. Un peuple, qu'on appelait les Visigoths, leur prit le Languedoc et une partie de la Provence, que vous voyez au sud de la France... Un autre peuple, qu'on nommait les Bourguignons, leur enleva ce pays que vous voyez, et qu'on appelle aujourd'hui la Bourgogne et le Dauphiné. Enfin les Francs, installés de l'autre côté du Rhin, dans la Germanie, vinrent faire des courses dans les Gaules pour les piller, et à la fin ils s'y établirent sous un prince nommé Clovis, qui vint à bout d'en chasser le reste des Romains. Clovis fit par la suite un accommodement avec un autre peuple, qui, du consentement des Romains, s'était établi dans les Gaules : c'étaient les Anglais, comme nous l'avons vu en parlant de l'Angleterre. Ils habitaient la Bretagne, dont Clovis leur laissa une partie; mais ce fut à condition que leurs princes ne prendraient plus la qualité de rois : depuis ce temps on les nomma *comtes*. Julia va me répéter en abrégé ce que j'ai dit de la France.

JULIA.

Ce pays s'appelait autrefois les Gaules; il fut soumis par Jules César. Les Visigoths et les Bourguignons s'y établirent en enlevant plusieurs provinces aux Romains, et fondèrent dans les Gaules deux royaumes qu'on nommait le royaume des Bourguignons et celui des Visigoths. Il y en avait un troisième, la Bretagne, et il avait été fondé par les Anglais. Enfin Clovis, roi des Francs, ayant chassé des Gaules ce qui y restait des Romains, y fonda le grand empire qu'on a depuis nommé France.

MADEMOISELLE BONNE.

On ne peut pas mieux dire, ma chère. Allons, Augustine, dites votre histoire.

AUGUSTINE.

Un homme, nommé Elimélech, alla habiter le pays des Moabites, avec sa femme Noémi et deux de ses fils, qui épousèrent deux filles de Moab. Ils avaient quitté leur contrée, parce qu'il y avait là une grande famine. Ils demeurèrent dix ans dans Moab; et pendant ce temps, le père et les deux fils moururent. Noémi resta donc seule avec ses deux belles filles, et eut envie de retourner dans son pays. Elle dit aux veuves de ses fils : « Rentrez dans la maison de vos pères:

je prie Dieu qu'il vous bénisse, parce que vous avez bien vécu avec mes fils, et ensuite avec moi. Dieu vous en récompensera en vous donnant d'autres maris. » Une de ses belles-filles lui dit adieu en pleurant, et retourna chez son père; mais l'autre, qui se nommait Ruth, répondit: « Je ne vous quitterai point; votre Dieu sera mon Dieu, et votre peuple sera mon peuple; la mort seule me séparera de vous. » Ruth partit donc avec sa belle-mère, et vint à Bethléem, qui était le pays de Noémi. Comme c'était dans le temps de la moisson, Ruth dit à Noémi : « Permettez que j'aille glaner, cela nous donnera le moyen de vivre. » Sa belle-mère y ayant consenti; car elles étaient pauvres, Ruth se rendit dans le champ d'un homme vieux et riche, qui se nommait Booz, et qui était parent du père de la jeune veuve. Booz étant venu voir ses moissonneurs, et ayant appris que cette femme était la Moabite dont on admirait le bon cœur, il lui dit : « Dieu vous accorde sa bénédiction, ma chère fille; il vous récompensera, j'en suis sûr. Ne sortez point de mon champ; vous glanerez avec mes filles, et vous mangerez avec nous. » Ensuite Booz commanda à ses serviteurs de respecter Ruth, et de laisser tomber, comme par hasard, beaucoup de blé dans l'endroit où elle glanerait; en sorte qu'elle en ramassa une grande quantité, qu'elle porta à sa belle-mère. Noémi, charmée de la sagesse, de l'obéissance et de l'affection de Ruth, lui dit: « Mon enfant, je veux récompenser ton amitié, et te donner moyen de faire ta fortune : Booz est notre parent, et il doit t'épouser; va donc ce soir dans la grange où il couchera, place-toi à ses pieds, et il t'apprendra ce qu'il faudra faire. » Ruth obéit à sa belle-mère. Booz, s'étant éveillé à minuit, fut surpris de voir une femme couchée à ses pieds. Ruth lui dit : « Mon seigneur, vous savez que je suis votre parente, et que, selon la loi, vous devez m'épouser. » Booz répondit : « En vérité, ma fille, tu montres que tu es bien sage, car tu n'as pas choisi un mari parmi les jeunes gens, mais tu as choisi un vieillard. Il est vrai que je suis ton parent ; mais il y a un autre homme qui est plus proche parent que moi ; s'il refuse de t'épouser, comme la loi l'ordonne, je te prendrai pour ma femme, car tout le monde sait que tu as de la vertu. » Le lendemain, Booz s'assit devant la porte de la ville, et, ayant pris dix témoins parmi les anciens du peuple, il dit à l'homme qui était plus proche parent que lui : « Noémi veut vendre la part de l'héritage de son mari ; vois si tu veux l'acheter et épouser Ruth pour donner des enfants à ton parent qui est mort. » Cet homme répondit : « Je renonce à l'héritage et à la femme ; prends-la pour toi. » En même temps il ôta une de ses chaussures, selon la coutume, car c'était une marque qu'il refusait l'héritage du défunt. Booz prit la chaussure et épousa Ruth. Tout le monde disait : « Soyez heureux avec cette femme, et Dieu la bénisse comme il a fait de Rachel et Lia. » Le Seigneur écouta les prières du peuple, car Ruth eut un fils qui fut nommé Obed, et qui a été grand-père de David.

MADEMOISELLE BONNE.

N'admirez-vous pas le bon cœur de Ruth pour sa belle-mère, sa sagesse, la générosité de Booz, qui veut bien lui faire du bien comme par hasard, et sans qu'elle soit obligée de le remercier ? Remarquez bien cela, mes enfants. Il y a des gens qui assistent les pauvres, mais qui le font d'une manière si dure qu'ils les couvrent de honte au lieu de les soulager. Un honnête homme est devenu pauvre ; si vous allez lui dire : « Apparemment vous avez perdu votre bien par votre mauvaise conduite ; je veux bien pourtant vous empêcher de mourir de faim, et je vous ferai l'aumône. » Voyez-vous, mes enfants, cet homme-là souffrira plus en recevant votre bienfait qu'il n'eût souffert par la faim. Vous rendez service à un ami, mais vous lui faites valoir ce service; vous lui en parlez sans cesse; vous dites à tout le monde que cet homme vous a beaucoup d'obligation; et moi je pense qu'il ne vous en a guère. Quand on oblige, il faut tâcher que celui qui en profite ne le sache pas, ne lui en jamais parler, tâcher que ce soit comme par hasard; et s'il découvre que vous avez voulu lui être utile, lui faire voir que vous avez éprouvé plus de plaisir qu'il n'en a eu lui-même. Charlotte, dites-nous votre histoire.

CHARLOTTE.

Il y avait un homme, nommé Elkana, qui avait deux femmes. L'une d'elles, nommée Anne, n'avait point d'enfants, et l'autre femme la méprisait à cause de cela. Un jour Anne se rendit au temple et elle dit au Seigneur : « Si tu me donnes un fils, je le consacrerai à ton service. » Comme Anne priait avec ardeur, son visage était tout en feu; et le grand prêtre Héli crut qu'elle avait trop bu, et lui dit de sortir. Anne, au lieu de se mettre en colère, répondit au grand prêtre : « Seigneur, je ne suis pas ivre; je suis une pauvre femme affligée qui vient demander du secours au Seigneur; s'il m'accorde un fils, le rasoir ne passera point sur la tête de cet enfant, et je le consacrerai à mon Dieu. — Que le Seigneur exauce ta demande, répondit Héli ! » Anne se releva pleine d'espérance, et Dieu lui accorda la grâce qu'elle lui avait demandée. Elle eut un fils qu'on nomma Samuel; et, lorsqu'il fut sevré, elle le mena au grand prêtre, et lui dit : « Seigneur, vous voyez cette femme qui était si affligée. Dieu m'a consolée; c'est pourquoi je vous amène mon fils, afin qu'il serve Dieu dans son temple. » Le grand-prêtre bénit Anne et son mari, en disant : « Que le Seigneur vous envoie d'autres enfants pour celui que vous lui donnez. » Anne eut donc encore trois fils et deux filles. Une nuit que le jeune Samuel dormait au pied de l'arche du Seigneur, une voix l'appela. Il crut que c'était le grand prêtre Héli, et, s'étant levé, il alla lui demander ce qu'il voulait. « Je ne vous ai point appelé, mon fils, lui répondit Héli, allez vous recoucher. » La même chose étant arrivée trois fois de suite, Héli comprit que c'était Dieu qui appelait Samuel, et lui dit : « Si l'on t'appelle encore une fois, tu répondras : Parle, Seigneur, ton serviteur t'écoute. » Samuel fit ce qu'Héli lui avait commandé, et Dieu lui dit : « Héli a négligé de corriger ses enfants ; c'est pourquoi je lui ai annoncé qu'aucun d'eux ne parviendrait jusqu'à la vieillesse, car ce sont des méchants, et il s'est contenté de les réprimander sans les punir sévèrement comme il le devait. » Samuel aurait bien voulu taire cette vision au grand prêtre ; mais celui-ci lui ayant commandé de lui avouer la vérité, Samuel raconta ce que le Seigneur lui avait dit, et Héli répondit : « Que la volonté de Dieu s'accomplisse ! » Depuis ce temps, le Seigneur fut avec Samuel, qui demeurait en Silo, et tout le peuple reconnut qu'il était un prophète

MADEMOISELLE BONNE.

Combien de pères et de mères qui seront malheureux pour n'avoir pas puni leurs enfants ! Vous voyez qu'il ne faut pas en vouloir à vos parents et vos maîtres quand ils vous corrigent : ils y sont obligés, et Dieu les punirait bien sévèrement s'ils ne le faisaient pas, comme vous apprendrez qu'il punit Héli.

SIDONIE.

Dieu menaça les enfants d'Héli de les faire périr avant qu'ils devinssent vieux. C'est donc une punition de Dieu quand on meurt jeune ?

MADEMOISELLE BONNE.

Souvent, ma chère ; mais il arrive aussi que la mort dans la jeunesse est un effet de la bonté céleste. Il enlève les enfants de ce monde avant qu'ils aient commis de grands péchés, s'il prévoit qu'ils en doivent commettre et devenir méchants. Quelquefois aussi il y a des jeunes gens si vertueux, qu'ils sont mûrs pour le ciel dès leurs premières années. Je lisais l'autre jour qu'un prince qui devait être roi de Navarre mourut à seize ans ; on croyait qu'il avait été empoisonné en jouant de la flûte. C'était le plus beau jeune homme qu'on pût voir, et, à cause de sa beauté, on l'avait surnommé Phébus ; mais il avait beaucoup de vertu, car, au lieu de murmurer de ce qu'il mourait si jeune, il dit ces belles paroles à ceux qui pleuraient auprès de son lit : « Mon royaume n'est pas de ce monde ; ne « pleurez pas, je vais à mon père. » Vous voyez bien, mes enfants, que la mort de ce prince était la récompense de sa piété. Dieu se hâtait de le couronner dans sa gloire. Il est bien tard ; adieu, mes enfants, continuez à être bien sages et à bien apprendre.

DIALOGUE XXIII.

VINGT-UNIÈME JOURNÉE.

A cette leçon, assiste une nouvelle écolière nommée Léonie, âgée de douze ans.

JULIA.

Ma bonne amie veut bien, mesdemoiselles, que je vous raconte une petite histoire que nous avons lue hier soir.

Il y avait une femme qui était bien méchante, elle ne pouvait garder aucun domestique et rendait son mari si malheureux qu'elle le fit mourir de chagrin. Quoique cette femme fût encore jeune et qu'elle fût très-riche, personne ne se présentait pour l'épouser, tant elle était haïe. A la fin, un gentilhomme du voisinage eut le malheur de la demander en mariage. Comme c'était un fort honnête homme, tout le monde le plaignit, et un de ses amis lui représenta qu'il allait faire la plus grande sottise du monde en épousant cette furie. Ne vous embarrassez de rien, lui répondit le gentilhomme, avant qu'il soit un mois, je veux la rendre douce comme un mouton. Le mariage se célébra dans le château de la dame, à quatre heutre heures du matin, et au sortir de la chapelle, elle voulut monter à sa chambre pour faire sa toilette, car elle attendait une grande compagnie qu'elle avait priée à dîner. Mais son mari lui dit qu'il n'était pas nécessaire qu'elle s'habillât, parce qu'il était résolu de la mener dîner à une terre qu'il avait à quatre lieues de là. « En vérité, monsieur, repartit sa femme, je crois que vous êtes devenu fou; avez-vous oublié que nous attendons compagnie? — Je n'ai point de compte à vous rendre de mes actions, poursuivit le mari ; accoutumez-vous à m'obéir sans raisonner, madame : montez donc à cheval tout à l'heure. » Cette femme furieuse dit à son mari « qu'il pouvait partir tout seul, mais qu'assurément elle ne sortirait pas. » Le gentilhomme, sans s'émouvoir, appela quatre grands laquais, qu'il avaient amenés avec lui, et leur dit : « Si madame ne monte pas à cheval de bonne grâce, prenez-la de force, et la liez sur le cheval. » La dame outrée, voyant qu'elle n'était pas la plus forte, monta à cheval en vomissant mille injures contre son mari, qui ne faisait pas semblant de l'entendre. Pendant ce temps, une chienne, qu'il aimait beaucoup, vint le caresser : « Retire-toi, lui dit-il, je ne suis pas d'humeur à recevoir tes caresses. » La pauvre bête, qui ne l'entendait pas, revint une seconde fois: « Oh ! reprit-il, je n'aime point qu'on s'obstine ; » et ayant pris un pistolet qui était à l'arçon de la selle, il brûla la cervelle à cette pauvre chienne. A ce spectacle, la dame effrayée cessa de lui dire des injures. Ce brutal pensa-t-elle, pourrait bien me traiter comme sa chienne. Ils firent trois lieues sans dire un seul mot ; mais le cheval de la femme ayant refusé de passer auprès d'un arbre qui lui faisait peur, le mari commanda à celle-ci de descendre, puis il dit au cheval : « Je t'apprendrai à obéir ; » et armant son pistolet, il lui cassa la tête avec le plus grand sang-froid du monde. « Mon Dieu, ayez pitié de moi, disait tout bas la femme ; que vais-je devenir seule avec cet enragé, il me tuera au premier moment. — J'ai changé d'idée, reprit le gentilhomme, retournons au château, je ferai marcher mon cheval au petit pas, afin que vous puissiez me suivre : mais comme je ne veux pas perdre la selle du cheval que j'ai tué, vous aurez la bonté de la porter sur vos épaules. » La nouvelle mariée, plus morte que vive, prit la selle sans oser dire un seul mot, et arriva en suant à grosses gouttes.

Pendant son absence, on avait donné congé à tous ses domestiques, et elle en trouva d'autres qu'elle ne connaissait pas et qui avaient une mine si terrible, qu'ils

la faisaient trembler. Elle eut bien voulu s'enfuir, mais il n'y avait pas moyen d'y penser. Son mari la fit dîner et souper sans qu'elle eût appétit; elle crut être morte quand il lui dit qu'elle pouvait monter dans leur chambre, parce qu'il voulait se coucher, car en même temps il prit ses pistolets. En entrant dans cette chambre, qu'elle regardait comme pouvant être son tombeau, il s'assit dans un fauteuil, et lui commanda de le déchausser. Elle obéit en silence; ensuite son mari lui ayant ordonné de s'asseoir dans le même fauteuil, la déchaussa à son tour : « Il est bien juste, lui dit-il, que je vous rende le même service que j'ai reçu de vous, car telle est mon humeur, je traite les gens comme ils me traitent. Pour une brutalité que vous me ferez, je vous en rendrai quatre ; mais aussi vous n'aurez pas pour moi la moindre complaisance que je ne vous la paye avec usure, c'est-à-dire beaucoup plus grandement. Votre conduite décidera la mienne, il ne tiendra donc qu'à vous d'être la plus heureuse de toutes les femmes ; mais souvenez-vous bien que si vous vouliez faire le diable avec moi comme vous l'avez fait avec le défunt, vous trouveriez en moi un diable cent fois plus méchant que vous. — Cela suffit, monsieur, lui répondit la femme ; tenez votre parole, je suis contente : si mes manières doivent régler les vôtres, comme je reconnais que cela est juste, je ne vous reverrai jamais tel que je vous ai vu aujourd'hui. » Effectivement, cette femme fit de sérieuses réflexions sur sa conduite passée ; et, fermement persuadée qu'elle avait trouvé plus méchant qu'elle, elle se détermina à se corriger, et elle y réussit au grand étonnement de tout le monde.

MADEMOISELLE BONNE.

Avouez que ce gentilhomme avait pris un bon parti. Vous voyez, par exemple, combien je suis douce à votre égard, je puis pourtant vous assurer que si j'avais trouvé parmi vous une écolière qui ressemblât à cette dame, j'aurais pris le même parti que ce gentilhomme ; car il n'y a pas d'autre moyen de ranger celles qui ne veulent pas se corriger par la douceur. S'il plaît à Dieu, je n'aurai jamais besoin d'en venir à une semblable extrémité, vous êtes toutes bonnes et dociles ; j'espère que mademoiselle Léonie, qui vient passer quelque mois avec sa cousine Julia, suivra vos bons exemples, et que nous serons toujours amies.

LÉONIE.

Je le désire, mademoiselle.

MADEMOISELLE BONNE.

Venez m'embrasser, et ne soyez point timide avec moi; comme je vous l'ai dit, je veux être votre bonne amie; je suis celle de toutes ces demoiselles. Demandez à Charlotte, qui était autrefois méchante comme un petit démon, et qui est devenue si bonne fille qu'elle est ma favorite aujourd'hui.

JULIA.

Ma bonne amie, si vous aimez mieux Charlotte que moi, je serai jalouse.

MADEMOISELLE BONNE.

Je vous aime chacune de tout mon cœur ; il est vrai que j'ai un grand faible pour celles qui étaient un peu diables, quand je suis venue à bout de les vaincre.

LÉONIE.

Je pourrai donc devenir votre favorite.

MADEMOISELLE BONNE.

Comment, ma chère, seriez-vous un peu diable?

LÉONIE.

Je suis sûre que ma mère vous l'a dit, et que c'est à cause de moi que vous avez fait répéter à Julia l'histoire de cette méchante femme.

MADEMOISELLE BONNE.

Tenez, ma chère, je ne veux pas vous tromper, vous l'avez deviné. Mais, pourvu que vous ayez de la bonne volonté, je ne m'effraye point de vos défauts, nous les corrigerons. Eugénie, vous avez lu l'histoire de France; dites-nous combien il y a eu de différentes maisons sur le trône depuis l'établissement de la monarchie.

EUGÉNIE.

Il est vrai que j'ai lu l'histoire de France; mais je l'ai lue si vite, que je ne me souviens pas d'un mot :

quand j'ai des livres, je suis comme un gourmand qui est devant une bonne table ; je voudrais les lire tous en une fois.

MADEMOISELLE BONNE.

Et comme le gourmand n'engraisse pas toujours, et qu'au contraire il a souvent des indigestions, vous vous donnez des indigestions de lecture qui ne vous rendent pas plus savante : il faut vous corriger de ce défaut, ma chère. Julia lit moins que vous, mais elle tire plus de profit de ses lectures ; elle va répondre à la question que je vous ai faite.

JULIA.

Il y a eu en France trois maisons ou trois races : on nomme la première race des Mérovingiens, à cause d'un des aïeux de Clovis, qui se nommait Mérovée, et qui avait fait quelques courses dans les Gaules, sans s'y être établi. La seconde race est celle des Carlovingiens ; on la nomme ainsi à cause de Charlemagne, quoique ce soit son père Pépin qui ait fait entrer la couronne dans sa maison ; et la troisième race est celle des Capétiens, qui a commencé avec Hugues Capet.

MADEMOISELLE BONNE.

Voyons maintenant comment nous partagerons la France.

On trouve au nord de la France la Flandre, l'Artois, la Picardie, la Normandie, l'Ile-de-France, la Champagne, la Lorraine et l'Alsace. Retenez bien ces provinces, mes enfants. Sidonie, dites-nous présentement votre histoire.

SIDONIE.

Les Philistins, ayant déclaré la guerre aux Israélites, les battirent. Ces derniers firent venir l'arche du Seigneur dans leur camp. Comme ils étaient méchants, Dieu ne les assista point ; ils furent défaits ; l'arche du Seigneur fut prise par les Philistins, et les deux fils du grand prêtre Héli furent tués. Les Phi-

listins firent porter l'arche dans le temple de leur
faux dieu Dagon. Mais le matin ils virent que l'idole
de Dagon était tombée, la face contre terre, devant
l'arche. Ils la relevèrent, et le lendemain ils la trouvèrent encore contre terre ; ses pieds et ses mains,
qui étaient coupés, se trouvaient sur le pas de la
porte. Depuis ils furent attaqués par toutes sortes de
maladies à cause de l'arche ; ils la promenaient de
ville en ville, et partout où elle entrait, les hommes
tombaient malades. Après l'avoir gardée pendant
sept mois, ils la mirent sur un chariot, auquel ils at-
telèrent deux vaches qui avaient de jeunes veaux, et
qui n'avaient jamais été attelées. Ces vaches, au lieu
de retourner à leur étable, prirent le chemin du pays
des Israélites. Les Philistins avaient aussi placé sur
le chariot des présents pour apaiser la colère du Seigneur. Les vaches s'arrêtèrent dans un lieu où les
Bethsamites faisaient la moisson. Ils jetèrent des cris
de joie quand ils virent l'arche ; mais, parce qu'ils
l'avaient examinée sans respect, Dieu en fit mourir
un grand nombre. On porta l'arche dans une maison
où elle demeura vingt ans, et après ce temps, les
Israélites se repentirent de leurs péchés ; ils jetèrent
hors de leurs maisons les idoles qu'ils avaient ado-
rées. Le prophète Samuel ayant prié pour eux, ils
obtinrent miséricorde. Depuis ce moment ils furent
toujours victorieux des Philistins, et Samuel les ju-
geait au nom du Seigneur. Samuel étant devenu vieux,
ses enfants jugèrent à sa place ; mais ils ne ressem-
blaient point à leur père, car ils étaient méchants,
et pour de l'argent condamnaient les innocents. Les
Israélites dirent à Samuel : « Donnez-nous un roi pour
nous gouverner, comme en ont les autres nations. »
Cette demande affligea Samuel ; mais le Seigneur lui
dit : « Ce n'est pas toi que les enfants d'Israël ont re-
jeté, c'est moi ; explique-leur à quoi ils s'engagent en

27.

demandant un roi, et ensuite donne-leur en un. Il prendra leurs fils pour les faire courir devant son chariot. Il obligera leurs filles à être ses servantes. Il s'emparera de la dixième partie de leurs biens, leurs champs et leurs vignes, pour les donner à ses serviteurs. Alors ils m'invoqueront contre le roi qu'ils auront choisi, mais je ne les écouterai pas. » Samuel représenta toutes ces choses aux Israélites ; mais comme ils s'obstinèrent à vouloir un roi, Dieu dit à Samuel de préparer un sacrifice, et qu'il lui enverrait celui qu'il avait choisi. Il y avait un homme de la tribu de Benjamin, nommé Saül, qui était beau de visage, et plus grand que tous les jeunes gens de son âge. Le père de Saül, ayant perdu ses ânesses, commanda à son fils de les aller chercher, et le jeune homme courut fort loin avec son serviteur pour les trouver. Après avoir cherché longtemps, ce dernier lui dit : « Allons consulter Samuel, qui est l'homme de Dieu ! » Samuel, ayant invité Saül à souper, lui fit donner la meilleure part, et le mena ensuite sur le haut de la maison ; là il répandit sur lui une fiole d'huile, et lui apprit que Dieu l'avait choisi pour gouverner son peuple. Et comme Saül lui répondit » qu'il était de la dernière des tribus du peuple, » Samuel lui donna plusieurs signes pour lui prouver son élection, et lui dit, entre autres choses : « Vous rencontrerez au sortir d'ici une troupe de prophètes ; vous vous mêlerez avec eux, et vous prophétiserez ; ensuite vous m'attendrez pendant sept jours pour offrir un sacrifice au Seigneur. » Saül étant sorti rencontra les prophètes, et l'esprit de Dieu l'ayant rempli, il devint un autre homme. Ceux qui le connaissaient furent tout étonnés de l'entendre prophétiser, en disant : *Saül entre les prophètes !* ce qui a passé en proverbe. Cependant, Samuel assembla le peuple ; on tira au sort, et il désigna Saül, qu'on eut bien de la peine à trouver, car il s'était caché.

CHARLOTTE.

Pourquoi Saül se cachait-il afin de ne pas être roi?

MADEMOISELLE BONNE.

Un roi est l'homme chargé du bonheur du peuple, auquel il doit sacrifier toutes ses inclinations et tous ses plaisirs. Il est d'autant plus malheureux qu'il ne fait pas tout ce qu'il souhaiterait faire, et qu'on se sert de son nom pour causer souvent beaucoup de mal. Un homme sensé doit donc trembler en devenant roi, comme fit Saül. Continuez, Charlotte.

CHARLOTTE.

Saül régna paisiblement pendant deux ans ; mais son fils Jonathas ayant attaqué les Philistins, ceux-ci assemblèrent une armée innombrable contre les Israélites. Le plus grand nombre de ces derniers, effrayé, se cacha, et les autres s'assemblèrent auprès de Saül. Or Samuel avait dit à Saül : « Vous m'attendrez pour sacrifier au Seigneur. » Saül attendit sept jours; mais, voyant que Samuel ne venait point, que ses soldats désertaient, il offrit seul le sacrifice. A peine ce sacrifice était-il achevé, que Samuel arriva, et dit à Saül : « Si vous eussiez obéi à ce que le Seigneur vous a commandé par ma bouche, la couronne serait restée dans votre famille ; le Seigneur vous rejette et a choisi un autre roi. » Cette parole affligea Saül, qui se prépara pourtant à combattre les Philistins.

EUGÉNIE.

Mais, ma bonne amie, Saül avait attendu Samuel pendant sept jours; il avait, ce me semble, une bonne raison pour offrir le sacrifice, puisque tous ses soldats s'en allaient : qu'aurait-il fait seul contre les Philistins ?

MADEMOISELLE BONNE.

Le Seigneur, auquel il aurait obéi, serait resté avec lui, ma chère ; le secours céleste vaut mieux que des millions de soldats. Quand Dieu commande, ce n'est pas à nous de raisonner. Continuez, Sidonie.

SIDONIE.

Les Philistins avaient leur camp près de celui des Israélites, et Jonathas, plein de confiance en Dieu, alla dans leur camp suivi d'un seul homme : il tua vingt Philistins, et Dieu frappa leurs compagnons d'une telle crainte, qu'ils s'entre-tuaient ou jetaient leurs armes pour fuir plus vite. Saül poursuivit les ennemis, et dit : « Maudit soit celui qui mangera avant que j'aie fini de vaincre ! » Le peuple était très fatigué, et avait une grande faim ; mais quoiqu'il passât dans un bois où il y avait beaucoup de miel, personne n'osa y toucher. Jonathas ignorant les paroles que son père avait dites, et éprouvant le besoin de manger, prit un peu de miel au bout de sa baguette : Quelqu'un lui ayant dit le serment que son père avait fait, il blâma le prophète. Cependant, après la victoire, Saül consulta Dieu pour savoir s'il fallait encore combattre les Philistins ; mais le Seigneur ne lui répondant point, il connut par là que quelqu'un avait manqué au serment qu'il avait fait. Il tira au sort pour connaître le coupable, et le sort tomba sur Jonathas. Saül voulait le faire mourir, mais le peuple s'y opposa, et força le roi à faire grâce au coupable.

CHARLOTTE.

Jonathas n'était pas coupable, puisqu'il ne savait pas le serment que son père avait fait.

MADEMOISELLE BONNE.

Cela est vrai, ma chère ; mais il avait pris la liberté de murmurer contre son père ; cette faute devait être punie, et elle le fut par la frayeur qu'il eut de mourir. Admirez la conduite de ce jeune prince. Il commence par s'adresser au Seigneur, et, plein de confiance dans le secours divin, il ne craint point d'attaquer une grande armée n'ayant qu'un seul homme avec lui. Que ne ferions-nous pas avec la prière et la confiance en Dieu! Allons, Léonie, c'est là où il faut chercher du secours ; vous avez un grand nombre d'ennemis

à combattre : l'orgueil, l'entêtement, la colère. Vous n'en viendrez pas à bout si vous êtes toute seule ; mais si Dieu est avec vous comme avec Jonathas et avec les Israélites, vous remporterez certainement la victoire, et cela sans avoir autant de peine que vous vous l'imaginez.

LÉONIE.

Mais on ne vous a pas dit que souvent on me force à me mettre en colère. Chacun a son caractère, et je vous assure que celles qui parlent du mien en ont encore un plus mauvais.

MADEMOISELLE BONNE.

Ce que vous dites là n'est pas bien, ma chère ; vous savez que vous devez du respect à celles qui m'ont avertie.

LÉONIE.

Je sais que je dois du respect à ma mère; mais elle ne vous aurait rien dit si ma servante ne l'eût pas fait parler, et je ne crois pas devoir du respect à ma servante.

MADEMOISELLE BONNE.

Vous êtes dans l'erreur. La personne qui a été mise auprès de vous, et qu'il vous plaît d'appeler votre servante, a reçu ordre de votre mère de veiller sur votre conduite, et par conséquent elle tient la place de celle-ci, et vous lui devez du respect. J'ajoute même que vous en devez à tout le monde; et que, si vous ne changez pas votre caractère, personne ne vous en devra.

LÉONIE.

Je suis d'un rang qui me donnera les moyens de me faire respecter, quand même on ne le voudrait pas.

MADEMOISELLE BONNE.

Puisque vous me forcez à vous dire des vérités dures, je vous avertis, mon enfant, que, loin d'avoir aucun respect pour votre rang ni pour votre personne, je vous méprise. Vous n'avez au-dessus d'une autre personne que votre orgueil; or, c'est un titre qui n'inspire du respect à qui que ce soit. Je vous prie de ne point travailler quand je vous parle, et de m'écouter avec attention.

LÉONIE.

Je ne fais point mal en travaillant, cela m'amuse; et c'est par mauvaise humeur que vous voulez me priver de ce plaisir; mais je ne laisserai pas pour cela de continuer.

MADEMOISELLE BONNE.

Il y a du mal à travailler quand une personne à qui vous devez du respect vous parle; et vous m'en devez, mademoiselle, aussi bien que de l'obéissance.

LÉONIE, *en riant.*

Moi, je vous dois du respect et de l'obéissance !

MADEMOISELLE BONNE.

Oui, ma très-chère ; et certainement si vous en manquez envers moi, ce sera intérieurement, car je ne le souffrirai pas. Je commence par vous montrer que je suis votre maîtresse ici en jetant votre ouvrage au feu. Vous êtes comme cette méchante femme dont je vous ai fait raconter l'histoire, que vous avez trouvée plus méchante que vous. Je ne me flatte plus de vous rendre bonne, mais au moins je suis sûre de vous punir. Pour commencer, je vous avertis que vous dînerez à la cuisine.

CHARLOTTE, *à Léonie.*

Si vous voyiez combien vous êtes devenue laide depuis que vous parlez insolemment à notre bonne amie, vous lui demanderiez pardon tout à l'heure.

MADEMOISELLE BONNE.

Cette leçon, mes enfants, vous servira plus que tout ce que je pourrais vous dire contre l'orgueil.

CHARLOTTE.

Quand je pense, ma bonne amie, que j'étais comme cela il y a sept mois, cela me fait trembler. Que je vous ai d'obligations de m'avoir aidée à me corriger !

MADEMOISELLE BONNE.

Vous aviez de la bonne volonté, mon enfant ; d'ailleurs, vous n'aviez que sept ans ; le démon de l'orgueil, qui était dans votre cœur, était encore tout petit, nous l'avons étranglé facilement ; mais le démon de cette pauvre Léonie est fort, il a treize ans, et il l'étranglera elle-même au premier jour. Qu'avez-vous à pleurer, Julia ?

JULIA.

Ma bonne amie, vous savez que j'aime ma cousine de tout mon cœur, jugez combien je suis affligée de la voir si méchante. Est-ce donc qu'elle est déjà trop vieille pour se corriger?

MADEMOISELLE BONNE.

Il n'est jamais trop tard, ma chère; mais il est vrai qu'elle aura plus de peine à se corriger aujourd'hui qu'elle n'en aurait eu hier, et que cela sera plus difficile de jour en jour.

EUGÉNIE.

Peut-être a-t-elle eu du regret à présent de toutes les sottises qu'elle a faites.

MADEMOISELLE BONNE.

Non, ma chère; elle s'enfle d'orgueil actuellement, elle fait ce qu'elle peut pour paraître gaie, parce qu'elle croit me braver par là; et elle étouffe d'envie de pleurer. La pauvre enfant croit me donner du chagrin, et elle m'en donne effectivement, car elle se fait un grand tort à elle-même. Pour moi, qui ne m'intéresse à elle que par charité, je lui pardonnerais de tout mon cœur si son âme n'était blessée par l'orgueil.

JULIA, *embrassant mademoiselle Bonne.*

Ma chère amie, pour l'amour de Dieu, ne laissez pas ma cousine dans son orgueil; pardonnez-lui. Mon Dieu! si elle mourait cette nuit, que deviendrait-elle?

MADEMOISELLE BONNE.

Mais, ma chère, quand je lui pardonnerais, le bon Dieu ne lui pardonnerait pas si elle n'a pas de regret. (*Léonie se jette dans les bras de la gouvernante en pleurant.*) Voilà l'orgueil qui crève. Courage, mon enfant! Avez-vous regret de votre faute?

LÉONIE.

A quoi cela servirait-il? Vous dites que je suis trop vieille pour me corriger.

MADEMOISELLE BONNE.

Je ne dis pas cela, mon enfant; mais je dis que

vous aurez plus de peine qu'une autre. Si vous vouliez me promettre de faire tout ce que je vous dirai, je pourrais vous promettre aussi qu'avec le temps vous deviendriez bonne.

LÉONIE.

Je ne sais pas ce que je veux; je vois bien que je suis un monstre d'orgueil, que ces demoiselles doivent me mépriser, que vous devez me haïr, et que je me hais moi-même.

MADEMOISELLE BONNE.

C'est déjà quelque chose que de savoir tout cela, mon enfant. Prenez courage. Vous avez une occasion de vous corriger, profitez-en. D'ailleurs, considérez combien vous serez malheureuse si vous ne le faites pas. Votre mère vous a abandonnée à ma discrétion; je trahirais sa confiance si je ne combattais pas vos défauts : car il est bien sûr que j'offenserais Dieu en vous laissant telle que vous êtes. Ne vaudrait-il pas mieux que nous fussions bonnes amies, et que nous travaillassions toutes les deux à vous corriger petit à petit? D'ailleurs, tout ce que je vous dirai, ce sera par amitié, non pas pour vous donner du chagrin; je n'aime pas à gronder, et je vous assure que je serai malade de ce que j'ai fait aujourd'hui.

LÉONIE.

Mais si je vous promets de me corriger, me ferez-vous manger à la cuisine?

MADEMOISELLE BONNE.

Oui, ma chère, vous y mangerez ce soir pour punir la sottise que vous avez faite. Quand on a véritablement envie de changer, on fait de bon cœur les choses qu'on nous ordonne pour cela.

JULIA.

Permettez-moi d'y manger aussi, ma bonne amie, afin que Léonie ne soit pas si honteuse.

MADEMOISELLE BONNE.

Je loue votre charité, mon enfant; mais il ne faut pas diminuer sa peine, elle mérite de la souffrir. Elle s'est abaissée au-dessous de cette servante par son orgueil, et je vous assure que votre cousine est actuellement la dernière des créatures aux yeux de Dieu. Il faut donc qu'elle rachète son rang par cette réparation; mais pour cela il est nécessaire qu'elle le fasse de bon cœur. Léonie, je vous laisse la maîtresse là-dessus; mais pensez-y bien, j'ai dans l'esprit que vous vous corrigerez ainsi.

LÉONIE.

Puisque vous croyez que cela peut servir à me corriger, je le ferai; mais il est bien humiliant de souper avec cette créature.

MADEMOISELLE BONNE.

C'est une créature tout comme vous, ma chère enfant; et comme elle est une brave fille, et qu'elle fait bien son devoir, elle est actuellement bien au-dessus de vous. Car enfin, il n'est point honteux d'être née fille d'un paysan, ou d'être servante; tout cela ne déshonore point, tout cela n'est point un péché et ne mène pas dans l'enfer; mais il est honteux d'avoir l'orgueil qui nous damne. Vous avez lu l'Evangile, Léonie; n'avez-vous pas vu que Jésus-Christ, qui est le roi du ciel et de la terre, était si pauvre qu'il est né dans une étable? Il a pris des pauvres pour compagnons, et celui qui passait pour son père était un modeste charpentier, quoiqu'il fût de la famille royale.

LÉONIE.

Mademoiselle Bonne, je souperai avec la servante de cuisine.

MADEMOISELLE BONNE.

De bon cœur?

LÉONIE.

Oui, de bon cœur.

MADEMOISELLE BONNE.

Venez m'embrasser, mon enfant, faisons la paix : je commence à espérer quelque chose, puisque vous vous êtes soumise à la pénitence que je vous ai imposée, je vous en dispense pour cette fois, et je me contente de votre obéissance.

LÉONIE.

Vous êtes bien bonne de me pardonner ainsi ; je vous assure que cela me rend toute honteuse, d'avoir pu vous donner du chagrin.

AUGUSTINE.

Permettez-moi une question, ma bonne amie : vous nous avez dit que celui qui passait pour le père de Jésus-Christ était de la famille royale ; comment donc se pouvait-il se faire qu'il fût charpentier ?

EUGÉNIE.

Cela arrive quelquefois, ma chère ; et je me souviens d'avoir vu dans l'histoire ancienne qu'il y avait un homme de la famille royale de Sidon qui était jardinier.

MADEMOISELLE BONNE.

Racontez-nous cette histoire, je vous prie.

EUGÉNIE.

Le roi Alexandre avait un favori qui se nommait Ephestion. Ce roi vint dans la ville de Sidon, et les Sidoniens le prièrent de leur donner un souverain. Alexandre dit à Ephestion : Je vous offre la couronne de Sidon ; vous pouvez en faire présent à quelqu'un de vos amis. Ephestion logeait chez deux gentilshommes qui étaient frères et fort honnêtes gens. Il leur apprit qu'Alexandre lui ayant permis de disposer de la couronne, il ne pouvait mieux faire que de la donner à l'un d'eux. Les deux frères le remercièrent de son offre généreuse ; mais ils lui dirent que, selon

leurs lois, ils ne pouvaient pas monter sur le trône, parce qu'ils n'étaient pas de la famille royale. Ephestion fut charmé du respect que ces dignes frères avaient pour les lois de leur pays. Il leur répondit qu'il avait une telle confiance dans leur vertu, qu'il leur remettait cette couronne qu'ils refusaient, pour la transmettre à quelqu'un qui fût du sang royal et honnête homme. Il se trouvait dans la ville un homme de sang royal, mais qui était devenu si pauvre qu'il n'avait pour tout bien qu'un petit jardin qu'il cultivait lui-même. Les deux frères allèrent à la maison de cet homme, qui se nommait Abdolonyme. Ils le trouvèrent avec un mauvais habit, et lui dirent : « Quittez un travail qui n'est pas digne de vous, et venez occuper le trône de vos pères. » Abdolonyme crut que ces hommes se moquaient de lui, et il leur répondit : « Il n'est pas convenable de venir dans ma maison pour vous jouer de moi, parce que je suis pauvre. » Les deux frères, voyant qu'il ne voulait pas croire ce qu'ils lui disaient, lui arrachèrent ses méchants habits et lui mirent une robe royale qu'ils avaient apportée. Alexandre, ayant appris cette aventure, eut envie de voir Abdolonyme ; ce dernier parut devant lui avec une modeste fermeté, et Alexandre lui ayant demandé comment il supporterait sa nouvelle dignité, ce vieillard lui répondit ces belles paroles :
« Plaise aux dieux que je supporte ma grandeur avec
« autant de courage que j'ai supporté ma pauvreté!
« jusqu'à présent, mes bras ont fourni à ma nourri-
« ture, et tant que je n'ai rien eu, je n'ai manqué de
« rien. » Alexandre admira cette réponse, et fit de grands présents au roi de Sidon, auquel il accorda la plus grande estime.

DIALOGUE XXIV.

VINGT-DEUXIÈME JOURNÉE.

MADEMOISELLE BONNE.

Avant de vous dire un conte, je veux vous annoncer que Léonie a été douce comme un mouton, et qu'elle n'a fait qu'une seule faute qu'elle a réparée sur-le-champ : votre nouvelle compagne me disait ce matin

qu'elle n'avait jamais été si contente dans toute sa vie que pendant ces trois jours. Au reste, si elle peut corriger son orgueil et sa colère, comme je l'espère, elle deviendra fort aimable; car elle se plaît à l'étude, elle ne manque pas d'esprit, et a le cœur excellent.

LÉONIE.

Vous êtes bien bonne de m'encourager.

MADEMOISELLE BONNE.

Je vous assure, ma chère, que je ne vivrais pas longtemps si la scène qui s'est passée dans notre dernière réunion se renouvelait souvent, mais je veux l'oublier. Écoutez donc ce conte, mes enfants.

Il y avait une fois une fée qui désirait épouser un roi ; comme elle avait une fort mauvaise réputation, le roi ne voulut point devenir le mari d'une femme que personne n'estimait. Une bonne fée, qu'on nommait *Diamantine*, fit épouser à ce prince une jeune princesse qu'elle avait élevée, et promit de le défendre contre la fée *Furie*. Mais peu de temps après, cette dernière devint assez puissante pour se venger, parce qu'elle fut nommée reine des fées, et qu'elle disposa ainsi d'un pouvoir souverain. Elle se trouva aux couches de la reine, et affligea le fils que celle-ci mit au monde d'une laideur que rien n'eût pu surpasser. Diamantine, qui s'était cachée dans la ruelle du lit de la reine, essaya de consoler la pauvre mère lorsque Furie fut partie. « Ayez bon courage, dit Diamantine, malgré la malice de votre ennemie, votre fils sera fort heureux un jour. Vous le nommerez *Spirituel* ; et non-seulement il aura tout l'esprit possible, mais il pourra encore en donner à la personne qu'il aimera le mieux. » Cependant, le petit prince était si laid, qu'on ne pouvait le regarder sans frayeur : soit qu'il pleurât, soit qu'il voulût rire, il faisait de si affreuses grimaces, que les petits enfants qu'on lui amenait pour jouer avec lui en avaient peur, et disaient que c'était la bête. Quand il fut raisonnable, tout le monde souhaitait l'entendre parler ; mais on fermait les yeux ; et le peuple, qui ne sait pas la plupart du temps ce qu'il veut, conçut pour Spirituel une haine si forte que la reine ayant eu un second fils, on obligea le roi de le nommer son héritier. Spirituel céda sans murmure la couronne à son frère, et, rebuté de la sottise des hommes, qui n'estiment que la beauté du corps, sans se soucier de celle de l'âme, il se retira dans une solitude où, s'appliquant à l'étude de la sagesse, il devint extrêmement heureux. Ce n'était pas là le compte de la fée Furie ; elle voulait qu'il fût misérable.

Elle avait un fils nommé *Charmant*, elle l'adorait, quoiqu'il fût la plus grande bête du monde. Comme elle voulait le rendre heureux, à quelque prix que ce fût, elle enleva une princesse qui était parfaitement belle ; mais afin que celle-ci ne fût point rebutée par la bêtise de Charmant, elle souhaita qu'elle fût aussi sotte que lui. Cette princesse, qu'on appelait *Astre*, vivait avec Charmant, et quoiqu'ils eussent seize ans passés, on n'avait jamais pu leur apprendre à lire. Furie fit peindre la princesse, et porta elle-même le portrait dans une petite maison où Spirituel vivait avec un seul domestique. La malice de la méchante fée réussit : quoique Spirituel sût que la belle Astre était dans le palais de son ennemie, il désira tellement devenir l'époux de cette princesse qu'il résolut de se rendre auprès d'elle ; mais en même temps, se souvenant de sa laideur, il vit bien qu'il était le plus malheureux de tous les hommes, puisqu'il était certain de paraître horrible aux yeux de cette jolie fille. Il résista longtemps au désir qu'il avait de la voir ; mais enfin il partit avec son valet. Astre se promenait dans le jardin avec Diamantine, sa gouvernante. Lorsque la princesse vit approcher Spirituel, elle fit un grand cri et voulut s'enfuir ; mais Diamantine l'en ayant empêchée, elle cacha sa tête dans ses deux mains, et dit à la fée : « Ma bonne, faites sortir ce vilain homme, il me ferait mourir d'épouvante ! Le prince voulut profiter du moment où Astre avait les yeux fermés pour lui faire un compliment bien tourné ; mais elle était trop bête pour le comprendre. En même temps, Spirituel entendit Furie qui riait de toute sa force en se moquant de lui. « Vous en avez assez fait pour la première fois, dit-elle, prince; vous pouvez vous retirer dans un appartement que je vous ai fait préparer, et d'où vous aurez le plaisir de voir la princesse tout à votre aise. » Spirituel ne voulut point donner à Furie le plaisir de le voir se mettre en colère. Il était très-affligé; mais ce fut bien pis, lorsqu'il entendit une conversation d'Astre avec Charmant; car elle dit tant de sottises qu'elle ne parut plus à Spirituel si jolie de moitié, et qu'il prit la résolution de l'oublier et de retourner dans sa solitude. Il voulut auparavant prendre congé de Diamantine. Quelle fut la surprise du prince, lorscette fée lui dit qu'il ne devait point quitter le palais, et qu'elle savait un moyen de le faire aimer de la princesse. « Je vous suis bien obligé, madame, répondit Spirituel; mais je ne suis pas pressé de me marier. J'avoue qu'Astre est charmante, mais c'est quand elle ne parle pas; la fée Furie m'a guéri en me faisant entendre une conversation de la princesse. J'aimerais mieux cent fois épouser une femme plus laide que moi, si cela était possible, qu'une jolie personne sans intelligence.—Votre frayeur me divertit, reprit Diamantine; mais, prince, apprenez un secret qui n'est connu que de votre mère et de moi. Je vous ai doué du pouvoir de donner de l'esprit à la personne que vous aimerez le mieux: ainsi vous n'avez qu'à souhaiter. Astre peut devenir la personne la plus spirituelle; elle sera parfaite alors; car c'est la meilleure enfant du monde, et elle a le cœur fort bon.—Ah! madame, s'écria Spirituel, vous allez me rendre bien misérable : Astre va devenir trop aimable pour mon repos, et je le serai trop peu pour lui plaire; mais n'importe! je sacrifie mon bonheur au sien; et je lui souhaite tout l'esprit qui dépend de moi.—J'espère, dit Diamantine, que cette belle action ne demeurera pas sans récompense. Trouvez-vous dans le jardin du palais à minuit; c'est l'heure où Furie est obligée de dormir, et pendant trois heures elle perd toute sa puissance. » Le prince s'étant retiré, Diamantine alla dans la chambre d'Astre : elle la trouva assise, la tête appuyée dans ses mains, comme une personne qui rêve profondément. Diamantine l'ayant appelée,

Astre lui dit : « Ah! madame, si vous pouviez voir ce qui vient de se passer en moi, vous seriez bien surprise. Depuis un moment je suis comme dans un nouveau monde : je réfléchis, je pense; mes pensées s'arrangent dans une forme qui me donne un plaisir infini, et je suis bien honteuse en me rappelant ma répugnance pour les livres et pour les sciences. — Eh bien ! répondit Diamantine, vous pourrez vous en corriger : vous épouserez dans deux jours le prince

Charmant, et vous étudierez ensuite tout à votre aise. — Ah! ma bonne, poursuivit Astre en soupirant, serait-il bien possible que je fusse condamnée à devenir la femme de Charmant? Il est si bête, si bête, que cela me fait trembler. Mais dites-moi, je vous prie, pourquoi n'ai-je pas connu plus tôt la bêtise de ce prince? — C'est que vous étiez vous-même une sotte, repartit la fée; mais voici justement le prince Charmant. » Effectivement, celui-ci entra dans la chambre avec un nid de moineaux dans son chapeau. « Tenez, dit-il, je viens de laisser mon maître dans une grande colère, parce qu'au lieu de dire ma leçon, j'ai été dénicher ce nid. — Mais votre maître a raison d'être en colère, lui dit Astre; n'est-il pas honteux qu'un garçon de votre âge ne sache pas lire? — Oh! vous m'ennuyez aussi bien que lui, reprit Charmant; j'ai bien affaire de la science : moi, j'aime mieux un cerf-volant ou une boule que tous les livres du monde. Adieu! je vais jouer au volant. — Et je serai la femme de ce stupide! dit Astre, lorsqu'il fut sorti. Je vous assure, ma bonne, que j'aimerais mieux mourir que de l'épouser. Quelle différence entre lui et ce prince que j'ai vu tantôt! Il est vrai qu'il est bien laid; mais quand je me rappelle son discours, il ne me semble plus si horrible? Après tout, que sert la beauté du visage? Une maladie peut l'enlever; la vieillesse la fait perdre, à coup sûr; et que reste-t-il alors à ceux qui n'ont pas d'esprit? En vérité, ma bonne, s'il fallait choisir, j'aimerais mieux ce prince, malgré sa laideur, que ce stupide qu'on veut me faire épouser. — Je suis bien aise de vous voir penser d'une manière si raisonnable, dit Diamantine; mais j'ai un conseil à vous donner. Cachez soigneusement à Furie votre esprit. Tout est perdu si vous lui laissez connaître le changement qui s'est fait en vous. » Astre obéit à sa gouvernante, et aussitôt que minuit fut sonné, la bonne fée proposa à la princesse de descendre dans les jardins; elles s'assirent sur un banc, et Spirituel ne tarda pas à les rejoindre. Quelle fut sa joie lorsqu'il entendit parler Astre, et qu'il fut convaincu qu'il lui avait donné autant d'esprit qu'il en avait lui-même ! Astre, de son côté, était enchantée de la conversation du prince; mais lorsque Diamantine lui eut appris l'obligation qu'elle avait à Spirituel, sa reconnaissance fit oublier à la jeune fille la laideur de ce prince, quoiqu'elle le vît parfaitement, car il faisait clair de lune. « Comment pourrai-je m'acquitter en vers vous? demanda-t-elle.—Vous le pouvez facilement, répondit la fée, en devenant l'épouse de Spirituel; il ne tient qu'à vous de lui donner autant de beauté qu'il vous a donné d'esprit. J'en serais bien fâchée, repartit Astre : Spirituel me plaît tel qu'il est; je ne me soucie pas qu'il soit beau; il est aimable, cela me suffit.—Vous venez de finir ses malheurs, dit Diamantine. Si vous eussiez succombé à la tentation de le rendre beau, vous seriez sous le pouvoir de Furie ; mais à présent vous n'avez rien à craindre de sa rage. Je vais vous transporter dans le royaume de Spirituel : son frère est mort, et la haine que Furie avait inspirée contre lui au peuple ne subsiste plus. » Effectivement on vit revenir Spirituel avec joie, et il n'eut pas demeuré trois mois dans son royaume qu'on s'accoutuma à son visage, et l'on ne cessa jamais d'admirer son esprit.

CHARLOTTE.

Mais pourquoi la princesse ne donna-t-elle pas la beauté à Spirituel ? car elle ne savait pas que cela la remettrait sous la puissance de Furie?

MADEMOISELLE BONNE.

C'est qu'Astre était devenue une personne d'esprit, et qu'une fille qui a du bon sens ne tient pas à épouser un bel homme, qui presque toujours est un sot, tout amoureux de sa propre figure, tout rempli de son mérite, et tout occupé du soin de son ajustement, comme une femme : or, vous sentez bien qu'il n'y a rien de plus méprisable qu'un tel homme.

LÉONIE.

Cela est vrai, je connais un homme qu'on appelle....

MADEMOISELLE BONNE.

Il ne faut pas désigner les personnes, quand on a quelque chose de mal à en dire. Ne nommez pas ce personnage.

LÉONIE.

Eh bien ! il met trois heures tous les jours à s'habiller, comme ferait une femme ; outre son nom, que je ne dirai pas, on l'appelle Narcisse.

SIDONIE.

Que veut dire ce nom ? s'il vous plaît.

MADEMOISELLE BONNE.

Narcisse était un jeune homme extrêmement beau, qui devint amoureux de sa propre figure qu'il voyait dans une fontaine très-claire. Il appelait cette belle figure, qui ne pouvait pas venir, comme vous pensez bien ; il eut tant de douleur de ne pas réussir à la faire sortir de l'eau, qu'il en mourut ; et les dieux le changèrent en fleur. Depuis ce temps, quand un homme aime trop sa figure, on l'appelle Narcisse.

Disons un mot de géographie. Quel est ce royaume qu'on trouve au nord-est de la France ? Dites-moi cela, Julia.

JULIA.

Les Pays-Bas, qui appartenaient à la maison d'Autriche.

AUGUSTINE.

Qu'est-ce que cela signifie, la maison d'Autriche ?

MADEMOISELLE BONNE.

C'est comme si on disait la famille d'Autriche. Pour bien entendre la géographie historique, il faut connaître les principales familles de l'Europe. Ecoutez bien ceci, mes enfants : Quand je dis *les principales familles de l'Europe*, je ne veux parler que de celles des principaux rois. Une des premières familles ou maisons de l'Europe est celle d'Autriche. Depuis un grand nombre d'années, ce sont les princes de cette maison qui ont été empereurs.

AUGUSTINE.

Y a-t-il différentes sortes de titres?

MADEMOISELLE BONNE.

Oui, ma chère. Il y a deux sortes de ducs, de princes, de comtes et de marquis : les uns, qui sont nés dans un royaume qui a un maître, sont de grands seigneurs, mais ils ne sont pas souverains; les autres sont absolument les maîtres de leur pays, parce qu'il n'y a point là de roi, et on dit qu'ils sont princes souverains; ces derniers peuvent faire battre monnaie. Ils ont le droit d'accorder la vie à un criminel qui serait condamné à mort. N'oubliez donc pas ce que c'est qu'un *prince souverain*. On comptait comme maison de l'Europe celle de Bourbon, qui descend de Hugues Capet. On partage cette famille en deux, et on appelle cela deux branches, l'aînée et la cadette ; c'est-à-dire que deux princes de la maison de Bourbon étaient souverains. La maison de Brandebourg règne en Prusse. Celle de Brunswick, unie à celle de Stuart, par les femmes, règne en Angleterre. La maison de Savoie règne en Sardaigne et dans le Piémont. Les descendants de Pierre le Grand règnent en Russie et en Pologne.

LÉONIE.

Ma bonne amie, vous me disiez l'autre jour que vous ne faisiez pas grand cas de mon titre; cependant vous nous faites remarquer aujourd'hui qu'il y a des maisons plus anciennes et plus grandes les unes que les autres ; c'est donc quelque chose que d'être sortie d'une grande maison ?

MADEMOISELLE BONNE.

Certainement, ma chère. Vous savez que tous les hommes sont sortis de Noé : ils se trouvent donc tous égaux par leur nature, et sont parents, comme les Israélites l'étaient entre eux. Mais les hommes ne sont pas égaux par les qualités de l'âme, du corps et de l'esprit, et voilà ce qui a produit la noblesse. Il était juste d'honorer particulièrement ceux qui étaient meilleurs que les autres, ou qui avaient quelques talents, qu'ils faisaient servir à rendre leurs frères plus heureux. Ces hommes-là furent donc honorés avec justice, et pour encourager leurs enfants à leur ressembler, aussi bien que par respect pour la mémoire des pères, on honora ces enfants.

C'est donc quelque chose que d'être sortie d'une famille noble et ancienne ; car cela suppose qu'on a eu quelque grand-père qui a montré des talents, ou des vertus supérieures à ceux des autres hommes ; mais remarquez que cela oblige les enfants à suivre l'exemple de leurs pères, sans quoi il ne serait pas juste de les honorer pour les vertus d'autrui. C'est une chose estimable que d'être née d'une ancienne maison ; mais il est mille fois plus glorieux de faire entrer la noblesse dans sa maison par une action héroïque que de la trouver tout établie, et de ne rien faire pour la soutenir.

EUGÉNIE.

On ne doit donc pas de respect aux rois et aux grands seigneurs, quand ils ne sont pas vertueux.

MADEMOISELLE BONNE.

Il y a deux sortes de respect, mes enfants ; celui qui est dans le cœur et qu'on a pour les personnes vertueuses ; or, celui-là n'est dû qu'aux honnêtes gens. Ensuite, il y a un respect extérieur, qui consiste à obéir aux chefs de l'État, parce qu'ils tiennent la place de Dieu sur la terre. Le bon ordre demande qu'on conserve ce second respect, c'est-à-dire qu'on doit honorer le titre, l'autorité et le rang.

Mais il est temps de réciter notre histoire. Commencez, Sidonie.

SIDONIE.

Samuel ordonna à Saül, de la part de Dieu, de faire la guerre aux Amalécites, et de tuer jusqu'au dernier d'entre eux, ainsi que tous les animaux. Saül et les Israélites marchèrent contre les Amalécites, et remportèrent la victoire; mais ils n'obéirent point au Seigneur, car ils conservèrent les bêtes qui étaient grasses, et Saül sauva la vie à Agag, roi des derniers.

Dieu dit à Samuel : « Saül a négligé mes ordres, c'est pourquoi je l'ai abandonné, et j'ai choisi un autre roi pour mon peuple. » Samuel annonça à Saül les paroles du Seigneur. Ce prince lui dit : « J'ai péché, demandez miséricorde au Seigneur pour moi. » Comme il retenait le prophète par son manteau, il lui en déchira un morceau. Samuel prononça ces paroles : « Comme tu as déchiré ce manteau et ôté ce morceau de dessus mon corps, de même Dieu t'ôtera le royaume d'Israël. » Aussitôt Samuel quitta Saül, et ne le vit plus le reste de sa vie.

CHARLOTTE.

Puisque Saül confessait son péché, et qu'il en demandait pardon, pourquoi Dieu, qui est si bon, ne lui pardonnait-il pas?

MADEMOISELLE BONNE.

Dieu connaît le fond des cœurs, ma chère; il découvrait que Saül n'était fâché de l'avoir offensé que parce que cela lui faisait perdre son royaume. Vous voyez, mes enfants, il faut être fâché d'avoir péché, parce que cela déplaît à Dieu, et non point parce que le péché nous attire quelque malheur. Continuez, Augustine.

AUGUSTINE.

Samuel choisit par l'ordre de Dieu un des fils d'Isaïe pour être roi.

Ce fils se nommait David. Depuis ce temps, l'esprit du Seigneur fut avec lui, et Saül, au contraire, fut livré au mauvais esprit, qui le tourmentait si fort qu'il entrait en fureur. On dit à Saül que, s'il faisait jouer de la harpe devant lui, il serait soulagé, et comme David jouait fort bien de cet instrument, le roi demanda ce jeune homme à son père. Aussitôt que Saül eût vu David, il l'aima, et toutes les fois que le malin esprit le tourmentait, David jouait de la harpe, et le roi était soulagé.

MADEMOISELLE BONNE.

Continuez, Charlotte.

CHARLOTTE.

Il y avait parmi les Philistins un géant nommé *Goliath,* qui était armé d'une manière terrible. Il vint défier les Israélites au combat; mais personne n'osait l'attaquer. David demanda quelle serait la récompense de celui qui tuerait cet homme. On lui répondit que le roi lui donnerait sa fille en mariage. Saül ayant appris les questions que faisait David, l'interrogea pour savoir s'il oserait combattre le géant. David ayant répondu qu'il le voudrait bien, Saül lui donna ses propres armes; mais David les trouva trop pesantes; il prit seulement sa fronde et ramassa cinq cailloux. Après avoir invoqué le Seigneur, il courut contre le géant, lui lança une pierre qui lui entra dans le front et le tua. Les Philistins, voyant le géant mort, s'enfuirent, et les Israélites en tuèrent un grand nombre. On fit de nombreuses réjouissances pour cette victoire, et les femmes chantaient en jouant des instruments : *Saül en a tué mille et David dix mille.* Ces paroles donnèrent une grande jalousie au roi, et il commença à ne plus aimer David, car tout réussissait à ce jeune homme, parce que Dieu était avec lui ; mais Jonathas, fils de Saül, fut plus juste que son père : il admira la belle action de David, et lui fit présent de l'habit que lui-même portait ; en ce temps-là, c'était la plus grande marque d'estime que Jonathas pût donner au vainqueur de Goliath.

MADEMOISELLE BONNE.

Il y a eu plusieurs princes qui ont ressemblé à Saül ; ils étaient jaloux de ceux de leurs sujets qui avaient fait de belles actions ; assurément, cela est bien bas et bien injuste. Faites encore une réflexion, mes enfants : c'est par le secours du Seigneur que David espère vaincre Goliath. On est bien fort quand on met toute sa confiance en Dieu. Léonie, vous avez des ennemis à combattre, plus redoutables que ceux que David a vaincus ; si le Seigneur combat avec vous, vous remporterez la victoire : il faut donc, ma chère amie, lui demander continuellement son secours.

EUGÉNIE.

Ma bonne, vous nous avez dit, en parlant des anciennes provinces de France, que la Lorraine était au nord-est ; comment cette province pouvait-elle appartenir à la France, puisque jadis il y avait un duc de Lorraine.

MADEMOISELLE BONNE.

Pour vous expliquer cela, il faudrait vous raconter une grande histoire ; mais il est trop tard aujourd'hui : je commencerai par là, la prochaine fois. Cela sera bien plus intéressant qu'un conte de fée, il n'y aura rien qui ne soit vrai.

DIALOGUE XXV

VINGT-TROISIÈME JOURNÉE.

MADEMOISELLE BONNE.

Avant de vous parler de la Lorraine, il faut que je vous apprenne, mes enfants, la différence qu'il y a entre un royaume électif et un royaume héréditaire. On dit qu'un royaume est *électif*, quand les fils du souverain ne sont pas rois après lui, et que le peuple peut donner la couronne à un homme qui n'est pas de la famille royale; le royaume est *héréditaire* quand la loi oblige les peuples à reconnaître pour maître le fils de leur roi, ou son plus proche parent.

Le royaume de Pologne était électif, mes enfants; c'était le peuple qui se choisissait le roi. Or le roi de Suède ayant fait la guerre aux Polonais les obligea de chasser leur prince, et d'en nommer un autre. Ce nouveau monarque, appelé Stanislas, était le meilleur prince du monde; mais le souverain détrôné lui ayant fait la guerre, Stanislas ne fut pas le plus fort; et se vit obligé de fuir déguisé. Ce dernier pria des hommes qu'il rencontra de lui aider à se sauver; c'étaient de méchantes gens qui lui firent souffrir toutes sortes de maux, pendant plusieurs jours qu'il resta avec eux; ils le menaçaient à tout moment de le livrer aux ennemis, car, quoiqu'ils ne sussent pas qu'il était le roi, ils pensaient que c'était un grand seigneur de sa cour; or, si on eût pris Stanislas, on l'eût fait mourir. Il s'échappa et passa plusieurs années dans les États d'un prince qui lui donna retraite. Stanislas avait une fille qui était aussi digne d'estime que son père; une autre, à sa place, serait morte de chagrin de voir qu'il n'était plus roi; mais pour elle, elle disait :

Apparemment qu'il est mieux pour mon père d'avoir perdu sa couronne que de l'avoir gardée. Dieu voulut récompenser la piété et la sagesse de cette princesse, il inspira au duc de Bourbon, premier ministre de France, le dessein de la faire épouser au roi, quoiqu'elle fût plus âgée que lui, et qu'elle ne fût pas très-belle. Le roi l'épousa et l'aima beaucoup, parce qu'elle était très-vertueuse. Quelque temps après, il y eut une grande guerre, et quand on fit la paix, ce fut à condition que le duc de Lorraine donnerait son pays à Stanislas, et lui-même prendrait en place un pays plus riche, qui est en Italie, et qu'on nomme la *Toscane*. Depuis ce temps, qui était l'année 1737, Stanislas fut duc de Lorraine, où il ne s'est occupé que du soin de rendre ses peuples heureux et de faire du bien aux pauvres. Après sa mort, qui arriva en 1766, la Lorraine a été réunie au royaume de France. La vertueuse fille de ce Stanislas est morte reine de France en 1768; et comme elle avait sacrifié sa couronne à Dieu, il lui en rendit une bien plus riche, une couronne non pas élective, mais héréditaire.

SIDONIE.

Vous dites que la couronne de France est héréditaire : c'est donc à dire que, quand le roi meurt, le peuple est obligé de laisser régner son fils ou sa fille, s'il en a, ou son plus proche parent?

MADEMOISELLE BONNE.

Dans le royaume de France, les filles ne peuvent pas hériter de la couronne, parce que la loi salique les en exclut. Ce n'est pas de même en Angleterre, en Espagne, en Russie, etc.; la couronne peut tomber en quenouille, c'est-à-dire que, quand le roi meurt sans laisser de fils, la fille aînée monte sur le trône. Parlons maintenant des autres provinces que l'on trouve au nord de la France; la première, qui est située au nord-est, est l'Alsace. Cette province n'appartient à la France que depuis le xvie siècle ; sa capitale est Strasbourg sur le Rhin.

SIDONIE.

Qu'est-ce qu'un siècle, ma bonne amie.

MADEMOISELLE BONNE.

C'est cent ans, ma chère. Tous les peuples du monde ont choisi un grand événement pour marquer les années. Ainsi les enfants de Noé avaient pris le déluge pour leur ère, c'est-à-dire pour le temps à partir duquel ils commençaient à compter, et qu'on appelle *ère*. Les Grecs comptaient les années par leurs assemblées, qui se tenaient tous les quatre ans dans la ville d'Olympie ; ainsi l'espace de quatre années faisait une olympiade ; et l'on disait qu'un homme avait vécu dans la dixième ou la vingtième olympiade. L'ère des Grecs était donc le temps où l'on avait commencé à s'assembler à Olympie. Les Romains avaient pris pour leur ère l'année dans laquelle Rome avait été bâtie ; ainsi ils disaient : Nous avons fait telle guerre l'an deux cent de Rome, c'est-à-dire, deux cents ans après que Rome a été bâtie. L'ère des chrétiens est la naissance de Jésus-Christ. Si, par exemple, je vous demande : Dans quelle année sommes-nous, ma chère ? Que me répondrez-vous ?

SIDONIE.

Que nous sommes dans l'année 1860.

MADEMOISELLE BONNE.

Qu'est-ce que cela veut dire, Eugénie.

EUGÉNIE.

Cela veut dire qu'il y a cette année dix-huit cent soixante ans que Jésus-Christ est venu au monde.

AUGUSTINE.

Mais j'entends souvent parler de Jésus-Christ : je dis tous les jours dans mes prières que je crois en Jésus-Christ ; savez-vous que je ne comprends pas fort bien ce que je dis ?

MADEMOISELLE BONNE.

C'est que vous répétez votre prière comme un perroquet, sans y faire attention. Finissons notre géographie, après cela, ma chère, vous répéterez votre Symbole, je vous ferai remarquer ce que vous dites touchant Jésus-Christ, en attendant que nous ayons fini d'apprendre l'Ecriture sainte, qu'on appelle l'Ancien Testament, et qui est l'histoire de tout ce que Dieu a fait pour les hommes avant la naissance

de Jésus-Christ; ensuite, quand vous saurez bien cette histoire, nous apprendrons le Nouveau Testament, c'est-à-dire l'histoire de Jésus-Christ pendant le temps qu'il a été sur la terre.

Nous avons parlé de l'Alsace et de sa capitale. La capitale de la Lorraine était Nancy. Après la Lorraine, en se dirigeant au nord-ouest, on trouve la Flandre, dont la capitale fut Lille. En allant toujours vers l'ouest, on trouve la Picardie, dont la capitale a été Amiens, sur la rivière de Somme ; ensuite vient la Normandie, dont la capitale était Rouen, sur la rivière de Seine ; et enfin, tout au nord-ouest, la Bretagne dont la capitale était Rennes, sur la rivière de Vilaine. Maintenant dites votre Symbole, Augustine.

AUGUSTINE.

« Je crois en Dieu le père tout-puissant, le créateur
« du ciel et de la terre, et en Jésus-Christ, son fils
« unique, notre Seigneur. »

MADEMOISELLE BONNE.

Vous dites ainsi que Jésus-Christ est le fils unique de Dieu, du Tout-Puissant, de celui qui a créé le ciel et la terre ; vous ajoutez qu'il est notre Seigneur, notre maître, notre roi, notre juge ; celui qui a le droit de nous donner des lois ; car le mot de *Seigneur* veut dire toutes ces choses. Voyons à présent ce qu'a fait Jésus-Christ.

AUGUSTINE.

« Il a été conçu du Saint-Esprit, est né de la Vierge
« Marie, a souffert sous Ponce-Pilate, a été crucifié,
« est mort, a été enseveli, est descendu aux enfers ;
« le troisième jour, il est ressuscité des morts, est
« monté aux cieux, est assis à la droite de Dieu, le
« Père tout-puissant, d'où il viendra juger les vi-
« vants et les morts. »

MADEMOISELLE BONNE.

Jésus-Christ, qui est notre Seigneur, est venu au monde par la vertu du Saint-Esprit, il est né d'une fille qu'on nommait Marie ; Jésus-Christ s'est fait homme pour réconcilier Dieu son père avec les hommes, qui étaient tous des pécheurs.

Remarquez, mes enfants, combien il a souffert pour obtenir notre pardon. Les Juifs l'ont lié, lui ont donné des soufflets, lui ont craché au visage ; ils l'ont déchiré à coups de fouet, et lui ont enfoncé une couronne d'épines sur la tête : après cela, on lui a mis sur les épaules une grande croix, qu'on l'a obligé de porter sur une montagne.

Quand il y a été arrivé, on l'a attaché sur cette croix, en lui enfonçant de gros clous dans les mains et dans les pieds, et ensuite on l'a laissé mourir sur cette croix.

Vous pleurez, mes pauvres enfants, et vous en avez bien sujet; car enfin c'était pour l'amour de vous qu'il a souffert tous ces tourments; c'était pour vous empêcher d'aller en enfer; c'était pour vous obtenir la grâce d'aller au ciel.

LÉONIE.

Oh! je suis une grande ingrate, de n'avoir pas seulement pensé à tout ce que Jésus-Christ a souffert pour moi, pendant que j'aime tant ceux qui me font du bien. L'autre jour, ma cousine Julia vous demanda permission de manger avec moi dans la cuisine, afin que je fusse moins honteuse : eh bien! je n'oublierai jamais cette bonté qu'elle a eue pour moi, quand je vivrais cent ans; je l'aimerai à cause de cela, et pourtant je ne pense pas à aimer Jésus-Christ, qui a fait bien davantage pour moi.

MADEMOISELLE BONNE.

Vous avez fait bien pis, ma chère, c'est qu'au lieu de l'aimer, vous l'avez beaucoup offensé. Jésus-Christ dit à votre cœur : Mon enfant, quand tu te mets en colère, quand tu manques à ton devoir, tu m'offenses; je t'en prie, corrige-toi, deviens bonne; car sans cela tu n'iras pas en paradis, et ce sera inutilement que j'aurai tant souffert pour toi. Cependant vous fermez les oreilles, et vous méprisez ses remontrances.

LÉONIE.

Je vous assure, ma bonne, que cela vient de ce que l'on ne pense pas à toutes ces choses. Je récite tous les jours le Symbole, mais avec moins d'attention que si je récitais une chanson.

AUGUSTINE.

Puisque Jésus-Christ, qui m'aime tant, ne me demande que d'être bonne, je vous assure que je n'oublierai rien de ce que vous me direz pour me corriger. Mais, comment y a-t-il eu des hommes assez méchants pour faire tant souffrir Jésus-Christ? Quel mal leur avait-il fait?

MADEMOISELLE BONNE.

Jésus-Christ était né parmi les Juifs. Il descendait d'Abraham et de David, et voici ce qu'il avait fait parmi les Juifs : il avait guéri leurs maladies, ressuscité leurs morts, fait du bien à tout le monde; mais il reprochait aux pharisiens leur hypocrisie et leurs autres vices; d'ailleurs le peuple suivait Jésus-Christ, qui le comblait de bienfaits; ces méchants hommes en conçurent une telle jalousie, qu'ils étaient comme des furieux, et qu'ils trompèrent le peuple, en lui disant que Jésus-Christ était un méchant; on le fit donc mourir de la façon cruelle et barbare que je vous ai dite; mais, trois jours après, il sortit vivant de son tombeau, et, après être resté encore quarante jours sur la terre, il monta au ciel en présence de plusieurs personnes; il y est assis à la droite de Dieu, son père, d'où il viendra juger tous les hommes à la fin du monde. Mais nous verrons toutes ces choses plus amplement quand nous apprendrons l'histoire du Nouveau Testament, comme je vous l'ai promis. Achevons auparavant celle de l'Ancien Testament, que nous avons commencée.

AUGUSTINE.

Saül, de plus en plus jaloux de David, résolut de le faire périr, et il lui dit qu'il lui donnerait sa fille en mariage, pourvu que celui-ci tuât cent Philistins : le Seigneur protégea David, qui en extermina deux cents, au lieu de cent ; Saül fut donc forcé de lui donner sa fille. Un jour que David jouait de la harpe, Saül voulut le tuer ; David se sauva dans sa maison. Le roi envoya des soldats pour le prendre ; mais Michol, sa femme, le descendit par une fenêtre ; il se sauva chez le grand prêtre Abimélech, et le pria de lui donner quelques pains et des armes. Le grand prêtre, qui ne savait pas ce qui s'était passé, lui remit cinq pains et l'épée de Goliath ; mais un Iduméen, serviteur de Saül, ayant vu cela, le dit au roi, qui ordonna à ses soldats de mettre à mort le grand prêtre avec toute sa famille, quoique Abimélech eût fait voir qu'il était innocent. Les soldats n'osant porter la main sur le prêtre, Saül commanda à l'Iduméen de le tuer, ce qu'il fit sur-le-champ : il frappa aussi quatre-vingt-cinq sacrificateurs ; le roi fit détruire une ville qui leur appartenait, et massacrer les femmes ainsi que les enfants.

CHARLOTTE.

Oh ! le méchant homme que Saül ! Comment Dieu ne le punit-il pas ?

MADEMOISELLE BONNE.

Donnez-vous patience ; Dieu souffre longtemps le pécheur, mais enfin la bonté céleste se lasse, et il vient un moment où elle fait partir le tonnerre qu'il avait tenu longtemps suspendu. Continuez, Augustine.

AUGUSTINE.

Saül poursuivait David dans tous les lieux où il croyait pouvoir le rencontrer. Or, un jour que celui-ci était caché dans le fond d'une caverne avec soixante des siens, Saül entra dans cette caverne : vous savez bien que quand on sort du grand jour, et qu'on arrive dans un lieu obscur, on n'aperçoit rien ; Saül ne vit donc pas David ; mais David le vit fort bien, et ceux qui étaient avec ce dernier lui conseillaient de tuer le méchant roi, mais David leur répondit : « Dieu me préserve de mettre la main sur celui qui a été sacré de l'huile sainte! » Il se contenta donc de couper à Saül un morceau de son habit, encore en eut-il regret après, craignant d'avoir manqué de respect à son roi. Quand celui-ci fut sorti, David appela Saül, en lui disant : « Seigneur, pourquoi écoutez-vous les discours de ceux qui vous parlent contre moi? Puisque j'ai pu couper un morceau de votre habit, je pouvais aussi vous tuer; mais je vous ai respecté, parce que vous êtes mon roi : l'Éternel sera juge entre vous et moi; car il sait que vous me persécutez injustement. » Saül, ayant entendu ces paroles, répondit : « N'est-ce pas votre voix, mon fils David? » Et il pleura. Il dit encore : « Vous êtes plus juste que moi, et je connais à votre bonté que Dieu vous a certainement choisi pour vous donner la couronne ; jurez-moi que, quand vous serez monté sur le trône, vous ne ferez point mourir ma famille. » David le lui ayant juré, le roi se retira. Jonathas avait fait la même prière à David, et lui avait dit : « Ayez bon courage ; mon père ne peut vous faire périr et il sait très-bien que vous deviendrez roi d'Israël, pour moi, je ne serai point jaloux de vous voir sur le trône, et je serai content de me trouver le premier après vous; » car le prince Jonathas aimait beaucoup David.

CHARLOTTE.

Il est à supposer que le roi ne chercha point par la suite à faire du mal à David.

MADEMOISELLE BONNE.

Un méchant homme ne se corrige pas comme cela, mes enfants. Il y a des moments où il est honteux de sa méchanceté ; mais il y retourne bientôt, comme vous verrez que fit Saül. Continuez, Sidonie.

SIDONIE.

Samuël mourut en ce temps-là ; David se retira dans un désert près la montagne de Carmel, et il épousa une femme nommée Abigaïl ; il en avait déjà deux, Michol et Abinoham. Saül assembla encore une armée pour le poursuivre.

Etant arrivé dans une plaine, ce dernier fit dresser des tentes pour attendre le jour. Abner gardait celle du roi avec ses soldats ; mais au lieu de bien veiller ils s'endormirent, et David, avec un de ses gens, entra jusque dans la tente royale. Celui qui suivait David lui demanda la permission de tuer Saül ; mais David l'en empêcha, en lui disant : « L'homme qui mettra la main sur l'oint du Seigneur, ne sera point innocent, et il se contenta d'emporter la coupe et la hallebarde de Saül, » quand il fut bien loin, il cria, et dit à Abner : « Vous avez mérité la mort, pour n'avoir pas gardé le roi. » Saül, entendant ces paroles, appela encore David son fils, et convint qu'il était plus honnête homme que lui ; il promit même de ne plus chercher à lui faire du mal ; mais David le connaissait trop bien pour oser se fier à sa parole, et il se retira chez les Philistins.

CHARLOTTE.

Il fallait en vérité que David fût bien bon pour ne pas se débarrasser d'un homme qui le persécutait si cruellement.

MADEMOISELLE BONNE.

Mais cet homme était son roi, il était aussi son beau-père. Parce que Saül était méchant, fallait-il que David devînt méchant aussi ? Où irait le monde, mes enfants, si chacun se croyait autorisé à se venger ? Il faut remettre ce soin à la justice de Dieu.

LÉONIE.

Mais pourtant, avec toute sa patience, David se voyait à tout moment en danger de perdre la vie. Il était obligé de vivre dans les bois, de manquer des choses les plus nécessaires, et cela dans le temps où il était le vrai roi, car Samuel l'avait sacré avec l'huile.

MADEMOISELLE BONNE.

Auriez-vous mieux aimé être à la place de Saül qu'à celle de David?

LÉONIE.

Non, car je pense qu'il était encore plus malheureux que David?

MADEMOISELLE BONNE.

Vous avez bien raison, ma chère. On n'est point à plaindre quand on est vertueux, et David l'était. Ce ne sont pas les accidents de la vie, la pauvreté, qui rendent les hommes malheureux; toutes ces choses sont les maux du corps; or, votre corps, c'est un étranger, l'habit de votre âme; et ses maux ne sont sérieux qu'à mesure que votre âme y prend intérêt.

CHARLOTTE.

Mais, ma bonne amie, mon corps est moi aussi bien que mon âme.

MADEMOISELLE BONNE.

Point du tout, ma chère. Quand vous serez morte, les vers mangeront votre chair, vos os tomberont en poussière, et votre âme restera telle qu'elle est. Vous savez bien qu'elle est immortelle.

AUGUSTINE.

Mais David avait déjà deux autres femmes, ma bonne; est-ce que cela est permis, d'avoir plusieurs femmes?

MADEMOISELLE BONNE.

Cela était permis autrefois, ma chère; mais cela n'a plus lieu aujourd'hui parmi les chrétiens, parce que Jésus-Christ le leur a défendu. En Chine au contraire, et chez presque tous les peuples de l'Asie, un homme peut encore avoir plusieurs femmes à la fois.

DES ENFANTS. 353

Comme il nous reste un demi-quart d'heure, je vais vous raconter comment se font les mariages dans la Chine. Il faut que vous sachiez d'abord que dans ce pays les femmes ne sortent point à pied, et ne voient jamais d'autres hommes que leur père et leur mari.

JULIA.

Comment peut-on se marier? Est-ce qu'un jeune homme n'a pas la liberté de voir une fille quand il veut l'épouser?

MADEMOISELLE BONNE.

Ce ne sont pas ceux qui doivent se marier qui se mêlent de faire le mariage, ce sont les pères. Un homme qui a un fils va trouver un autre homme qui a une fille. Le premier s'informe des qualités de cette fille, et, s'il croit que son fils sera heureux avec elle, il la demande pour lui. Le second, l'ayant accordée, va dire à sa fille qu'il vient de la marier. Alors on met

30.

à la future ses plus beaux habits, on l'enferme dans une machine qui est close et on porte la Chinoise dans la maison de son époux. Le nouveau marié attend avec bien de l'impatience le moment de voir sa femme. Quelquefois il est content, d'autres fois la femme n'est pas de son goût; mais ne croyez pas pour cela qu'il ait de mauvaises façons pour elle; il a trop de respect pour son père qui l'a choisie. Il demeure avec elle pendant huit jours, et au bout de ce temps, il lui demande permission de choisir une autre femme parmi celles qu'on lui a données pour la servir. La nouvelle mariée ne lui refuse jamais cette permission; mais l'autre femme que le mari prend reste toujours sa servante, et la première ne cesse pas d'être maîtresse de la maison; les enfants de la servante l'appellent leur mère, et lui sont soumis.

LÉONIE.

Et si la servante était insolente, la première femme pourrait-elle la punir?

MADEMOISELLE BONNE.

Sans doute, ma chère; mais cela n'arrive point : la servante sait qu'elle doit respecter sa maîtresse; celle-ci par complaisance pour son mari, et pour s'en faire aimer, traite bien une femme qu'il aime, et tous ces gens vivent ordinairement dans la meilleure intelligence du monde.

CHARLOTTE.

Mais ils sont donc plus raisonnables que les autres peuples! J'ai lu dans la vie de Denys, tyran de Syracuse, qu'il avait épousé deux femmes dans un seul jour, qu'il avait trouvé le secret de les faire vivre en paix, et j'ai ouï dire que cela prouvait que Denys était le plus habile homme du monde.

MADEMOISELLE BONNE.

Et l'on avait d'autant plus raison de parler ainsi, que les deux femmes de Denys avaient chacune des enfants, et qu'il était naturel qu'elles cherchassent à les mettre sur le trône ; mais dans la Chine cela est moins difficile : si la maîtresse a des enfants, ils sont toujours au-dessus de ceux de la servante. D'ailleurs, l'éducation fait tout. Les filles apprennent dès leur jeunesse que c'est la coutume du pays; elles s'y attendent, et cela ne paraît point extraordinaire.

SIDONIE.

Mais ces pauvres femmes doivent bien s'ennuyer, puisqu'elles ne sortent jamais.

MADEMOISELLE BONNE.

Je vous ai dit qu'elles ne sortent jamais à pied; mais pour faire des visites chez les autres dames, on les porte dans ces machines fermées dont je vous ai parlé. C'est quelque chose de honteux pour une femme de paraître en public : il n'y a que des femmes de bas étage à qui cela soit permis. Et puis, quand les dames aimeraient à courir, elles ne pourraient pas aller bien loin à cause de leurs pieds.

AUGUSTINE.

Est-ce que leurs pieds sont autrement faits que les nôtres ?

MADEMOISELLE BONNE.

Quand elles viennent au monde, elles ont les pieds semblables aux nôtres; mais on a soin de leur plier les doigts en dedans, et de les attacher avec des bandes ; quand elles sont grandes, ces doigts de pieds semblent collés en dessous, comme sont les nôtres quand nous avons la main fermée. On ne sait qui a commencé à mutiler ainsi les enfants; on a voulu apparemment apprendre par là aux dames qu'elles ne doivent pas aimer à courir, et que leur vraie place est leur maison, où elles doivent rester pour avoir soin de leurs enfants et de leur ménage. Adieu, mes amies, notre heure est écoulée.

DIALOGUE XXVI.

VINGT-QUATRIÈME JOURNÉE.

AUGUSTINE.

Ma bonne amie, il y a longtemps que vous ne nous avez point dit de conte : n'en aurons-nous pas un aujourd'hui ?

MADEMOISELLE BONNE.

Je le veux bien, mes enfants.

Il était une fois un seigneur qui avait deux filles jumelles, à qui l'on avait donné des noms qui leur convenaient parfaitement. L'aînée, qui était très-belle, reçut celui de *Bellote*, et la seconde, qui était fort laide, fut appelée *Laidronnette*. On leur donna des maîtres, et jusqu'à l'âge de douze ans, elles s'appliquèrent à leurs exercices ; mais alors leur mère fit une sottise, car, sans penser qu'il leur restait encore bien des choses à apprendre, elle les mena avec elle dans les réunions. Comme ces deux filles aimaient à se divertir, elles furent bien contentes de voir le monde, et elles n'étaient plus occupées que de plaisirs même pendant le temps de leurs leçons, en sorte que leurs maîtres commencèrent à les ennuyer. Elles trouvèrent mille prétextes pour ne plus étudier : tantôt il fallait célébrer le jour de leur naissance ; tantôt elles étaient invitées à un bal, et il fallait passer la journée à se coiffer ; on écrivait donc souvent aux professeurs pour les prier de ne point venir. Elles vécurent ainsi jusqu'à quinze ans, et à cet âge Bellote était devenue si belle, qu'elle faisait l'admiration de tous ceux qui la voyaient. Les uns louaient sa bouche, les autres ses yeux, sa main, sa taille ; et pendant qu'on lui donnait toutes ces louanges, on ne pensait seulement pas que sa sœur fût au monde. Laidronnette se mourait de dépit d'être laide, et bientôt elle prit un grand dégoût pour le monde, où tous les honneurs et toutes les préférences étaient pour Bellote. Laidronnette commença donc à souhaiter ne plus sortir; et un jour qu'elles étaient invitées à une réunion qui devait finir par un bal, elle dit à sa mère qu'elle avait mal à la tête, et qu'elle désirait rester à la maison. Elle s'y ennuya d'abord à mourir, et, pour passer le temps, elle alla à la bibliothèque de sa mère

pour y chercher un roman, et fut bien fâchée de ce que Bellote avait emporté la clef de ce meuble. Son père avait aussi une bibliothèque, mais c'étaient des livres sérieux, et elle les haïssait. Elle fut pourtant forcée d'en prendre un; c'était un recueil de lettres. En ouvrant le livre, elle trouva celle que je vais vous rapporter.

« Vous me demandez d'où vient que la plus grande partie des belles personnes sont sottes et même stupides : je crois pouvoir vous en dire la raison. Ce n'est pas qu'en venant au monde, elles aient moins d'esprit que les autres c'est qu'elles négligent de le cultiver. Toutes les femmes ont de la vanité et veulent plaire. Une laide sait qu'elle ne peut produire d'effet à cause de son visage, ce qui lui donne l'envie de se distinguer par son esprit. Elle étudie donc beaucoup, et elle parvient à devenir aimable malgré la nature. La belle, au contraire, n'a qu'à se montrer pour être remarquée, sa vanité est satisfaite ; comme elle ne réfléchit jamais, elle ne pense pas que sa beauté n'aura qu'un temps. Elle devient une sotte, tout occupée de puérilités, de chiffons, de spectacles ; cela dure jusqu'à trente ans, quarante ans au plus, pourvu que la petite-vérole, ou quelque autre maladie, ne vienne pas détruire plus tôt sa beauté. Mais quand on n'est plus jeune, on ne peut plus rien apprendre : ainsi cette fille, dès qu'elle n'est plus belle, reste une sotte pour toute sa vie, quoique la nature lui ait donné autant d'esprit qu'à une autre ; tandis que la laide, devenue fort aimable, se moque des maladies et de la vieillesse, qui ne peuvent rien lui ôter. »

Laidronnette, après avoir lu ce chapitre qui semblait avoir été écrit pour elle, résolut de profiter des vérités qu'il lui avait découvertes. Elle redemande ses maîtres, s'applique à la lecture, fait de sages réflexions sur ce qu'elle lit, et en peu de temps devient une fille de mérite. Quand elle était obligée de suivre sa mère dans les réunions, elle se mettait toujours à côté des personnes en qui elle remarquait de l'esprit et de la raison ; elle leur faisait des questions, et retenait toutes les bonnes choses qu'elle leur entendait dire : elle prit même l'habitude de les écrire, pour s'en souvenir mieux. A dix-sept ans, elle parlait et écrivait si bien que toutes les personnes de mérite se faisaient un plaisir de la connaître, et d'entretenir un commerce de lettres avec elle. Les deux sœurs se marièrent le même jour. Bellote épousa un jeune prince qui était charmant, et qui n'avait que vingt-deux ans. Laidronnette devint la femme du ministre de ce prince; le mari de cette dernière était un homme de quarante-cinq ans. Il avait reconnu l'esprit de la jeune fille, et il le charmait; mais le ministre avoua à Laidronnette qu'il n'avait que de l'amitié pour elle : c'était justement ce qu'elle demandait; elle n'était point jalouse de sa sœur, que le prince trouvait si belle qu'il ne pouvait presque pas la quitter. Bellote fut fort heureuse pendant trois mois, mais au bout de ce temps, son mari, qui l'avait bien vue, commença à s'accoutumer à la beauté de sa femme et à penser qu'il ne fallait pas renoncer à tout pour elle. Il alla à la chasse, et fit d'autres parties de plaisir dont elle n'était pas, ce qui parut fort extraordinaire à celle-ci, qui se crut la plus malheureuse femme du monde. Elle se plaignit; il se fâcha; ils se raccommodèrent; mais comme les plaintes de la princesse recommençaient tous les jours, son mari se fatigua de l'entendre. D'ailleurs Bellote, ayant eu un fils, devint maigre, et sa beauté diminua considérablement; en sorte qu'à la fin, le prince, qui n'estimait en elle que cette beauté, n'aima plus du tout sa jeune femme. Le chagrin qu'elle en conçut acheva de gâter son visage, et comme elle ne savait rien, sa conversation était fort ennuyeuse pour les jeunes gens, parce qu'elle était triste; pour les personnes plus âgées et qui avaient du bon sens, parce qu'elle était sotte, en sorte qu'elle restait seule presque toute la journée. Ce qui augmentait son désespoir, c'était que sa sœur Laidronnette était la plus heureuse personne du monde. Son mari la consultait sur ses affaires, et lui confiait tout ce qu'il pensait; il se conduisait par les conseils de sa femme et disait partout qu'elle était la meilleure amie qu'il eût au monde. Le prince même, qui était un homme d'esprit, se plaisait dans la conversation de sa belle-sœur, et disait qu'il n'y avait pas moyen de rester une demi-heure avec Bellote sans bâiller, parce qu'elle ne savait parler que coiffures et ajustements, à quoi il ne connaissait rien. Son dégoût pour sa femme devint tel, qu'il l'envoya à la campagne, où elle eut le temps de s'ennuyer tout à son aise, et où elle serait morte de chagrin, si sa sœur Laidronnette n'eût eu la charité de l'aller voir. Un jour qu'elle tâchait de la consoler, Bellote lui dit : « Mais, ma sœur, d'où vient donc la différence qu'il y a entre vous et moi ? Je ne puis m'empêcher de voir que vous avez beaucoup d'esprit, et que je ne suis qu'une sotte ; cependant, lorsque nous étions jeunes, on disait que j'en avais pour le moins autant que vous. » Laidronnette alors raconta son aventure à sa sœur, et ajouta : « Vous êtes bien fâchée contre votre mari, parce qu'il vous a envoyée à la campagne, et cependant cela peut faire votre bonheur, si vous le voulez. Vous n'avez pas encore dix-neuf ans ce serait trop tard pour étudier si vous étiez dans la dissipation de la ville ; mais la solitude vous laisse tout le temps nécessaire pour cultiver votre esprit. Vous n'en manquez pas, ma chère sœur, mais il faut l'orner par la lecture et par la réflexion. Bellote trouva d'abord très-difficile de suivre les conseils de sa sœur, par l'habitude qu'elle avait contractée de perdre son temps en niaiseries ; enfin, à force de se contraindre elle y réussit, et fit des progrès surprenants dans toutes les sciences ; comme la philosophie la consolait, elle reprit son embonpoint, et devint plus belle qu'elle n'avait jamais été ; mais elle ne s'en souciait pas du tout, et ne daignait pas même se regarder dans le miroir. Cependant son mari avait pris un si grand dégoût pour elle, qu'il fit casser leur mariage. Laidronnette vint à bout de la consoler. « Ne vous affligez pas, lui dit-elle ; je sais le moyen de vous rendre votre mari : suivez seulement mes conseils, et ne vous embarrassez de rien. » Comme le prince avait un fils de Bellote, qui devait être son héritier, il ne se pressa point de prendre une autre femme, et ne pensa qu'à se bien divertir. Il goûtait

extrêmement la conversation de Laidronnette ; et il lui affirmait quelquefois qu'il ne se marierait jamais, à moins qu'il ne trouvât une femme qui eût autant d'esprit qu'elle. « Mais si elle était aussi laide que moi ? lui répondit-elle en riant. — En vérité, madame, dit le prince, cela ne m'arrêterait pas un moment : on s'accoutume à un laid visage ; le vôtre ne me paraît plus choquant, par l'habitude que j'ai de vous voir : quand vous parlez il ne s'en faut de rien que je ne vous trouve jolie. » Cependant le temps du carnaval arriva; le prince crut qu'il se divertirait beaucoup, s'il pouvait courir le bal sans être connu. Il n'en parla qu'à Laidronnette, et la pria de se masquer avec lui; comme elle était sa belle-sœur, personne ne pouvait y trouver à redire. Cependant Laidronnette en demanda la permission à son mari, qui y consentit d'autant plus volontiers, qu'il avait lui-même mis cette fantaisie dans la tête du prince pour faire réussir le dessein qu'il avait de le réconcilier avec Bellote. Il écrivit à cette princesse abandonnée, de concert avec Laidronnette qui indiqua à sa sœur comment le prince devait être habillé. Dans le milieu du bal, Bellote vint s'asseoir auprès de son mari et commença une conversation extrêmement agréable avec eux : d'abord le prince crut reconnaître la voix de sa femme; mais elle n'eut pas parlé un demi quart d'heure, qu'il perdit le soupçon qu'il avait eu au commencement. Le reste de la nuit passa si vite, à ce qu'il sembla à celui-ci, qu'il se frotta les yeux quand le jour parut, croyant rêver, et demeura charmé de l'esprit de l'inconnue, qu'il ne put jamais engager à se démasquer; tout ce qu'il obtint, ce fut qu'elle reviendrait au prochain bal avec le même habit. Le prince arriva le premier, et quoique l'inconnue y parût un quart d'heure après lui, il l'accusa de lenteur, et lui jura qu'il s'était beaucoup impatienté. Il fut encore plus charmé d'elle cette seconde fois que la première, et avoua à Laidronnette qu'il était enthousiasmé de cette personne. « J'avoue qu'elle a beaucoup d'esprit, lui répondit sa confidente; mais si vous voulez que je vous dise mon sentiment, je soupçonne qu'elle est encore plus laide que moi.—Ah ! madame, répondit le prince, que ne peut-elle lire dans mon cœur? ce qu'elle m'a inspiré est indépendant de son visage. J'admire la supériorité de son esprit, et la bonté de son âme.—Comment pouvez-vous juger de la bonté de son âme? demanda Laidronnette.—Je vais vous le dire, reprit le prince : quand je lui ai fait remarquer de belles femmes, elle les a louées de bonne foi, et elle m'a fait remarquer avec adresse des beautés qu'elles avaient, et qui échappaient à ma vue. Quand j'ai voulu, pour l'éprouver, lui raconter les mauvaises histoires qu'on mettait sur le compte de ces femmes, elle a détourné adroitement le discours, ou bien elle m'a interrompu, pour m'apprendre quelque belle action de ces personnes, et enfin, quand j'ai voulu continuer, elle m'a fermé la bouche, en disant qu'elle ne pouvait souffrir la médisance. Vous voyez bien, madame, qu'une femme qui n'est point jalouse de celles qui sont belles, une femme qui prend plaisir à dire du bien du prochain, une femme qui ne peut souffrir la médisance, doit être d'un excellent caractère, et ne peut manquer d'avoir un bon cœur. Que me manquerait-il pour être heureux avec une telle femme, quand même elle serait aussi laide que vous le pensez? Je suis donc résolu à lui déclarer mon nom, et à lui offrir de partager ma puissance. » Effectivement, dans le bal suivant, le prince apprit sa qualité à l'inconnue, et lui dit qu'il n'y avait point de bonheur à espérer pour lui, s'il n'obtenait pas sa main; mais, malgré ces offres, Bellote s'obstina à demeurer masquée, ainsi qu'elle en était convenue avec sa sœur. Voilà le pauvre prince dans une inquiétude épouvantable. Il pensait comme Laidronnette, que cette personne si spirituelle devait être un monstre, puisqu'elle avait tant de répugnance à se laisser voir; mais quoiqu'il se la peignît de la manière du monde la plus désagréable, cela ne diminuait point l'attachement, l'estime et le respect qu'il avait conçus pour l'esprit et pour la vertu de l'inconnue ; il fut tout près de tomber malade de chagrin ; lorsqu'elle lui dit : Vous vous figurez peut-être que j'ai de grands yeux, une petite bouche, de belles dents, un teint de lis et de roses : si par aventure j'allais me trouver avec des yeux louches, une grande bouche, un nez camard, des dents noires, vous me prieriez bien vite de remettre mon masque. D'ailleurs, quand je ne serais pas si horrible, je sais que vous avez eu beaucoup d'affection pour Bellote et cependant vous avez abandonné cette pauvre princesse.—Ah! madame, répondit le prince, soyez mon juge ; j'étais jeune quand j'épousai Bellote, et je vous avoue que je ne m'étais jamais occupé qu'à la regarder, et point à l'écouter ; mais lorsque je fus marié, et que l'habitude de la voir eût dissipé mon illusion, enfin, lorsque je l'entendis, imaginez-vous si ma situation dut être bien agréable. Quand je me trouvais seul avec mon épouse, elle me parlait d'une robe nouvelle qu'elle devait mettre le lendemain, des souliers de celle-ci, des diamants de celle-là. S'il se rencontrait à ma table une personne d'esprit, et que l'on voulût parler de quelque chose de raisonnable, Bellote commençait par bâiller, et finissait par s'endormir. Je voulus essayer de l'engager à s'instruire, cela l'impatienta : elle était si ignorante qu'elle me faisait trembler et rougir toutes les fois qu'elle ouvrait la bouche ; d'ailleurs elle avait tous les défauts des sottes : quand elle s'était mis une chose dans la tête, il n'était pas possible de faire changer la princesse d'avis, même en lui donnant de bonnes raisons, car elle ne pouvait les comprendre. Vous voyez bien qu'elle m'a mis dans la nécessité de faire casser mon mariage.—J'avoue que vous étiez à plaindre, repartit l'inconnue ; mais tout ce que vous me dites ne me rassure point. Vous affirmez que vous m'aimez ; voyez si vous serez assez hardi pour m'épouser aux yeux de tous vos sujets, sans m'avoir vue. — Je suis le plus heureux de tous les hommes, puisque vous ne demandez que cela, s'écria le prince; venez dans mon palais avec Laidronnette, et demain, dès le matin, je ferai assembler mon conseil pour vous donner ma main. Le reste de la nuit parut bien long au prince; et, avant de quitter le bal, s'étant démasqué, il ordonna à tous les seigneurs de la cour de se rendre dans son palais, et fit avertir tous ses

ministres. Ce fut en leur présence qu'il raconta ce qui lui était arrivé avec l'inconnue; après avoir fini son discours, il jura de n'avoir jamais d'autre épouse, quelle que pût être la figure de celle-ci. Il n'y eut personne qui ne crût comme le prince, que celle qu'il épousait ainsi ne fût horrible à voir. Quelle fut la surprise de tous les assistants lorsque Bellote, s'étant démasquée, leur fit voir la plus belle personne qu'on eût imaginé! Ce qu'il y eut de plus singulier, ce fut que ni le prince ni les autres ne la reconnurent d'abord, tant le repos et la solitude l'avaient embellie; on se disait seulement tout bas que l'autre princesse lui ressemblait en laid. Le prince, extasié d'être trompé si agréablement, ne pouvait parler; mais Laidronnette rompit le silence pour féliciter sa sœur. —Quoi! s'écria le roi, cette charmante et spirituelle personne est Bellote! Par quel enchantement a-t-elle joint aux charmes de sa figure ceux de l'esprit et du caractère qui lui manquaient absolument? Quelque fée favorable a opéré ce miracle?—Il n'y a point de miracle, reprit Bellote; j'avais négligé de cultiver les dons de la nature; mes malheurs, la solitude et les conseils de ma sœur m'ont ouvert les yeux et m'ont engagée à acquérir des grâces à l'épreuve du temps et des maladies. — Et ces grâces m'ont inspiré un attachement à l'épreuve de l'inconstance, lui dit le prince en l'embrassant. Effectivement il l'aima toute sa vie.

EUGÉNIE.

Je vous assure, ma bonne amie, que ce conte est bien joli; je pense que vous l'avez fait exprès pour nous.

MADEMOISELLE BONNE.

Cela pourrait bien être; mais, soit qu'il ait été fait pour vous ou non, l'important est d'en profiter. Commençons nos histoires. C'est à vous, Augustine.

AUGUSTINE.

Les Philistins déclarèrent la guerre à Saül; il eut une grande peur, et voulut consulter une femme qui devinait par le moyen du malin esprit. Il alla chez elle, déguisé et accompagné de deux de ses serviteurs, et il lui dit qu'il la priait de faire revenir une personne dont il avait besoin. Cette femme lui répondit qu'elle voyait un vieillard; Saül reconnut au portrait qu'elle en fit, que c'était Samuel, et il lui demanda quel de-

Le Voyageur.

(Page 367.

vait être le succès de la bataille. « Ce que je t'ai prédit arrivera, répondit Samuel; tu perdras ton royaume, et demain, toi et tes fils vous serez avec moi. » Saül s'en alla tout effrayé. Le lendemain il livra la bataille, et comme il vit que les ennemis étaient plus forts que lui, il se passa son épée au travers du corps : ses fils furent tués.

CHARLOTTE.

J'ai toujours eu bien peur des morts. Ma nourrice me disait qu'ils revenaient : elle m'a conté je ne sais combien d'histoires à ce sujet.

MADEMOISELLE BONNE.

C'est que votre nourrice est une sotte, ma bonne amie : toutes les histoires qu'on raconte à ce sujet sont des fables. Je pourrais vous en citer plusieurs exemples, mais je me contenterai d'en rapporter deux.

Un gentilhomme avait été envoyé par le roi en Allemagne, pour des affaires sérieuses. Il revenait en poste avec quatre domestiques, lorsque la nuit le surprit dans un méchant hameau où il n'y avait pas un seul cabaret. Le voyageur demanda à un paysan s'il n'y avait pas moyen de loger dans le château. Le paysan répondit : « Il est abandonné, monsieur ; il n'y a qu'un fermier, dont la petite maison est hors du château, où il n'oserait entrer que de jour, parce que la nuit il y revient des esprits qui battent les gens. » Le gentilhomme, qui n'était pas peureux, répliqua : « Je ne crains pas les esprits, je suis plus méchant qu'eux; et pour te le prouver, je veux que mes domestiques restent dans le village, et j'y coucherai tout seul. » L'envoyé n'avait pourtant pas l'intention de se coucher ; il avait toute sa vie entendu parler de revenants, et il avait une grande curiosité d'en voir. Il fit allumer un bon feu, prit des pipes et du tabac, avec deux bouteilles de vin, et mit sur la table quatre pistolets chargés ; vers minuit, il entendit un affreux bruit de chaînes, et vit un homme très-grand, qui lui faisait signe de le suivre. Notre héros mit deux de ses pistolets à sa ceinture, un dans sa poche, prit le dernier dans la main droite et, portant la chandelle de l'autre main, il marcha sur les pas du fantôme, qui descendit l'escalier, traversa la cour et entra dans une allée; mais tout d'un coup la terre manqua sous ses pieds, et il tomba dans un trou. Il s'aperçut alors de la sottise qu'il avait faite, car il vit à travers une cloison mal jointe, qui le séparait d'une cave, qu'il était tombé dans la puissance, non des esprits, mais d'une douzaine d'hommes qui tenaient conseil entre eux pour voir si on devait le tuer. Il connut par leurs discours que c'étaient des gens qui faisaient de la fausse monnaie. Il éleva la voix, et demanda la permission de parler. On lui accorda cette autorisation et il leur dit : « Messieurs, ma conduite en venant ici vous prouve que je suis un étourdi ; mais en même temps elle doit vous assurer que je suis un homme d'honneur, car vous n'ignorez pas que presque toujours un coquin est un lâche. Je vous promets sur mon honneur de garder votre secret. Ne commettez point un crime, en tuant un homme qui n'a jamais eu l'intention de vous faire du mal; d'ailleurs considérez les suites de ma mort. Je porte sur moi des lettres importantes que je dois rendre au roi; j'ai quatre domestiques dans ce village ; on fera tant de recherches pour savoir ce que je serai devenu qu'à la fin on vous découvrira. » Ces hommes, après l'avoir écouté, décidèrent qu'il fallait se fier à sa parole. On lui fit jurer sur l'Évangile qu'il dirait avoir vu des choses terribles dans le château. Effectivement, il affirma le lendemain qu'il s'y passait des choses capables de faire mourir un homme de frayeur et il ne mentait pas, comme vous pensez bien. Voilà donc une histoire de revenants bien établie. Personne n'aurait osé en douter depuis ce moment. Cela dura pendant douze ans : après ce temps, comme le gentilhomme était chez lui à se divertir avec plusieurs de ses amis, on lui dit qu'un homme qui conduisait deux chevaux l'attendait sur le pont sans vouloir entrer. La compagnie fut curieuse de savoir ce que signifiait

cette aventure; mais dès que le gentilhomme parut, suivi de ses amis, le personnage qui était sur le pont lui cria : « Arrêtez, s'il vous plaît, monsieur; je n'ai qu'un mot à vous dire. Ceux à qui vous avez promis le secret, il y a douze ans, vous remercient de l'avoir si bien gardé; ils vous rendent votre parole ; ils sont sortis du royaume, mais avant de me permettre de les suivre, ils m'ont chargé de vous prier d'accepter de leur part deux chevaux ; et je vous les laisse. » Effectivement cet homme, qui avait attaché les deux bêtes à un arbre, fit partir sa monture comme un éclair ; bientôt on le perdit de vue. Alors le héros de l'histoire raconta à un ami ce qui lui était arrivé, et ils conclurent qu'il ne fallait rien croire des histoires de revenants qui paraissaient les plus certaines, puisque si on examinait avec attention, on trouverait que la malice ou la faiblesse des hommes a donné naissance à ces contes.

EUGÉNIE.

J'aurais juré que c'étaient des diables ou des revenants qui étaient dans ce château.

MADEMOISELLE BONNE.

Un peu de réflexion, mes enfants, et l'on n'ajoutera aucune croyance à ces histoires. Pensez-vous de bonne foi que Dieu, qui est la sagesse et la bonté même, veuille faire des miracles seulement pour tourmenter les hommes? Croyez-vous qu'il permette à une âme de revenir sur la terre pour exécuter des malices, tirer la couverture d'une personne qui dort, l'empêcher de se reposer, et mille autres fadaises qui ne sont dignes que de risée? Je vais vous prouver, par ce qui m'est arrivé à moi-même, le parti qu'il faut prendre dans ces sortes d'occasions. Je crois que le sort avait rassemblé exprès pour moi les plus sottes de toutes les servantes ; à six ans, je savais des histoires de revenants, que je croyais comme l'Évangile, et cela m'avait rendue si peureuse, que je craignais mon ombre ; mais, quand je commençai à avoir de la raison, je résolus de me guérir de cette maladie : je m'accoutumai donc le soir à aller seule, d'abord avec de la lumière, et puis après cela dans l'obscurité ; je me disais à moi-même : Je ne suis pas seule, Dieu est dans cette chambre où je vais entrer, il saura bien me défendre : après cela, j'entrais hardiment, je m'asseyais et je ne quittais pas la place que je ne fusse tout à fait tranquillisée ; ensuite je me moquais de moi-même. Si je voyais quelque chose dans l'obscurité, je m'avançais pour le toucher et je trouvais que c'était un linge ou une chaise, qui de loin me paraissaient sous une forme terrible ; car la peur grossit les objets. Une aventure qui m'arriva finit de me rendre tout à fait raisonnable. J'eus affaire pour quelques mois dans une petite ville. En y arrivant j'envoyai chercher un tapissier qui me dit qu'il avait une petite maison toute meublée, et qu'il me la donnerait tout entière pour un prix très-raisonnable : il n'y avait que deux ans que cette maison était rebâtie, parce qu'elle avait été brûlée, et il y avait même une vieille femme qui y avait péri. Les voisins eurent grand soin de me raconter cette histoire, et me dirent que la vieille venait toutes les nuits pour compter l'argent qu'elle y avait laissé. Je fis un grand éclat de rire au nez de ces gens ; mais ils ajoutèrent que je serais la dupe de ma confiance ; que cette maison avait été louée plusieurs fois, mais que personne ne pouvait y demeurer plus de trois jours. J'en suis charmée, répondis-je, j'ai toujours eu envie de voir ou d'entendre quelque chose d'extraordinaire ; peut-être à la fin aurai-je ce plaisir. Aussitôt que je me trouvai dans cette maison, je la visitai depuis la cave jusqu'au grenier ; car, si je n'ai plus peur des morts, je crains encore les vivants, et je pensais que quelque ennemi du tapissier pouvait peut-être se divertir et effrayer les gens pour empêcher l'habitation d'être louée. N'ayant rien trouvé, je passai la journée fort tranquillement ; vers les onze heures du soir, étant auprès du feu avec mon mari, j'entendis un bruit sourd, mais sans pouvoir distinguer d'où il partait, parce qu'il changeait de place à tout moment. Le plus souvent pourtant il paraissait sortir du milieu de la chambre, et je dis en riant : Si je n'avais pas visité les caves, je croirais qu'on y fait de la fausse monnaie, car ce bruit ressemblait à celui d'un balancier. Le matin on n'entendit plus rien ; mais le bruit recommença les nuits suivantes, et, au bout de deux semaines, je remarquai qu'il était bien plus fort le vendredi, qui était justement le jour ou la maison avait brûlé. Je passai la nuit du second vendredi sans me coucher, et, sur les quatre heures du matin, je crus entendre parler, mais cela semblait sortir de dessous terre. J'attendis le jour avec impatience, et je priai mon mari de rester à la même place ; pour moi je sortis et allai dans la maison voisine : c'est un cabaret, et je m'aperçus que l'écurie de ce cabaret était derrière notre salle, où l'on entendait ce bruit. Vous savez que les chevaux frappent du pied de temps en temps. Dans le silence de la nuit on ne perdait pas un seul de leurs coups de pieds. Je pris un grand bâton, et ayant frappé trois coups contre terre, de toute ma force, je rentrai chez moi, et mon mari me dit que depuis que j'étais sortie on avait frappé trois coups. Les vendredis étaient des jours de marché ; il venait beaucoup de gens de la campagne qui couchaient en ville, et mettaient leurs chevaux dans cette écurie, ce qui augmentait le bruit. Je me hâtai de conter mon histoire. Plusieurs personnes vinrent pour écouter, et chacun connut la cause de ce qui avait tant effrayé.

Au reste il était extravagant de penser que Dieu permettait que cette vieille revînt de l'autre monde, seulement pour compter son argent. Continuez l'histoire, Sidonie.

SIDONIE.

Après tous ces événements, David fut reconnu roi de la tribu de Juda, de laquelle il était sorti. Abner, un des capitaines de Saül, fit couronner un des fils de ce malheureux prince par les autres tribus ; mais le fils de Saül ayant maltraité Abner, celui-ci vint se rendre à David, et le reconnut pour maître. Abner fut traîtreusement tué par Joab, capitaine de David, dont il avait frappé de mort le frère en se défendant. David pleura Abner, et maudit Joab. Le nouveau roi ayant consulté le Seigneur fit la guerre aux Philistins, qu'il vainquit, et reprit aussi Jérusalem.

Un prophète, nommé Nathan, vint trouver David de la part du Seigneur, et dit : Dieu m'ordonne de t'apprendre qu'il t'a donné la couronne d'Israël, et que ton sang régnera jusqu'à la fin des siècles. David s'humilia devant le Seigneur, et chanta un cantique à sa louange. Quelque temps après, ayant découvert un des fils de Jonathas, il lui rendit tous les biens de Saül. Cependant David eut une nouvelle guerre avec les Philistins ; mais il resta à Jérusalem, et nomma Joab pour son lieutenant général. Un jour que le roi se promenait sur la terrasse de son palais, il vit une belle femme et apprit que c'était Bethzabée, femme d'Urie qui était à l'armée. David écrivit à Joab de faire combattre Urie dans un endroit dangereux, où ce dernier pût être tué : Joab lui obéit et le brave Urie mourut. David épousa sa veuve, et eut d'elle un fils. Au bout de deux ans, Dieu lui envoya le prophète Nathan, qui lui dit : Le Seigneur vous avait donné le royaume d'Israël, des biens en abondance, et malgré tant de bienfaits vous l'avez offensé ; je vous annonce que l'épée ne sortira point de votre maison. Le prophète ajouta : Le Seigneur vous a pardonné ; toutefois, comme vous avez scandalisé votre peuple, le fils que vous avez eu de Bethzabée mourra.

JULIA.

Comment se peut-il faire que David, un si saint

homme, soit demeuré deux ans dans son péché sans en avoir regret?

MADEMOISELLE BONNE.

Voilà l'effet des grands crimes, mes enfants : ils endurcissent le cœur ; remarquez que Saül avait dit, comme David : *J'ai péché!* mais David le dit du fond du cœur. Ce dernier ne fut pas fâché à cause des malheurs dont il était menacé, mais seulement parce qu'il avait offensé Dieu ; aussi le Seigneur lui pardonna.

DIALOGUE XXVII.

VINGT-CINQUIÈME JOURNÉE.

MADEMOISELLE BONNE.

Je vous ai parlé de la Lorraine et de la Flandre ; nous dirons aujourd'hui un mot de la Picardie. Cette ancienne province est assez fertile, mais il n'y vient pas de raisin. On dit communément que les Picards ont la tête chaude, c'est-à-dire qu'ils sont extrêmement vifs et sujets à se mettre en colère pour un rien ; mais ils sont aussi prêts à s'apaiser qu'à se fâcher. Ils ont le cœur bon, droit et sincère. La capitale, comme je vous l'ai dit, était Amiens, sur la rivière de Somme.

Sous le gouvernement de Picardie, on trouvait le *pays reconquis*, dont la capitale était Calais. Cette ville fut prise après un long siége par Édouard III, roi d'Angleterre. Ce prince, piqué de la résistance opiniâtre des Calaisiens, demanda qu'on lui envoyât quatre chefs des principales familles de Calais, qu'il voulait faire périr. Vous croyez peut-être, mes enfants, que tous les gens de qualité avaient peur d'être choisis : point du tout. Chacun d'eux prétendait au contraire à l'honneur de donner son sang pour son pays. Les quatre qui furent nommés se rendirent au camp d'Édouard III, en chemise, tête et pieds nus, et la corde au cou, mais la reine d'Angleterre, qui admirait leur vertu, obtint leur grâce. Ensuite le roi fit sortir tous les Français de Calais, et ces pauvres gens furent encore secourus par la reine et les dames de sa cour. Les Anglais ont gardé cette ville plus de deux siècles, et elle a été reconquise par les Français, sous le règne de Henri II. Ce fut un duc de Guise, surnommé le Balafré, qui la reprit.

EUGÉNIE.

Ces Calaisiens me font souvenir d'un trait d'histoire que j'ai lu quelque part, mais je ne me souviens pas des noms. Un prince avait pris une ville, et, comme il était fort en colère contre les habitants, il résolut de les faire périr, et de ne pardonner qu'aux femmes : il leur permit donc de sortir de la ville et d'emporter tout ce qu'elles avaient de plus précieux. Devinez ce qu'elles emportèrent, mesdemoiselles?

CHARLOTTE.

Peut-être tout leur or, leur argent et leurs beaux habits?

EUGÉNIE.

Non, ma chère, elles eurent bien plus d'esprit que cela. Chaque femme prit son mari sur son dos, et elles passèrent ainsi devant le vainqueur, qui fut si charmé de la vertu de ces femmes qu'il pardonna à toute la ville.

JULIA.

L'histoire d'Eugénie m'en rappelle une autre : si vous voulez me le permettre, ma Bonne, je la rapporterai à ces demoiselles.

MADEMOISELLE BONNE.

Mademoiselle Eugénie me semble brouillée avec les

noms propres. C'est un défaut de jeunesse ; et il faut tâcher de l'éviter, mes enfants. Quand j'étais à votre âge, je ne lisais pas, je dévorais les livres ; le moyen après cela de retenir les noms propres? A présent je suis trop vieille pour me corriger : mais pour vous, mes enfants, vous le pouvez, si vous voulez vous en donner la peine. Voyons l'histoire que vous voulez rapporter, ma chère.

JULIA.

Il y avait un prince, nommé Démétrius Poliorcète, qui avait fait beaucoup de bien au peuple de la ville

d'Athènes. Ce prince, en partant pour la guerre, laissa sa femme et ses enfants chez les Athéniens. Il perdit la bataille, et fut obligé de s'enfuir. Il crut d'abord qu'il n'avait qu'à se retirer chez ses bons amis les Athéniens ; mais ces ingrats refusèrent de le recevoir ; ils lui renvoyèrent même sa femme et ses enfants sous prétexte que ceux-ci ne seraient peut-être pas en sûreté dans Athènes, où les ennemis pourraient les venir prendre. Cette conduite perça le cœur de Démétrius ; car il n'y a rien de si cruel pour un honnête homme que l'ingratitude de ceux qu'il aime et auxquels il a fait du bien. Quelque temps après, ce prince reprit le dessus, et vint avec une grande armée mettre le siége devant la ville d'Athènes. Les habitants, persuadés qu'ils n'avaient aucun pardon à espérer de Démétrius, résolurent de mourir les armes à la main, et portèrent un arrêt qui condamnait à mort ceux qui parleraient de se rendre. Effectivement, après avoir souffert la faim très-longtemps, les plus raisonnables dirent : Il vaut mieux que Démétrius nous fasse tuer tout d'un coup que de mourir par la faim ; peut-être aura-t-il pitié de nos femmes et de nos enfants. Ils lui ouvrirent donc les portes de la ville. Démétrius commanda que tous les hommes mariés se rendissent sur une grande place qu'il avait fait environner de soldats, ayant tous l'épée nue ; alors on n'entendit dans la ville que des cris et des gémissements ; les femmes embrassaient leurs maris, les enfants leurs pères, et leur disaient le dernier adieu. Quand tous ces hommes furent réunis, Démétrius monta sur un lieu élevé, et leur reprocha leur ingratitude dans les termes les plus touchants : il était si pénétré qu'il versait des larmes en parlant ; ils gardaient le silence, et s'attendaient à tout moment que ce prince allait commander à ses soldats de les tuer. Il furent donc bien étonnés, lorsque ce Démétrius reprit : Je veux vous montrer combien vous êtes coupables à mon égard ; car enfin ce n'est pas à un ennemi que vous avez refusé du secours, c'est à un prince qui vous aimait, qui vous aime encore et qui ne veut se venger qu'en vous pardonnant et en vous faisant du bien. Retournez chez vous ; pendant que vous êtes restés ici, mes soldats ont porté du blé et du pain dans vos maisons.

EUGÉNIE.

Si les Athéniens étaient honnêtes gens, ils devaient mourir de douleur d'avoir pu offenser un si bon prince.

MADEMOISELLE BONNE.

Quand même ils eussent été des coquins, cette conduite était toute propre à les faire rentrer en eux mêmes. Il faut nous hâter de dire nos histoires : à quatre heures, il doit arriver une chose qui vous surprendra beaucoup ; il sera nuit tout d'un coup, et puis une demi-heure après, nous aurons encore le jour.

AUGUSTINE.

Comment cela se peut-il, ma Bonne?

MADEMOISELLE BONNE.

Je vous l'expliquerai alors, ma bonne amie ; à présent dites votre histoire.

AUGUSTINE.

David fut puni du crime qu'il avait commis par la mort du fils qu'il avait eu de Bethzabée. Le roi se soumit aux volontés du Seigneur, et s'humilia : Dieu récompensa cette soumission en lui donnant un autre fils de Bethzabée, qui fut nommé Salomon, et qui régna après celui-ci. David eut encore plusieurs enfants ; mais ce fut pour son malheur : un d'eux nommé Absalon, ayant reçu un outrage de son frère Amnon, l'invita à un festin et le tua. Absalon, craignant la colère de son père, s'enfuit chez un prince voisin où il resta trois ans ; au bout de ce temps, Joab, qui commandait les troupes de David, obtint le pardon du coupable. Absalon, au lieu d'être touché de la bonté de son père, résolut de le détrôner. Ce fils ingrat s'attacha à flatter le peuple pour gagner ses bonnes grâces, et quand il crut avoir réussi il demanda à son père la permission d'aller exécuter un vœu qu'il avait fait; mais, au lieu de cela, il assembla des troupes et marcha sur Jérusalem. David se sauva avec ses amis, et se retira sur la montagne des Oliviers.

LÉONIE.

Je crains que David ne tombe entre les mains d'Absalon.

MADEMOISELLE BONNE.

Vous oubliez, ma chère, que Dieu protégeait David; il paraît quelquefois abandonner les bons et les livrer aux méchants; mais dans le temps même qu'il châtie les crimes des premiers, il est attentif à leurs intérêts, et empêche qu'ils ne succombent.

CHARLOTTE.

Quand Absalon eut assemblé son armée, il marcha contre David : ceux qui étaient avec ce dernier ne voulurent pas qu'il allât à la rencontre de son fils, ce fut Joab qui commanda l'armée, et David lui ordonna d'épargner Absalon; mais le général n'obéit pas aux ordres du roi, car Absalon ayant été battu, et voulant s'enfuir, fut arrêté par ses cheveux en passant sous un arbre où il demeura accroché. Joab lui perça le cœur; ce qui ayant été rapporté à David, il dit : *Plût à Dieu que je fusse mort, et que mon fils fut vivant!* Joab, voyant que le roi pleurait son fils, manqua de respect à ce malheureux père et le força de paraître devant le peuple. Cependant la tribu de Juda se pressa de ramener David à Jérusalem. Les tribus d'Israël furent jalouses de la première, il y eut entre elles de grosses querelles. Alors un homme, nommé Sebad, sonna de la trompette, et fit révolter les dix tribus d'Israël contre David. Joab alla assiéger une ville dans laquelle cet homme était enfermé, et elle aurait été détruite, sans la sagesse d'une femme qui la sauva; car ayant fait assembler le peuple, cette femme représenta qu'il y avait de la folie à s'exposer à la mort pour un rebelle. Le peuple s'assembla donc contre Sebad, et lui ayant coupé la tête, il la jeta à Joab par-dessus les murailles, ce qui finit la guerre.

EUGÉNIE.

Il fallait qu'Absalon fût bien méchant, pour chercher à faire périr son père, et un père qui l'aimait avec tant de tendresse.

MADEMOISELLE BONNE.

Absalon était peut-être né avec de bonnes inclinations, mes enfants; mais il avait les passions violentes, et parce qu'il ne s'appliqua pas à les modérer, il parvint par degrés à cet excès de méchanceté de vouloir tuer son père. Il s'accoutuma à flatter ses passions, et ensuite il n'en fut plus le maître. Voilà ce qui arrive à bien des gens, mes enfants : voilà ce qui vous arrivera à vous-mêmes, si vous n'avez pas soin de vous corriger à temps.

LÉONIE.

Comment! mademoiselle, je pourrais devenir aussi méchante qu'Absalon?

MADEMOISELLE BONNE.

Je vous l'affirme. Toute personne qui a des passions vives doit être sûre qu'il faut qu'elle devienne ou très-vertueuse, ou très-méchante, il n'y a pas de milieu. Oui, ma chère, si vous prenez le parti de vaincre vos passions, comme je l'espère, il vous en coûtera beaucoup sans doute, mais votre vertu sera forte, solide, inébranlable, parce que vous l'aurez acquise à la pointe de l'épée, pour ainsi dire; au contraire, il n'est point de crimes que vous ne soyez capable de commettre dans la suite, si vous en avez l'occasion, et que vous ayez besoin d'en profiter pour vous satisfaire. Nous en avons eu un terrible exemple en France, il y a quelques années: il me prend envie de vous le rapporter.

Il y avait une fille fort aimable et fort riche, qui n'avait qu'un défaut : elle aimait trop ses richesses, et ne voulait épouser qu'un homme aussi riche qu'elle; d'ailleurs elle était douce et n'avait pas de mauvaises inclinations. Elle demeurait avec une de ses tantes, qui gardait tout l'argent de sa nièce dont elle connaissait le défaut. Il se présenta plusieurs mariages pour cette fille, et entre autres un M. Tiquet qui s'attacha à gagner les bonnes grâces de la tante. Cette femme, souhaitant qu'il devînt son neveu, lui fit connaître le défaut de la demoiselle. M. Tiquet répondit qu'il n'avait pas une grosse fortune, et pria la tante de l'aider à tromper sa nièce; elle y consentit, et lui ayant donné quinze mille écus de l'argent de sa nièce, M. Tiquet, au moyen de cet argent fit faire un bouquet de diamants qu'il offrit à la jeune fille le jour de sa fête. Elle pensa qu'un homme qui avait le moyen de faire de tels présents devait être riche comme un Crésus, et elle consentit enfin à l'épouser. Quand elle fut sa femme, et qu'elle s'aperçut qu'il l'avait trompée, elle prit une grande haine pour lui, et, pour se dissiper, elle résolut de voir grande compagnie. Parmi ceux qui venaient lui rendre visite, il y avait un cavalier fort aimable. Alors elle maudit le moment où elle s'était mariée, et souhaitait tous les jours la mort de son mari pour épouser ce cavalier. La première fois qu'elle eut cette pensée, elle en eut horreur; car elle n'était pas encore tout à fait méchante; mais comme elle pensait qu'elle ne serait jamais heureuse avec un homme qu'elle n'aimait pas, et qu'elle nourrissait avec plaisir l'idée d'en épouser un autre, son cœur acheva de se gâter, et elle s'abandonna tout entière au désir de voir mourir son mari. Quand elle se fut familiarisée avec ce souhait elle réfléchit que son mari se portait très-bien, et que peut-être il vivrait plus longtempe qu'elle : petit à petit il lui vint dans l'idée qu'elle pouvait le faire tuer. Vous sentez bien, mes enfants, qu'il lui fallut du temps pour s'accoutumer à un aussi abominable projet; mais enfin elle en vint à bout. Elle donna de l'argent à un homme pour assassiner son malheureux époux, qui ne fût que blessé d'un coup de pistolet. Tout le monde accusa la femme, et ses amis lui conseillèrent de s'enfuir, puisqu'on lui en laissait le temps; mais elle ne voulut jamais le faire, dans la crainte que le mari ne prît son bien pendant son absence. Elle fut donc arrêtée, et, ayant été convaincue de son crime, elle eut la tête tranchée. Vous voyez, mes enfants, à quelle extrémité les passions peuvent nous porter. Il faut que cela nous engage à les combattre sans cesse.

AUGUSTINE.

Ah! ma bonne amie, je croyais que vous vous moquiez de nous, quand vous disiez qu'il ferait nuit à quatre heures, et cependant je m'aperçois que vous avez dit la vérité. Qu'est-ce qui vous avait avertie que cela devait arriver?

MADEMOISELLE BONNE.

Cette obscurité est causée par une éclipse du soleil, et les astronomes nous avaient annoncé que cette éclipse aurait lieu aujourd'hui à quatre heures.

LÉONIE.

Je ne sais pas ce que c'est qu'une *éclipse* et des *astronomes*

MADEMOISELLE BONNE.

Julia, dites, je vous prie, ce que c'est qu'une éclipse.

EUGÉNIE.

Je le sais bien aussi, ma bonne amie, si vous voulez, je le dirai.

MADEMOISELLE BONNE.

Non, ma chère; je voudrais bien que vous apprissiez à vaincre votre vanité, cela est plus important que de connaître ce que c'est qu'une éclipse. Vous auriez été bien fâchée de vous taire dans cette circonstance, et vous avez saisi avec avidité l'occasion de montrer votre science, sans penser qu'en même temps vous faisiez voir votre amour-propre. Si Julia avait autant de vanité que vous, elle serait très-fâchée et ne vous pardonnerait pas votre empressement à briller à ses dépens. Voilà ce qui fait haïr les femmes qui ont un peu plus étudié que les autres. Elles ne veulent pas laisser à personne le temps de parler; elles veulent briller toutes seules et se rendent plus insupportables par là. Mademoiselle Julia, qui en sait plus à présent que vous n'en saurez dans dix ans, est bien plus prudente; elle ne parle jamais de choses que les autres ignorent; et, à moins qu'on ne l'interroge, elle garde le silence, comme il convient à une demoiselle de son âge. Hé bien! Eugénie, vous voilà bien mortifiée et bien en colère contre moi; cependant je viens de vous rendre un plus grand service que si je vous avais laissé étaler votre science, et vous eusse donné bien des louanges. Venez m'embrasser pour me remercier; mais que ce soit de bon cœur, au moins.

EUGÉNIE.

Oh! ma bonne amie, je ne suis point fâchée contre vous, mais contre moi; j'ai beau y prendre garde, ma vanité me fait faire des sottises à tout moment.

MADEMOISELLE BONNE.

A la fin vous y parviendrez, ma chère; mais je dois louer votre docilité. Profitez de cet exemple, Léonie; vous êtes toute surprise de voir que votre compagne n'est pas fâchée contre moi, quoique je l'aie réprimandée devant tout le monde assez durement.

Revenons à nos éclipses : mais auparavant je vais allumer ma bougie, car on n'y voit presque plus.

JULIA.

On dit qu'il y a une éclipse quand la lune se trouve entre le soleil et la terre.

Je vais vous raconter une histoire qui vous fera comprendre cela.

Autrefois on ne savait pas quelle était la cause des éclipses, et les anciens croyaient qu'elles annonçaient quelque grand malheur; aussi ils auraient été bien fâchés d'entreprendre quelque chose dans le temps d'une éclipse. Il y avait un jour un capitaine, nommé Périclès, qui était près de s'embarquer pour aller faire la guerre. Comme il mettait le pied sur son vaisseau, il vint une éclipse de soleil; le pilote ne voulut pas partir, parce qu'il croyait qu'ils périraient infailliblement. Périclès, qui était savant, n'avait pas peur; il dit à son pilote que cela était une chose naturelle, et que la lune, s'étant mise devant le soleil, empêchait de le voir. Le marin ne comprenait rien à cela. Périclès, qui s'impatientait, lui jeta son manteau sur la tête et lui dit : Me vois-tu? Je ne puis vous voir, répondit le pilote, puisque votre manteau qui est entre vous et mes yeux m'en empêche. Grand

ignorant, reprit Périclès, voilà la raison pour laquelle tu ne vois pas le soleil : c'est que la lune est entre tes yeux et le soleil, comme mon manteau est entre moi et tes yeux.

AUGUSTINE.

Je ne conçois pas comment la lune peut se trouver devant le soleil, et comment on peut indiquer exactement le moment où elle s'y placera.

MADEMOISELLE BONNE.

Le soleil étant plus haut que la lune, et la lune marchant, il n'est pas extraordinaire qu'ils se rencontrent. Or on connaît précisément le chemin que fait la lune, et l'on sait encore qu'elle ne se dérange jamais de sa route ordinaire; ainsi on peut prédire toutes les éclipses qui arriveront, et les gens qui étudient la science des astres se nomment des astronomes.

EUGÉNIE.

Comment cette science est-elle née?

MADEMOISELLE BONNE.

La nécessité, qui est la mère de l'industrie, a produit toutes les sciences et les arts; mais c'est l'oisiveté qui a produit l'astronomie. Vous devez vous souvenir, mes enfants, que les premiers hommes étaient bergers. Comme ils vivaient dans des pays fort chauds, ils étaient dans la campagne pendant la nuit : dans ce temps où ils n'avaient rien à faire, ils s'amusaient à regarder les étoiles. A force de les regarder toutes les nuits, ils remarquèrent qu'à telle heure on voyait paraître certaines étoiles; ils reconnurent aussi que les étoiles avançaient régulièrement, et ils réussirent à dire le chemin qu'elles faisaient, et les places qu'elles devaient occuper. On se fit donc un plan de leurs remarques, et d'habiles gens, qui examinèrent ces remarques, en firent une science; car elle était fondée sur l'expérience.

JULIA.

Puisque les premiers hommes savaient l'astronomie, comment du temps de Périclès s'effrayaient-ils quand ils voyaient une éclipse?

MADEMOISELLE BONNE.

Cette science se conserva longtemps en Egypte; mais elle ne fut jamais perfectionnée ni chez les Grecs, ni chez les Romains. Les habiles gens savaient bien que le peuple avait tort de redouter les prodiges naturels ; mais au lieu de guérir la superstition, ils la nourrissaient, parce que cela leur servait à faire faire au peuple tout ce qu'ils voulaient.

SIDONIE.

Vous nous avez dit que la nécessité a fait naître les autres arts et les sciences ; y en a-t-il beaucoup ?

MADEMOISELLE BONNE.

Oui, ma chère, chaque besoin a produit un art. Ce qu'il y eut de plus pressant pour les hommes après le péché d'Adam fut de cultiver la terre : ce besoin produisit un art qu'on nomma l'*agriculture*. Il fallut ensuite penser à se loger. D'abord les hommes se retiraient dans les cavernes ; mais comme il ne s'en trouvait pas partout, ils se bâtirent des cabanes, qui, dans l'origine, ne servirent qu'à les mettre à couvert des injures du temps. Ensuite on pensa à rendre ces cabanes plus commodes ; puis on chercha à les rendre magnifiques : et cela produisit un autre art, qu'on nomma l'*architecture*. Ceux qui demeuraient en Égypte, dans ce pays où il ne pleut jamais et où le Nil déborde, inventèrent la *géométrie*. Cet art est celui de mesurer et de compter.

CHARLOTTE.

Je sais donc la géométrie, ma bonne amie, car je sais bien compter.

MADEMOISELLE BONNE.

Vous savez une partie de la géométrie, ma chère, puisque vous connaissez l'arithmétique ; mais cette science est bien plus étendue, puisqu'elle comprend l'art de mesurer sûrement et promptement. Je vais vous dire ce qui amena les Egyptiens à découvrir cette science. Comme l'abondance ou la disette dépend chez eux des débordements du Nil, vous pouvez penser qu'ils furent fort attentifs à mesurer l'accroissement de ce fleuve ; d'ailleurs, le Nil, en débordant, dérangeait sans doute les pierres ou les haies qui marquaient l'héritage de chacun, ce qui le forçait d'avoir toujours la mesure à la main.

La nécessité de se guérir des différentes maladies qui affligent les hommes donna naissance à un autre art, qu'on nomma la *médecine*.

Ensuite il se trouva des hommes ambitieux qui voulaient commander aux autres ; des hommes vertueux qui se proposaient de les engager à vivre en société les uns avec les autres ; et comme ces hommes n'étaient pas assez puissants pour forcer leurs semblables à obéir ou assez méchants pour abuser de leur puissance, ils cherchèrent un moyen plus doux de faire réussir leur dessein. Comme ils avaient étudié le caractère des hommes, ils connurent qu'ils se laissaient persuader par de beaux discours, et cela fit naître la *rhétorique* ou *l'art de bien parler*. Ils réfléchirent ensuite que, pour bien arranger les paroles, il fallait savoir auparavant disposer ses idées, et cela produisit la *logique* ou *l'art de bien penser*. D'autres personnes considérèrent qu'en vain l'homme avait trouvé les autres arts, s'il ignorait celui de se rendre heureux, en devenant vertueux ; ils donnèrent donc aux hommes l'art d'acquérir le bonheur, en réglant ses passions ; et cet art, le plus nécessaire de tous, fut la *philosophie*. Les autres besoins des hommes produisirent les arts mécaniques ; mais j'ai beau chercher, mes enfants, je ne puis me souvenir du besoin qui a fait inventer la *musique*.

JULIA.

N'est-ce pas le besoin de se désennuyer ?

MADEMOISELLE BONNE.

Cela pourrait bien être, mes enfants. La *danse*, dans

son origine, n'a pu être inventée que pour donner de l'exercice au corps. Je vous prie, mademoiselle Julia, de répéter les noms des arts dont je viens de parler.

JULIA.

L'agriculture, l'architecture, la géométrie, la logique, la rhétorique, la philosophie, l'astronomie, la médecine, la physique, la peinture, la musique et la danse.

MADEMOISELLE BONNE.

Vous avez eu plus de mémoire que moi, ma chère; car j'avais oublié la physique, qui est la science des choses naturelles. Pour celle-là, elle doit sa naissance à la curiosité. Adieu, mes enfants, retenez bien les noms de toutes ces sciences : il est honteux de ne pas en connaître au moins l'usage.

DIALOGUE XXVIII.

VINGT-SIXIÈME JOURNÉE.

SIDONIE.

Ma bonne amie, vous nous avez promis de commencer la leçon par une histoire.

MADEMOISELLE BONNE.

Voici une histoire que celle de Démétrius et des Athéniens m'a rappelée : Il y avait un père qui fut si malheureux que, n'ayant qu'un fils, ce monstre résolut de lui ôter la vie. Le fils confia son affreux dessein à un domestique, qui lui avait aidé jusqu'à ce jour à voler son père; mais ce valet, ayant horreur d'un si grand crime, alla se jeter aux pieds du père et lui avoua tout. Le vieillard dissimula et dit à son fils qu'il voulait le mener à la campagne pour lui montrer une fille belle et riche qu'il voulait lui faire épouser. Il fallait passer par une forêt extrêmement dangereuse, parce qu'il s'y trouvait souvent des voleurs. Quand ils furent arrivés au milieu de cette forêt, le père commanda à son fils de descendre de cheval, et lui dit : J'ai découvert le dessein épouvantable que vous avez conçu de m'ôter la vie ; mais, mon fils, avez-vous bien réfléchi sur les suites de cette action? Votre crime, s'il était découvert, vous conduirait sur l'échafaud : j'ai voulu vous épargner le dernier supplice, en vous conduisant ici ; vous pouvez m'y percer le cœur en sûreté. Frappez, ajouta ce vieillard, en présentant son sein et un poignard, j'aurai du moins la consolation de mettre votre vie et votre honneur en sûreté, en mourant dans ce lieu solitaire.

Vous pensez bien, mes enfants, que le fils, quelque méchant qu'il fût, fut confondu par le discours de son père. Ce garçon se repentit sincèrement et devint aussi honnête homme qu'il avait été méchant par le passé.

JULIA.

Est-il possible, ma Bonne, qu'il y ait des hommes assez méchants pour avoir la pensée de tuer leur père ou leur mère.

MADEMOISELLE BONNE.

Un grand législateur pensait comme vous, ma chère. Il ordonna des châtiments pour toutes sortes de crimes, mais il n'en indiqua point pour les parricides, parce qu'il ne croyait pas qu'un homme pût se rendre coupable d'un tel crime.

AUGUSTINE.

Qu'est-ce que cela veut dire, *les parricides*?

MADEMOISELLE BONNE.

On appelle *parricides* ceux qui tuent leur père ou leur mère ; *fratricides*, ceux qui tuent leurs frères ; *suicide*, l'action de se tuer soi-même ; et *déicides*, les Juifs qui ont fait mourir Jésus-Christ.

SIDONIE.

Est-ce un grand péché de se tuer soi-même ?

MADEMOISELLE BONNE.

Certainement, ma chère; ceux qui se tuent sont damnés éternellement, à moins qu'ils ne soient devenus fous auparavant, comme cela arrive ordinairement.

LÉONIE.

J'ai ouï dire qu'il n'y avait que les gens courageux qui se tuaient eux-mêmes.

MADEMOISELLE BONNE.

On vous a trompée; ceux qui se tuent eux-mêmes sont des gens faibles qui cèdent lâchement à la douleur, qui n'ont pas le courage de supporter les peines et les chagrins de la vie, qui aiment mieux s'en débarrasser tout d'un coup par la mort.

EUGÉNIE.

J'ai lu une singulière histoire d'un homme qui voulait se faire mourir.

MADEMOISELLE BONNE.

Dites-nous-la, ma chère.

EUGÉNIE.

Jules-César assiégeait une ville dans laquelle il y avait deux hommes qui étaient ses ennemis, et qui avaient essayé de lui faire beaucoup de mal. Un de ces hommes, craignant la colère du vainqueur, résolut de s'empoisonner : l'autre pensa qu'il valait mieux aller trouver César : et, disait-il en lui-même, peut-être qu'il me pardonnera ; il ne peut rien m'arriver de pis que la mort, je la souffrirai avec courage quand elle se présentera, mais je veux faire tout ce que l'honneur me permet pour l'éviter. Ces deux hommes ayant pris une résolution si différente, le premier demanda à son médecin un poison; le second sortit de la ville pour se rendre auprès de César. Ce dernier, qui avait l'âme grande et généreuse, fut touché de la confiance de cet homme, et lui dit : Je vous remercie, car il n'y a rien dans le monde qui ne fasse tant de plaisir que de pardonner à un ennemi : vous pouvez compter sur mon estime et sur mes bienfaits. L'homme se hâta de revenir à la ville, pour tâcher

de sauver son ami, s'il en était encore temps : il le trouva couché comme un homme prêt à rendre le dernier soupir. Celui-ci fut bien étonné quand il apprit la générosité de César, et eut regret de s'être empoisonné. Son ami lui dit d'envoyer un médecin pour lui demander du contre-poison. Le malade ne voulait pas le faire : c'est inutile, répondit-il, je sens que je n'ai plus qu'un moment à vivre. Cependant il finit par consentir à faire appeler le médecin qui lui avait donné le poison, et demanda s'il y avait encore un moyen de salut. Le médecin se mit à rire et dit aux deux amis : Admirez la force de l'imagination ; l'idée d'une mort prochaine a réduit cet homme à l'agonie. Comme je connaissais la bonté du cœur de César, j'aurais gagé tout mon bien qu'il vous pardonnerait à tous deux; c'est pourquoi, au lieu de vous donner du poison, je vous ai fait prendre une pilule propre à vous fortifier contre la peur. Levez-vous donc, car vous n'êtes malade que d'esprit. Effectivement, cet homme, sachant qu'il n'avait pas pris de poison, recouvre aussitôt toutes ses forces. César ayant appris cette histoire, ne put s'empêcher d'en rire; il récompensa le médecin par qui il avait été si bien jugé.

MADEMOISELLE BONNE.

Cette histoire est venue le plus à propos du monde pour vous prouver que ceux qui se donnent la mort sont des lâches. Vous voyez que l'homme, qui voulait s'empoisonner, paraissait ne pas craindre la mort, puisque c'était volontairement qu'il avait pris du poison : cependant il avait une telle peur de mourir, qu'il était réellement malade; mais en voilà assez sur cet article. Julia, dites-nous un mot de la province de Normandie.

JULIA.

La Normandie est située au nord de la France. Elle est bornée au sud, par le Maine; à l'ouest et au nord par la Manche, et à l'est par la Picardie et l'Ile-de-France. Autrefois cette province s'appelait Neustrie. Des hommes qui étaient venus du nord lui ont donné le nom qu'elle a portée, car le mot *Normand* veut dire en Anglais *norman, homme du nord*. Ces hommes, dont la plus grande partie étaient Danois, ou qui vivaient aux environs de ce royaume, se trouvant trop d'habitants pour leur pays, qui d'ailleurs est extraordinairement froid, résolurent d'aller chercher fortune : ils s'embarquèrent donc, et vinrent dans tous les royaumes voisins, où ils commirent des ravages épouvantables. Quand ils avaient ruiné un pays, ils demandaient une grosse somme d'argent pour l'abandonner ; mais à peine ceux-là étaient-ils revenus dans leurs pays, chargés de richesses, qu'ils donnaient envie à leurs camarades d'aller s'enrichir à leur tour. La France et l'Angleterre eurent beaucoup à souffrir de la part de ces Normands : mais surtout ils réduisirent la première à la dernière extrémité, car ils assiégèrent la ville de Paris. Enfin un de leurs chefs, nommé Rollon, qui s'était fait chrétien, demanda au roi de France la Neustrie, qui était absolument ruinée et presque déserte, et s'engagea, si on voulait le faire duc de ce pays, à empêcher ses compagnons de revenir en France ; car ils y entraient ordinairement par la rivière de Seine, qui a son embouchure dans la Neustrie. Il fallut accorder la demande de Rollon, et il promit de faire hommage au roi de ce duché, c'est-à-dire de reconnaître publiquement que c'était le souverain qui le lui avait donné, et toutes les fois qu'il y aurait un nouveau duc de Normandie, il devait renouveler cet hommage. Ainsi ces hommes du nord s'établirent dans la Neustrie ; et changèrent le nom de cette province en celui de Normandie, parce qu'on les appelait eux-mêmes Normands.

EUGÉNIE.

J'admire la mémoire de Julia, aussi bien que sa science.

JULIA.

Vous avez bien de la bonté, mais vous devez seulement admirer le soin que mademoiselle Bonne a eu de m'instruire.

MADEMOISELLE BONNE.

Je vous suis bien obligée, ma chère, de la reconnaissance que vous avez de mes soins. Mais il faut que je dise aussi que vous avez rendu mon travail agréable par votre docilité et par votre application.

LÉONIE.

Je donnerais toutes choses au monde pour que vous en puissiez dire autant de moi.

MADEMOISELLE BONNE.

Cela est très-possible, ma chère ; vous n'avez qu'à continuer à vous corriger ; je ne suis jamais si contente que quand je puis louer avec justice ; et pour vous prouver que je dis la vérité, je vous montrerai ce soir une lettre de madame votre mère : elle me marque qu'elle est charmée du bien que je lui ai mandé de vous, et que, puisque vous êtes devenue raisonnable, elle viendra vous chercher au bout de trois mois.

LÉONIE.

Si je retourne à la maison, je serai dans un an tout comme auparavant, et puis Augustine est plus avancée que moi qui suis une grande fille : cela me fait honte ; si vous voulez, ma bonne amie, avoir la bonté de me garder encore, je prierai ma mère de me laisser avec ma cousine le plus longtemps possible.

MADEMOISELLE BONNE.

Admirez, mes enfants, comme Léonie est devenue polie. Elle a l'air d'une personne sérieuse.

LÉONIE.

Mademoiselle Bonne, n'ai-je pas lu dans l'histoire qu'un roi d'Angleterre est devenu duc de Normandie ?

MADEMOISELLE BONNE.

Non, ma chère ; mais vous avez vu qu'un duc de Normandie a conquis la couronne d'Angleterre. Julia vous dira cette histoire.

JULIA.

Un roi d'Angleterre, étant mort sans enfants, nomma pour son héritier Guillaume, duc de Normandie, qu'on appelait le *Bâtard,* et qu'on a nommé depuis *Guillaume le Conquérant*. Comme il y avait plusieurs princes, parents du dernier roi, qui prétendaient à cette couronne,

Guillaume ne se pressa pas d'en venir prendre possession : il laissa ces princes se faire la guerre les uns aux autres, et quand ils furent bien affaiblis, il descendit en Angleterre avec une bonne armée et se rendit maître du royaume: ainsi la Normandie devint une province anglaise, et les souverains d'Angleterre étaient, à cause de cette province, sujets ou vassaux des rois de France;

mais c'étaient des vassaux plus puissants que leurs seigneurs, et qui leur donnèrent beaucoup de peine. Quand les rois d'Angleterre faisaient quelque chose de contraire à ce qu'ils avaient promis au roi de France en lui faisant hommage, le roi de France avait droit de les faire comparaître devant les pairs du royaume de France, pour y être jugés, et s'ils refusaient d'y venir, il pouvait s'emparer des biens qu'ils avaient en France. C'est par là que la Normandie a été perdue pour les Anglais, et est retournée à la France sous le règne d'un roi d'Angleterre, nommé *Jean sans terre*.

MADEMOISELLE BONNE.

Maintenant, mademoiselle Augustine, dites-nous votre histoire.

AUGUSTINE.

David régna encore plusieurs années; mais, sur la fin de ses jours, il se laissa guider par la vanité et voulut savoir le nombre de ses sujets. On lui démontra qu'il devait se contenter de remercier Dieu d'avoir béni son peuple; mais David s'obstina : on trouva qu'il y avait cinq cent mille hommes dans la tribu de Juda capables de porter les armes, et huit cent mille dans les autres tribus. David reconnut la faute que sa vanité lui avait fait commettre, et en demanda pardon à Dieu. Le Seigneur lui envoya un prophète qui lui dit : « Il faut que cette faute soit punie. Choisissez donc ou d'une famine de trois ans, ou d'une guerre de trois mois, ou d'une peste de trois jours. » David choisit la peste pour deux raisons : d'abord parce qu'il aimait mieux tomber entre les mains de Dieu qu'entre les mains des hommes; ensuite parce qu'il pensait qu'il ne souffrirait point de la famine, mais seulement le pauvre peuple; il aurait été aussi en sûreté pendant la guerre; car il avait promis au peuple de ne point marcher lui-même contre ses ennemis; mais il pensait que la peste ne l'épargnerait pas plus que le dernier de ses sujets, et il voulait partager le châtiment, puisqu'il était le plus coupable. L'ange du Seigneur commença donc à frapper les Israélites, et il en mourut soixante-dix mille. David, voyant l'ange qui s'avançait vers Jérusalem, se prosterna, et dit au Seigneur : « Pourquoi frappez-vous ces brebis qui sont innocentes? C'est moi qui suis seul coupable; frappez-moi, Seigneur; n'épargnez ni moi, ni ma famille; mais ayez pitié de mon pauvre peuple. » La colère céleste fut apaisée par cette prière de David, qui vit l'ange remettre son épée dans le fourreau, et David dressa un autel au Seigneur dans le lieu où l'ange s'était arrêté.

CHARLOTTE.

Mademoiselle Bonne, c'est un péché de se mettre en colère. Comment donc l'Écriture sainte dit-elle que le Seigneur se mit en colère?

MADEMOISELLE BONNE.

Parce qu'il n'y a point d'autre terme dans notre langue qui puisse exprimer les effets de la justice de Dieu, et de la haine qu'il porte au crime. Je suppose, ma chère, que vous voyiez un méchant homme qui en tue un autre, vous seriez bien fâchée contre ce méchant homme, et vous le feriez punir si cela dépendait de vous : on pourrait dire alors que vous seriez en colère, c'est-à-dire fâchée contre cet homme; mais cette colère serait juste, elle ne serait pas une passion ni un péché. Les juges qui condamnent un criminel à mort ont cette espèce de colère contre lui, et c'est ce sentiment de haine pour le crime qui engage à punir le criminel que l'Écriture appelle la colère de Dieu. Continuez, Augustine.

AUGUSTINE.

Un des fils de David, nommé Adonija, résolut de se faire roi; il gagna Joab, qui commandait les troupes, et plusieurs autres personnages du premier rang. Il y avait déjà quelque temps qu'Adonija se distinguait de ses frères par sa magnificence. David s'en était aperçu, mais il aimait tant ses enfants, qu'il craignait de les chagriner Cette patience de David enhardit Adonija; il assembla ses frères et les principaux de ses partisans pour se faire nommer roi. Mais David commanda que Salomon fût sacré sur-le-champ. Adonija, l'ayant appris eut peur qu'on le fit mourir; il se réfugia dans le tabernacle du Seigneur, qu'il ne voulut quitter qu'après être assuré d'obtenir grâce. Salomon jura de lui pardonner le passé, pourvu qu'il fût honnête homme à l'avenir. David, sentant qu'il allait mourir, fit venir son fils Salomon et lui recommanda d'être fidèle au Seigneur. Il lui dit aussi : « Vous voyez que Joab s'était joint à votre frère Adonija, il s'est rendu coupable en versant le sang de deux hommes qu'il a tués en temps de paix ; ne permettez pas qu'il meure de sa mort naturelle » Après que David eut parlé ainsi, il mourut. Salomon, voyant que son frère Adonija et Joab travaillaient à lui enlever la couronne, les fit mourir tous les deux.

Salomon était fort jeune quand il fut couronné. Une nuit, le Seigneur lui apparut et lui dit: « Demande-moi ce que tu voudras, et je te l'accorderai. » Salomon s'humilia, et, considérant sa grande jeunesse, il le pria de lui accorder cette sagesse qui convient aux rois, et qui leur est nécessaire pour bien gouverner leurs peuples. Dieu lui répondit : « Puisque tu as préféré la sagesse aux richesses et aux autres biens temporels, je te rendrai non-seulement le plus sage de tous les rois, mais aussi le plus riche et le plus puissant. » Ce fut après cette vision que Salomon eut occasion de montrer sa sagesse, en jugeant un procès fort singulier. Deux femmes vinrent se présenter devant lui, et l'une d'elles lui dit : « Seigneur, je logeais avec cette femme dans une même chambre ; nous avions chacune un petit enfant à qui nous donnions à teter : il est arrivé que cette femme ayant mis son enfant dans son lit, elle l'a étouffé. Quand elle a vu son fils mort, elle s'est levée tout doucement, et ayant placé son enfant mort auprès de moi, elle a pris mon fils qui était vivant. Le matin j'ai été bien affligée ; mais en regardant attentivement l'enfant mort, j'ai reconnu

que ce n'était pas mon fils, mais celui de cette femme. »
La seconde femme répliqua : « Seigneur, cette femme
vous trompe : c'est son fils qui a péri, et le mien qui
est vivant. » Un autre que Salomon eût été bien
embarrassé, car il n'y avait pas de témoins : mais
il dit à un de ses gardes : « Prenez l'enfant qui est
vivant, et coupez-le en deux avec une épée : par ce
moyen, ces deux femmes en auront chacune une
moitié. » Celle qui avait parlé la première, et qui était
la vraie mère de l'enfant, frémit en entendant ces
paroles et toutes ses entrailles se révoltèrent : elle
se jeta donc aux pieds du roi, et s'écria : « Ah !
Seigneur, donnez l'enfant tout entier à cette femme
qui le demande, j'aime mieux le perdre que le voir
périr ; » mais l'autre femme disait : « Ce que le roi a
ordonné est fort juste, nous n'aurons l'enfant ni l'une
ni l'autre ; » alors Salomon reprit : « Donnez l'enfant
vivant à cette première femme ; je connais à sa tendresse qu'elle est la véritable mère. » Tout le monde
fut étonné de l'adresse avec laquelle le roi avait découvert la vérité.

EUGÉNIE.

Ma bonne, j'ai lu les contes arabes ; ils disent que
Salomon commandait à toutes les créatures élémentaires, et que ceux qui peuvent avoir son anneau
leur commandent aussi.

AUGUSTINE.

Qu'est-ce que les créatures élémentaires ?

MADEMOISELLE BONNE.

Ce sont des créatures qui habitent dans les éléments,
à ce que croient les Turcs et les Arabes. Or, ils croient
que l'air est plein de créatures qu'on nomme *sylphes* ;
qu'il y en a d'autres dans la terre qu'on nomme
gnomes ; que le feu a des habitants qu'on appelle
salamandres ; et qu'il s'en trouve aussi dans l'eau

qu'on nomme *nymphes*. Ils ajoutent que ces êtres sont supérieurs aux hommes, auxquels Dieu permet qu'ils fassent de grands biens et de grands maux; mais en même temps ils disent que les sages qui sont sur la terre ont une autorité illimitée sur ces esprits et semblable à celle dont Salomon disposait autrefois, qu'ils les obligent à leur obéir avec plus d'exactitude que des esclaves à leurs maîtres, non-seulement à eux, mais encore à ceux auxquels ils ont donné des talismans.

SIDONIE.

Qu'est-ce qu'un talisman?

MADEMOISELLE BONNE.

C'est ou une bague ou une pièce de métal, sur laquelle un des sages a gravé certains caractères.

CHARLOTTE.

Et tout ce qu'on dit de ces créatures élémentaires et de ces talismans est-il vrai?

MADEMOISELLE BONNE.

Comme les contes de fées, mes enfants.

AUGUSTINE.

Mademoiselle Bonne, vous nous avez dit que les Turcs croyaient que Dieu permettait aux créatures élémentaires de faire du bien et du mal aux hommes, est-ce que les Turcs croient en Dieu?

MADEMOISELLE BONNE.

Les Turcs adorent un seul Dieu, mais ils sont infidèles, parce qu'ils ne croient pas que Jésus-Christ soit Dieu. Ils disent que c'est un grand prophète que le Seigneur a envoyé aux chrétiens, comme il avait envoyé Moïse aux Juifs, et Mahomet aux Turcs.

JULIA.

Je ne sais, ma Bonne, d'où est venue cette opinion;

mais on regarde les Turcs comme des gens cruels. Est-ce qu'ils maltraitent les chrétiens ?

MADEMOISELLE BONNE.

C'est qu'autrefois ils maltraitaient les chrétiens, cela venait de ce qu'ils les méprisaient ; ils disaient que nous étions des chiens, non pas parce que nous étions chrétiens, mais parce que nous ne suivons pas les préceptes que Jésus-Christ, notre prophète, nous a laissés ; aujourd'hui quand ils voient un chrétien honnête homme, ils l'estiment et ne lui font point de mal.

AUGUSTINE.

Ma bonne amie, voudriez-vous bien nous dire ce que c'était que ce Mahomet.

MADEMOISELLE BONNE.

Mahomet était un garçon marchand qui épousa la veuve de son maître. Il avait beaucoup d'esprit, de courage, et par-dessus tout une ambition démesurée. Comme sa naissance le réduisait à mener une vie obscure, il résolut de se distinguer en inventant une nouvelle religion. La chose était d'autant plus facile que les chrétiens qui vivaient autour de lui étaient fort ignorants, et qu'il y avait aussi un grand nombre de juifs et d'idolâtres qui n'étaient pas plus éclairés. Mahomet composa sa nouvelle religion de façon à se faire des disciples, car, pour attirer les chrétiens, il parla de Jésus-Christ honorablement, comme d'un grand prophète qui méritait d'être respecté ; il en dit autant de Moïse pour attirer les Juifs ; et pour se concilier les païens, il conserva plusieurs de leurs cérémonies. Il disait que la loi ayant été donnée à Moïse au bruit des tonnerres et des éclairs, il avait voulu se faire obéir par la crainte ; que ce moyen n'ayant point réussi, le Seigneur leur avait envoyé un autre prophète pour les engager à lui obéir par la douceur; et que ce moyen ayant encore été inutile, Dieu lui avait donné mission à lui, Mahomet, de forcer les humains par l'épée à être fidèles. Selon ce principe, il ajouta que sa secte devait s'établir par les armes; ce qui lui attira un grand nombre d'hom-

mes qui espérèrent faire fortune en le suivant. D'ailleurs il y avait un certain point dans la religion de Mahomet bien propre à séduire. Par exemple : il leur promet pour l'autre vie un paradis où l'on fera bonne chère, où l'on boira d'excellentes liqueurs qui ne pourront enivrer; car, pour celles qui font perdre la raison, elles sont défendues aux mahométans. Mais ce qui a beaucoup augmenté la religion de Mahomet, c'est qu'il défend à ses sectateurs l'étude des sciences et de la religion, car il sentait que sa secte ne pouvait subsister qu'à l'aide de l'ignorance. Tous leurs livres se bornaient au Coran qui est un ouvrage de Mahomet. C'est un recueil de sentences et de prières sans aucun ordre. C'est ainsi que Mahomet, de législateur devint monarque, et laissa le trône à sa postérité. Son tombeau est à la Mecque, où il est révéré de la plus grande partie des peuples de l'Asie, qui sont mahométans.

Racontez-nous, Julia, ce qui arriva quand les mahométans prirent la ville d'Alexandrie.

JULIA.

Il y avait dans la ville d'Alexandrie une bibliothèque magnifique, que les rois d'Egypte avaient formée avec un soin extraordinaire. Ce n'étaient pas des livres comme les nôtres, car en ce temps-là on ne savait pas imprimer; c'étaient des livres manuscrits, c'est-à-dire écrits à la main. Les mahométans ayant pris cette ville, un savant, qui s'était fait ami de leur général, lui demanda ces livres. Le général écrivit à son maître pour savoir ce qu'on devait faire de cette bibliothèque. Voici ce que ce dernier répondit : *S'il n'y a dans tous ces livres que les mêmes choses qui sont dans le Coran, ils sont inutiles, ainsi il faut les brûler; s'il y a autre chose, il faut les brûler encore.* On détruisit donc cette bibliothèque où il se trouvait une si grande quantité de livres, qu'il y en eut assez pour chauffer les bains publics pendant six mois.

EUGÉNIE.

Quel dommage! J'aurais dit comme ce savant : donnez-moi tous ces livres; et j'aurais passé ma vie à les lire.

LÉONIE.

Vous aimez donc bien la lecture?

EUGÉNIE.

Plus que toute chose au monde. Je consentirais de tout mon cœur à aller dans une prison, pourvu que l'on me donnât assez de livres pour lire depuis le matin jusqu'au soir.

LÉONIE.

Oh! moi, ce n'est que pour obéir à notre chère demoiselle à présent. Dans le commencement cela m'ennuyait à la mort; maintenant cela me déplaît moins, mais je sens bien pourtant que je n'aimerai jamais la lecture autant que vous le dites. C'est une fureur.

MADEMOISELLE BONNE.

Vous avez raison, ma chère, c'est même un défaut d'aimer la lecture avec excès; mais c'en est un bien plus grand de ne point du tout l'aimer. Le temps qu'on donne à la lecture est bien mieux employé que celui qu'on perd au jeu et à courir les spectacles. Adieu, mes enfants, le temps de notre leçon est passé.

—◦◊◦—

DIALOGUE XXIX.

VINGT-SEPTIÈME JOURNÉE.

MADEMOISELLE BONNE.

Est-ce que vous avez pleuré, mademoiselle Charlotte?

CHARLOTTE.

Ma bonne amie, j'ai été bien méchante depuis que je ne vous ai vue.

MADEMOISELLE BONNE.

Cela est très-mal, ma chère; mais vous reconnaissez votre faute, et vous en êtes fâchée, c'est déjà quelque chose; il ne s'agit plus que de la réparer. Commencez d'abord par l'avouer devant ces demoiselles.

CHARLOTTE.

Je n'oserais jamais; ces demoiselles ne pourraient plus me voir.

MADEMOISELLE BONNE.

Elles n'auraient guère de charité, si elles pensaient ainsi, ma chère. Elles savent que nous pouvons toutes commettre les plus grandes fautes, et celle qui serait assez orgueilleuse pour mépriser un pécheur qui se repent serait elle-même bien criminelle devant Dieu. Je gage, mon enfant, que c'est votre orgueil qui a causé votre faute.

CHARLOTTE.

Vous avez raison. Mon orgueil fait que je regarde les domestiques comme mes esclaves, et à cause de cela je me mets en colère quand ils me contredisent. Hier, après avoir beaucoup mangé, je m'amusais à rompre mon pain par morceaux et à le jeter; ma gouvernante dit à ma servante de m'ôter ce pain; je m'écriai que j'avais encore faim, et que je voulais le manger. Je mentais, c'était par esprit de contradiction. Ma gouvernante, qui voyait bien cela, a commandé à cette fille une seconde fois de me prendre mon pain, et comme elle a obéi, je lui ai donné un soufflet, j'ai frappé des pieds, j'ai voulu l'égratigner.

MADEMOISELLE BONNE.

Vous avez raison d'être honteuse, votre conduite est très-blâmable; mais je ne veux pas vous accabler de reproches, car je vois que vous vous en faites vous-même. Avant de vous dire ce qu'il faut faire pour réparer cette faute, je vais vous raconter une histoire.

Il y avait dans la ville d'Athènes une jeune demoiselle, nommée *Élise*, qui était à peu près de votre humeur. Elle avait un grand nombre d'esclaves, qu'elle rendait les plus malheureuses personnes du monde. Cette méchante fille avait surtout une femme appelée *Mira*, qui était la meilleure créature du monde, et qui, malgré les mauvais traitements de sa maîtresse, lui était fort attachée. Élise eut un voyage à faire par mer; comme c'était pour une affaire pressée, et qu'elle ne devait pas être longtemps absente, elle ne prit avec elle que Mira. A peine fut-on en pleine mer, qu'il s'éleva une grande tempête qui éloigna le vaisseau de sa route. Après qu'il eût couru la mer pendant plusieurs jours, les matelots aperçurent une île : il fallut y aborder. En entrant dans le port, une chaloupe vint au-devant d'eux, et ceux qui étaient dans cette chaloupe demandèrent à tous les gens du vaisseau quels étaient leurs noms et leurs qualités. L'orgueilleuse Élise fit écrire les titres de sa famille; il y en avait plus d'une page : elle croyait que cela obligerait à la respecter. Elle fut donc fort surprise lorsqu'on lui tourna le dos; mais elle le fut bien davantage quand son esclave eut déclaré son nom et sa qualité, car les insulaires rendirent toutes sortes de respects à celle-ci et lui déclarèrent qu'elle pouvait commander dans le vaisseau où elle était la maîtresse. Ce discours impatienta Elise, qui dit à son esclave : « Je vous trouve bien impertinente d'écouter les discours de ces gens-là.—Tout beau, madame, reprit le maître de la chaloupe, vous n'êtes plus à Athènes. Apprenez que trois cents esclaves, au désespoir des mauvais traitements de leurs maîtres, se sauvèrent dans cette île, il y a trois cents ans; ils y ont fondé une république, où tous les hommes sont égaux ; mais ils ont établi une loi à laquelle il faut vous soumettre de gré ou de force. Pour faire sentir aux maîtres combien ils ont eu tort d'abuser du pouvoir qu'ils avaient sur leurs domestiques, ils les ont condamnés à être esclaves à leur tour. Ceux qui obéissent de bonne grâce peuvent espérer qu'on leur rendra la liberté, mais les personnes qui refusent de se soumettre à nos lois sont esclaves toute leur vie. On vous donne cette journée pour vous accoutumer à votre mauvais sort; si demain vous faites le plus petit murmure, vous êtes esclave à jamais. » Élise usa de la permission et proféra mille injures contre cette île et ses habitants. Mira, profitant d'un moment où personne ne la voyait, se jeta aux pieds de sa maîtresse et lui dit : « Consolez-vous, madame, je n'abuserai pas de votre malheur, et je vous respecterai toujours comme ma maîtresse. » Le lendemain on fit venir l'ancienne femme de chambre devant les magistrats avec Élise, qui était devenue esclave. « Mira, lui dit le premier magistrat, il faut vous instruire de nos coutumes ; mais souvenez-vous bien que si vous y manquiez, il en coûterait la vie à votre esclave Élise. Rappelez-vous bien fidèlement la conduite qu'elle a eue avec vous dans Athènes : il faut, pendant huit jours, que vous la traitiez comme elle vous a traitée. Vous le jurerez tout à l'heure. Au bout de huit jours, vous serez la maîtresse d'agir comme il vous plaira. Et vous, Élise, souvenez-vous que la moindre désobéissance vous rendrait esclave pour le reste de votre vie. » A ces paroles, Mira et Élise se mirent à pleurer. Mira se jeta aux pieds du magistrat, et le conjura de la dispenser de faire ce serment. « Levez-vous, madame, lui dit-on, cette créature vous traitait donc d'une manière bien terrible, puisque vous frémissez à la pensée de l'imiter. Je voudrais que la loi me permît de vous accorder ce que vous me demandez, mais cela n'est pas possible. Tout ce que je puis faire en votre faveur, c'est d'abréger l'épreuve et de la réduire à quatre jours. » Mira fit donc le serment exigé, et on annonça à Élise que son service commencerait le lendemain. On envoya chez Mira deux femmes qui devaient écrire toutes ses paroles et ses actions pendant ces quatre jours. Élise, voyant que c'était une nécessité, prit son parti en fille d'esprit; car, elle en avait beaucoup. Malgré sa

hauteur, elle résolut d'être si exacte à servir Mira, qu'elle n'aurait point occasion de la maltraiter; elle ne se souvenait pas que cette fille devait copier ses caprices et ses mauvaises humeurs. Le matin du jour suivant, Mira sonna, et Élise manqua se casser le cou pour arriver plus vite, mais cela ne lui servit de rien. Mira cria d'un ton aigre : « A quoi s'occupait cette fainéante ? elle ne vient jamais qu'un quart d'heure après que j'ai sonné. —Je vous assure, madame, que j'ai tout quitté quand je vous ai entendue.—Taisez-vous, reprit Mira, vous êtes une impertinente raisonneuse, qui ne savez que répondre mal à propos : donnez-moi ma robe, que je me lève. » Élise, en soupirant, alla chercher la robe que Mira avait mise la veille, et la lui apporta ; mais Mira, la lui jetant au visage, reprit : « Que cette fille est donc bête ! il faut lui dire tout : ne devez-vous pas savoir que je veux mettre aujourd'hui ma robe bleue ! » Élise soupira encore, mais il n'y avait pas le plus petit mot à dire ; elle se souvenait fort bien qu'il eût fallu, dans Athènes, que la pauvre Mira eût deviné les caprices de son ancienne maîtresse, pour ne pas être grondée. Quand celle-ci eut fini et qu'elle eut servi le déjeuner, elle descendit pour manger à son tour, mais à peine fut-elle assise que la cloche sonna : cela arriva plus de dix fois dans une heure, et c'était pour des bagatelles. Tantôt elle avait oublié son mouchoir, une autre fois il fallait ouvrir la porte à son chien, et ainsi de suite. A deux heures, madame annonça qu'elle voulait aller entendre des musiciens, et qu'il fallait la coiffer. Elle dit à Élise qu'elle voulait que ses cheveux fussent disposés en grosses boucles ; mais ensuite elle trouva que cela lui rendait la tête trop grosse : elle fit donc faire une autre frisure ; et jusqu'à six heures qu'elle sortit, Élise fut contrainte de rester debout, encore eut-elle à essuyer mille brusqueries. Mira revint à deux heures de la nuit, parce qu'elle avait soupé en ville. Elle était de fort mauvaise humeur, et elle chercha querelle à sa femme de chambre ; comme celle-ci en la décoiffant lui tira les cheveux par accident, elle lui donna un soufflet. La patience manqua échapper à Elise, mais elle se souvint qu'elle en avait donné plus de dix à Mira. Enfin Mira répéta si bien les sottises de sa maîtresse, que la jeune fille mesura toute l'étendue de la dureté qu'elle avait jadis montrée. Elle était si fatiguée lorsque les quatre jours furent finis, qu'elle tomba malade. Mira la fit coucher, lui apporta des bouillons, et la servit avec la même exactitude que quand elles étaient dans Athènes : mais Élise ne recevait pas ces services avec la même hauteur : elle était si confuse en appréciant le bon cœur de son esclave, qu'elle eût consenti à servir celle-ci toute sa vie en expiation. On avait pris sur le vaisseau où était Élise quelques dames et gentilshommes d'Athènes. Au bout d'un mois, on les rassembla tous, et les juges qui étaient nommés pour cela, examinèrent la conduite de chacun, et commencèrent par interroger les maîtresses devenues esclaves, pour savoir comment elles se trouvaient de leur nouvelle condition. Elles avouèrent toutes, en soupirant, qu'il était bien dur pour elles d'être soumises à ceux auxquels elles devaient commander. « Et pourquoi, leur demandèrent les juges, vous croyez-vous en droit de commander à vos esclaves ? La nature a-t-elle mis entre vous et eux une distinction réelle ? Vous n'oseriez le dire. L'esclave, le domestique et le maître, sortent du même père, et Dieu, en les plaçant dans des conditions si différentes, n'a pas prétendu que les uns fussent plus que les autres. L'esclave doit se distinguer par son attachement à son maître, sa fidélité et son amour pour le travail. Il faut que les maîtres, par leur douceur, leur charité, adoucissent ce que la condition d'esclave a de dur. Vous avez fait l'épreuve des deux conditions ; que cela vous serve de leçon quand vous serez retournés dans Athènes ; ne traitez jamais vos domestiques autrement que vous n'auriez souhaité être traités dans le temps que vous êtes restés ici. Le juge ensuite, s'adressant aux esclaves devenus maîtres, leur dit : « La loi vous permet de rendre la liberté à vos esclaves, mais elle ne vous y force pas. Vous pouvez les garder ici toute leur vie; vous pouvez les renvoyer à Athènes; vous pouvez, si cela vous plaît, retourner avec eux. Que tous ceux qui veulent délivrer leurs anciens maîtres, viennent écrire le nom de ceux-ci sur ce livre. » Mira resta à sa place, aussi bien qu'une autre femme, et un jeune homme qui avait la plus belle physionomie du monde. On demanda à la femme pour quelle raison elle ne rendait pas la liberté à sa maîtresse qui était une bonne vieille? « C'est, répondit-elle, parce qu'ayant été son esclave vingt ans, il est juste que j'aie ma revanche pendant un pareil nombre d'années; je suis lasse d'obéir, et je veux goûter plus longtemps le plaisir de commander à mon tour : » cette esclave se nommait *Bélise*. Dans le moment, le jeune homme, qui avait une si belle physionomie, et qui portait le nom de *Zénon*, dit au juge : « Je ne me suis point avancé pour signer la délivrance de mon maître, parce qu'il a cessé d'être esclave au moment que j'ai eu la liberté de le traiter selon ma liberté. Je lui demande pardon d'avoir été obligé de le maltraiter pendant huit jours. La loi m'ordonnait de lui rendre les mauvais traitements qu'il m'avait fait subir; mais je vous assure que j'ai souffert plus que lui. Vous pouvez le faire partir pour Athènes, j'offre de le suivre, de le servir même toute ma vie, s'il l'exige; car enfin, il m'a acheté, je lui appartiens, et je ne crois pas pouvoir profiter d'un accident qui me rend la liberté sans rendre l'argent avec lequel j'ai été acheté. — Ce garçon a répondu pour moi, dit à son tour Mira; son histoire est la mienne; hâtez-vous de nous renvoyer à Athènes, car je me trompe fort, ou ma chère maîtresse, qui a connu mon affection, me traitera avec plus de douceur que par le passé. » Élise interrompit son esclave, et prononça ces paroles : « Si je n'ai pas parlé plus tôt, c'est que la honte et la confusion retenaient ma langue. Cette pauvre fille est digne d'être ma maîtresse toute sa vie, et je ne mérite pas d'être son esclave. Je m'étais crue jusqu'à présent d'une autre espèce que la sienne, et je ne me trompais pas tout à fait. J'avais de plus un nom, des richesses, de l'orgueil, de la dureté : elle avait de plus que moi un bon cœur, de la patience, de l'humanité, de la générosité. Que serais-je devenue aujourd'hui, si elle n'avait eu que mes titres? Je reconnais donc avec plaisir sa supériorité sur moi. J'accepte pourtant la liberté qu'elle m'a rendue, et je la remercie de vouloir bien revenir avec moi dans Athènes : car alors j'aurai l'occasion de lui marquer ma reconnaissance, en partageant ma fortune avec elle, et en la regardant comme une amie respectable, dont je suivrai les conseils, et dont je tâcherai d'imiter les exemples. » Le maître de Zénon, qui n'avait encore rien dit, s'avança à son tour; il se nommait *Zénocrate*. S'adressant aux juges il s'exprima ainsi : « Je partage la confusion d'Élise; comme elle, j'ai maltraité mon esclave qui m'était de beaucoup supérieur par la noblesse de ses sentiments; comme elle j'ai le regret le plus sincère de ma mauvaise conduite, et je veux la réparer en faisant à Zénon le sort le plus heureux. » Le juge alors condamna Bélise à être esclave toute sa vie, pour n'avoir point eu pitié de sa vieille maîtresse; il donna les plus grands éloges à la vertu de Mira et de Zénon, puis les engagea à retourner à Athènes avec Zénocrate et Élise.

Élise et Zénocrate rentrèrent dans leur pays. Les deux fidèles esclaves ne voulurent point se séparer de leurs maîtres, et ils s'acquittèrent de leur charge avec un zèle et une fidélité qui peuvent servir d'exemple à tous ceux que la Providence a placés dans la servitude.

Hé bien! Charlotte, si nous étions dans l'île des esclaves, qu'est-ce qui nous arriverait?

CHARLOTTE.

Ma servante m'égratignerait, me donnerait un soufflet, m'appellerait impertinente, insolente.

MADEMOISELLE BONNE.

Cela serait juste, ma chère ; mais je n'en exige pas tant. Il faut pourtant punir cette faute. Demain je me trouverai chez vous à l'heure du dîner ; je ferai asseoir votre servante à votre place à table, et vous la servirez, s'il vous plaît.

JULIA.

Il me semble que je ne pourrais jamais me résoudre à faire cela : d'ailleurs les servantes sont si insolentes, si prêtes à vous manquer de respect, que j'aurais peur de les y autoriser.

MADEMOISELLE BONNE.

Vous êtes dans l'erreur, ma chère. Ce sont vos vices qui vous attirent le mépris de vos domestiques, et jamais ce que vous faites pour réparer vos torts. J'ai connu une demoiselle Tomelle, qui avait été fille de la garde-robe de mademoiselle de Beaujolais, princesse du sang royal en France. Mademoiselle de Beaujolais avait le meilleur cœur du monde ; mais elle était si vive, qu'il lui échappait souvent de dire des choses dures. Voici ce qu'elle-même m'a raconté à ce sujet.

Un jour mademoiselle de Beaujolais mit sur sa toilette de l'eau de fleur d'oranger dans une tasse à café. La pauvre Tomelle, qui était une grande rangeuse, voyant cette tasse à café hors de sa place, jeta l'eau dans un bassin. Lorsque la princesse vint s'habiller, elle demanda son eau de fleur d'oranger ; Tomelle, ayant avoué qu'elle l'avait prise pour de l'eau ordinaire et qu'elle l'avait jetée, mademoiselle de Beaujolais lui dit plusieurs paroles mortifiantes ; cette dernière avait une sœur plus jeune qu'elle, et qui avait épousé depuis peu le prince de Conti; celle-ci était douce comme un ange. Quand elle fut seule avec sa sœur, elle lui dit : « En vérité, ma chère sœur, si j'avais fait une aussi grande faute que celle que vous avez commise ce matin, je ne dormirais pas cette nuit. » Mademoiselle de Beaujolais, qui avait oublié sa brusquerie, demanda ce que c'était que ce gros péché qu'elle lui reprochait, et sa sœur le lui rappela. « N'est-ce que cela ? dit la princesse aînée en riant.—Ah! ma sœur, lui répondit la cadette, vous m'affligez ; appelez-vous petite faute une brusquerie qui a percé le cœur de la pauvre Tomelle ? Depuis ce matin vous l'avez rendue malheureuse, et je suis certaine qu'elle n'a pas mangé un morceau de bon cœur. Hâtez-vous, ma sœur, de rendre la joie à cette pauvre fille en réparant votre faute à son égard. — Ma sœur, répliqua mademoiselle de Beaujolais, je vous ai une grande obligation de la réflexion que vous me faites faire; elle est bien juste, et je vous promets de prendre garde à ce que je dirai à l'avenir. Mais comment réparer le passé ? Vous ne voudriez pas sans doute que je demandasse excuse à cette femme, qui est moins que la dernière de mes femmes de chambre !—Et pourquoi craindriez-vous de lui demander excuse, puisque vous l'avez offensée mal à propos ? repartit la princesse cadette. Croyez-moi, ma sœur, une personne de notre rang se dégrade et devient méprisable quand elle fait des fautes, mais se remet à sa place et se fait estimer quand elle a le courage de les réparer. Vous avez beau dire que cette fille est bien au-dessous de vous ; la différence n'est réelle qu'autant que vous avez plus de vertu qu'elle. » Mademoiselle de Beaujolais sentit la vérité de ce que sa sœur lui disait. C'était la coutume en France que la personne la plus distinguée présentât la chemise à la reine ou aux princesses, quand elles s'habillaient ; et c'était ordinairement la première dame d'honneur. Quand mademoiselle de Beaujolais s'habilla le soir, elle dit à sa première dame de palais : « Permettez, je vous prie, madame, que Tomelle me donne ma chemise ; je l'ai chagrinée ce matin, et j'en ai un vrai regret. » Cette pauvre fille se tenait cachée derrière les autres, et n'osait se montrer :

quelle fut sa joie lorsqu'elle entendit sa maîtresse parler ainsi ! Après lui avoir donné sa chemise, Tomelle se jeta aux pieds de la princesse et lui baisa la main, que celle-ci lui présenta, mais Tomelle mouilla cette main de larmes, et l'excellente fille me disait qu'elle était si humiliée, qu'elle eût voulu, pour reconnaître tant de bonté, rentrer en terre, et qu'elle se reprochait comme un sacrilége les murmures que, dans son mécontentement, elle n'avait pu s'empêcher de faire entendre contre une telle maîtresse. Voilà, mesdemoiselles, l'effet que produit sur les domestiques la réparation de vos fautes; elle les humilie; elle les rend affectueuses : ainsi j'espère que Charlotte fera ce que je lui ai dit pour réparer sa faute.

CHARLOTTE.

Je le ferai de tout mon cœur; je ne suis pas aussi grande dame que cette princesse; pourquoi ne reconnaîtrais-je pas mes torts aussi bien qu'elle?

MADEMOISELLE BONNE.

Sidonie, veuillez répéter votre histoire.

SIDONIE.

Salomon, se voyant tranquille dans son royaume, pensa sérieusement à bâtir un temple au Seigneur. Il demanda à Hiram, roi de Tyr, du bois de cèdre, qui est un bois précieux; il s'en servit pour construire le temple, qu'il fit couvrir d'or en partie. Il y avait un autel fait de ce métal, dix chandeliers, et une grande partie des vaisseaux du temple étaient d'une matière précieuse, ou admirable par son travail. Quand cet édifice superbe fut achevé, Salomon ordonna d'y porter l'arche qui renfermait les tables de pierre où Dieu avait écrit sa loi. Ensuite Salomon fit la dédicace de ce temple en immolant un grand nombre de victimes : puis il pria le Seigneur de vouloir résider, c'est-à-dire de demeurer d'une manière particulière, dans cette maison, tout en reconnaissant pourtant qu'elle n'était pas digne de celui que les cieux ne peuvent contenir. Le roi le supplia d'écouter les vœux de ceux qui prieraient dans ce temple; et le Seigneur, voulant lui montrer qu'il exauçait cette prière, remplit le temple d'une nuée qui empêcha pendant quelque temps les prêtres de s'acquitter de leurs fonctions. Salomon, ayant béni le peuple qui était assemblé, se retira, et la même nuit Dieu lui apparut, pour lui dire qu'il avait exaucé ses prières, et pour lui ordonner encore une fois d'être fidèle à ses commandements.

Salomon se bâtit ensuite un palais et s'appliqua à faire fleurir le commerce dans ses Etats ; il y réussit si bien, que l'argent était aussi commun à Jérusalem que les pierres. Il établit aussi un tel ordre dans sa maison, qu'on en parlait dans tout le monde. La reine de Saba quitta même son royaume pour venir à Jérusalem admirer la sagesse de ce grand roi. Mais Salomon, dans sa vieillesse, abandonna la route de la vertu. Ses femmes idolâtres exigèrent qu'il bâtit des autels à leurs faux dieux. Il fut assez lâche pour leur obéir, et même il sacrifia avec elles. Alors Dieu abandonna Salomon, lui suscita des ennemis. Il envoya même un prophète vers un jeune homme nommé Jéroboam ; le prophète lui ayant coupé son manteau en douze parts, dit à ce jeune homme : Prends dix morceaux de ce manteau ; de même je diviserai le royaume, et je t'en donnerai dix parts ; mais je donnerai le reste au fils de Salomon, à cause de David. Dieu apparut aussi une dernière fois à Salomon ; mais ce fut pour lui reprocher son ingratitude et lui annoncer le démembrement de son royaume : toutefois il lui dit que cela n'arriverait qu'après sa mort, en souvenir de David, son père. Salomon, ayant appris qu'un prophète avait promis au moins la moitié de son royaume à Jéroboam, chercha à faire périr ce jeune homme ; mais celui-ci se sauva en Égypte, et ne revint qu'après la mort de Salomon, qui arriva quelque temps après. Salomon a composé plusieurs livres dans lesquels il n'a pas parlé seulement des arbres, des plantes et de tous les animaux ; il a aussi écrit un recueil de proverbes ou de belles sentences.

MADEMOISELLE BONNE.

Voyez le cas qu'il faut faire de la science, quand elle n'est pas accompagnée de la vertu.

EUGÉNIE.

Vous avez bien raison, ma bonne amie. Il y a une chose dans ce que Sidonie vient de nous rapporter qui me fait craindre que Salomon ne soit mort dans son péché : c'est qu'au lieu de se soumettre aux ordres de Dieu, qui voulait partager le royaume entre le fils de David et Jéroboam, il voulut faire périr ce dernier.

MADEMOISELLE BONNE.

Votre réflexion est bonne, ma chère, mais comme l'Écriture ne l'a pas condamné, nous ne devons pas le condamner non plus. Continuez, mademoiselle Augustine.

AUGUSTINE.

Roboam, fils de Salomon, ayant assemblé le peuple pour se faire couronner roi, ses sujets lui dirent : « Votre père nous a imposé de grands tributs, soulagez-nous un peu, à présent que vous montez sur le trône. » Roboam demanda trois jours pour répondre; et ayant consulté les vieillards dont son père suivait les conseils, ils lui dirent : « La demande du peuple est juste, et si vous lui cédez dans cette occasion, il vous obéira toujours fidèlement. » Roboam consulta ensuite les jeunes gens avec lesquels il avait été élevé, et ils répondirent : « Gardez-vous bien de céder au peuple; il faut lui répondre qu'au lieu de diminuer les taxes, vous les augmenterez; alors vous serez craint, et personne n'osera vous résister. » Roboam suivit ce mauvais conseil, et dix des tribus se révoltèrent, et choisirent Jéroboam pour leur roi : les seules tribus de Juda et de Benjamin restèrent fidèles à Roboam. Ainsi depuis ce temps, il y eut deux royaumes : celui d'Israël, où régnait Jéroboam, et celui de Juda, où régna Roboam et sa postérité. Cependant Jéroboam dit en lui-même : « Si je laisse aller le peuple sacrifier à Dieu dans Jérusalem, il reprendra l'affection naturelle qu'il a pour le sang de David, et me fera mourir afin de faire sa paix avec Roboam. » Pour prévenir ce malheur, Jéroboam ordonna d'élever des veaux d'or qu'il exposa en public, et dit aux dix tribus : « Voici les dieux qui nous ont tirés d'Égypte. » Ainsi Jéroboam fit adorer ces faux dieux. Un jour qu'il était auprès de l'autel pour y faire fumer l'encens, Dieu lui envoya un prophète qui lui dit : « Il naîtra un fils du sang de David, qui aura nom Josias : il arrosera cet autel du sang des sacrificateurs ; et comme vous pourriez douter que je suis envoyé du Seigneur, je vais le prouver par un miracle : Que cet autel se fende et que la cendre qui est dessus se répande. » Jéroboam étendit la main pour faire signe qu'on arrêtât ce prophète ; mais cette main se sécha, et l'autel se fendit. Jéroboam effrayé dit au prophète : « Priez le Seigneur pour moi, afin qu'il me rende l'usage de ma main. » L'homme de Dieu ayant accordé cette demande, la main du roi revint dans son premier état ; alors celui-ci pria le prophète d'entrer dans sa maison pour manger. Cet homme lui répondit : « Quand vous me donneriez la moitié de votre royaume, je ne pourrais pas vous obéir ; car le Seigneur m'a défendu de manger un morceau jusqu'à ce que je fusse de retour chez moi. » Il partit donc sur-le-champ ; mais un méchant prophète lui ayant affirmé sur le chemin que Dieu lui avait commandé de lui offrir à manger, il se laissa tenter, et mangea. Il en fut sévèrement puni, car lorsqu'il eut repris le chemin de sa maison, un lion sortit de la forêt qui l'étrangla, mais l'animal resta auprès de ce corps mort sans y toucher, pour marquer que ce n'était pas la faim, mais l'ordre de Dieu qui l'avait fait sortir de la forêt.

MADEMOISELLE BONNE.

Continuez, Charlotte.

CHARLOTTE.

Jéroboam n'ayant point corrigé sa mauvaise vie, son fils fut frappé d'une grande maladie, et le roi dit à sa femme d'aller consulter le prophète (qui lui avait promis le trône); mais il lui commanda de se déguiser. Elle le fit inutilement; le prophète, à qui Dieu avait révélé sa venue, l'ayant entendue parler, lui dit : « Entrez, femme de Jéroboam; quand vous mettrez le pied sur le seuil de votre porte, votre fils mourra. Il sera le seul de votre famille qui entrera dans le tombeau de ses pères, parce que Dieu a reconnu quelque chose de bon en lui. Pour ce qui regarde le reste de vos descendants, ceux qui mourront dans la ville seront dévorés par les chiens, et les autres qui périront à la campagne seront mangés par les oiseaux, parce que Jéroboam, au lieu d'adorer l'Éternel qui lui avait donné un royaume, a excité le peuple à servir des dieux étrangers. » Dans la suite, cette parole de Dieu fut accomplie, car un nouveau prince s'éleva dans Israël, qui fit périr la famille de Jéroboam. Mais un autre prince détruisit la famille de ce nouveau roi, qui n'avait pas été plus fidèle à Dieu. Il arriva encore d'autres changements dans la succession des rois d'Israël, mais ils se montrèrent tous méchants, jusqu'à Achab, qui le fut encore plus que les autres, et qui épousa Jézabel, fille du roi des Sidoniens.

Les peuples de Juda ne furent pas plus fidèles à Dieu que les Israélites; comme ces derniers, ils adorèrent de fausses divinités; mais le petit-fils de Salomon, qui se nommait Asia, et qui fut roi de Juda, marcha fidèlement dans la voie des commandements du Seigneur ; il ôta même la régence à sa mère, parce qu'elle adorait une idole.

EUGÉNIE.

Il faut avouer que les Juifs étaient bien déraisonnables, et avaient un grand penchant à l'idolâtrie. Quoi ! après tous les miracles que Dieu avait faits, ils purent écouter tranquillement le discours de Jéroboam, qui leur disait en leur montrant les veaux d'or qu'ils avaient fabriqués : « Voici les dieux qui nous ont tirés d'Égypte ! »

MADEMOISELLE BONNE.

Vous ne croyez pas sans doute que Jéroboam s'imaginât qu'il y eût aucune divinité dans ces veaux ; mais l'ambition dont il était dévoré ne lui permettait pas de suivre les lumières de sa conscience. Les Israélites avaient beaucoup de penchant à l'idolâtrie ; toutefois ce fut moins ce penchant que le mauvais exemple des peuples dont ils étaient environnés qui les y entraîna si souvent. Voyez-vous, mesdemoiselles, la sagesse et l'équité des ordres que Dieu avait donnés aux Israélites quand ils entrèrent dans la terre promise ? *Vous y exterminerez tous les peuples qui l'habitent.* J'ai vu des gens qui osaient dire que cet ordre était cruel : c'est qu'ils n'avaient jamais réfléchi sur ce qui arriva aux Israélites pour avoir désobéi. Il est une chose certaine, mes enfants, qu'il serait plus avantageux aux pécheurs de mourir après le premier crime que de rester longtemps sur la terre pour en commettre de nouveaux. Je me suis déjà servie de cette comparaison, à ce que je crois. Ce serait une miséricorde mal placée que d'accorder la grâce à un homme qu'on aurait trouvé tuant les passants pour avoir leur argent. La charité pour tout le monde, pour cet homme même, exige qu'on lui ôte la vie ; et un prince qui, par une faiblesse mal placée, le laisserait vivre, aurait à se reprocher tous les meurtres que ce criminel commettrait ensuite. Telle fut la compassion que conçurent les Israélites pour des peuples que Dieu avait condamnés, parce qu'il savait qu'au lieu de se corriger à l'avenir, ils seraient une occasion de péché pour les Israélites en les poussant à devenir idolâtres, par les conseils et par les mauvais exemples. Que cela nous apprenne, mes enfants, à respecter les arrêts du Seigneur, quand même ils seraient contraires à nos petites lumières ; soyons persuadés que Dieu étant la justice même, il ne peut jamais rien ordonner d'injuste.

FIN.

TABLE

	Pages.
Dialogue I..	1
Avantages de l'esprit sur la beauté...............	3
Dialogue II...	5
Du bon et du mauvais esprit......................	6
Dialogue III..	7
Ce que c'est qu'un conte et une histoire..........	8
Le Prince Chéri (conte)..........................	8
Dialogue IV...	25
Le Bûcheron et sa Femme..........................	28
Dialogue V..	34
La Belle et la Bête (conte).......................	34
Histoire des papillons...........................	50
L'Arche de Noé...................................	53
Dialogue VI...	56
Fatal et Fortuné (conte)..........................	56
Socrate et sa Femme..............................	68
La Tour de Babel.................................	72
La Fable...	75
Dialogue VII..	77
Le Prince Charmant (conte).......................	78
Abraham..	86
De la Géographie.................................	92
Dialogue VIII...	93
La Veuve et ses Deux Filles (fable)..............	94
Le Sacrifice d'Abraham...........................	101
Géographie.......................................	106
Les Merveilles du monde..........................	107

	Pages.
DIALOGUE IX...	108
Sur la gourmandise.........................	112
DIALOGUE X..	118
Le Prince Désir (conte)...............................	ibid.
Joseph vendu par ses frères....................	126
Songe de Pharaon.................................	129
L'Europe (description géographique).............	130
DIALOGUE XI..	132
Histoire d'un petit chien........................	ibid.
Conseils relatifs aux domestiques................	134
Le Lion reconnaissant...........................	138
Vengeance de Lycurgue..........................	144
DIALOGUE XII...	146
La Belle Aurore (conte).........................	147
Moïse sauvé des eaux............................	157
Ce que c'est que Dieu...........................	160
DIALOGUE XIII..	162
Les Trois Souhaits (conte)......................	163
Les Israélites...................................	169
DIALOGUE XIV...	170
Philémon et Baucis..............................	171
Des lacs et des rivières........................	176
Dieu et ses œuvres..............................	183
DIALOGUE XV..	185
Comment se forme la pluie.......................	ibid.
Sur l'air et sur l'eau..........................	188
Le Pêcheur et le Voyageur (conte)...............	190
Le Veau d'or....................................	197
DIALOGUE XVI...	200
Des souverains d'Angleterre.....................	201
Canut et les Courtisans.........................	203
Du flux et du reflux de la mer..................	204
Comment la terre tourne.........................	206
Le Gland et la Citrouille.......................	207
DIALOGUE XVII..	215
Le Prophète Balaam..............................	ibid.
Du blé..	219
Joliette (conte)................................	220
DIALOGUE XVIII...	231
Josaphat..	232
Sur le jugement dernier.........................	236

TABLE DES MATIÈRES.

	Pages.
Dialogue XIX	242
Roland et Angélique (conte)	ibid.
Dialogue XX	258
Guinguet (conte)	ibid.
Dialogue XXI	274
Samson	280
Le Royaume des abeilles	286
De l'entendement	288
De la raison	291
Dialogue XXII	293
Comment s'acquiert la sagesse	303
Les Gaules	304
Dialogue XXIII	311
La Veuve	ibid.
Saül	318
Le Roi de Sidon	328
Dialogue XXIV	329
Le Prince Spirituel (conte)	330
Narcisse	336
Des Titres	337
Le Géant Goliath	340
Dialogue XXV	342
Des diverses monarchies	ibid.
De l'ère chrétienne	344
Notre-Seigneur Jésus-Christ	346
David	349
Coutume en Chine	353
Dialogue XXVI	356
Bellote et Laidronnette (conte)	ibid.
Mort de Saül	367
Histoire de revenants	ibid.
Autre	371
Le Seigneur envoie Nathan à David	373
Dialogue XXVII	374
Les Calaisiens	375
Démétrius et les Athéniens	376
Joab tue Absalon	379
Sur l'amour des richesses	382
Des éclipses	383
Origine des sciences	387

TABLE DES MATIÈRES.

	Pages.
Dialogue XXVIII...	389
Un Mauvais Fils..	389
Sur le suicide..	391
Les Normands...	394
Dieu punit David..	397
Sur la colère...	398
Salomon roi..	399
Jugement de Salomon...................................	ibid.
Les sylphes, gnomes, etc...............................	400
Mahomet...	402
Bibliothèque d'Alexandrie...............................	403
Dialogue XXIX..	405
Devoirs envers les serviteurs...........................	406
Élise et M...	407
Mademoiselle de Beaujolais.............................	414
Temple de Salomon.....................................	418
Jéroboam...	419

FIN DE LA TABLE.

Paris. — Imprimé chez Bonaventure et Ducessois, 55, quai des Augustins.

www.ingramcontent.com/pod-product-compliance
Lightning Source LLC
Chambersburg PA
CBHW051819230426
43671CB00008B/762